Aufklärung von Compliance-Verstößen

D1728128

Lena Rudkowski · Alexander Schreiber

Aufklärung von Compliance-Verstößen

Whistleblowing, Arbeitnehmerüberwachung, Auskunftspflichten

2., aktualisierte Auflage

 Springer Gabler

Lena Rudkowski
Freie Universität Berlin
Berlin, Deutschland

Alexander Schreiber
Berlin, Deutschland

ISBN 978-3-658-21493-7   ISBN 978-3-658-21494-4   (eBook)
https://doi.org/10.1007/978-3-658-21494-4

Die Deutsche Nationalbibliothek verzeichnet diese Publikation in der Deutschen Nationalbibliografie; detail-
lierte bibliografische Daten sind im Internet über http://dnb.d-nb.de abrufbar.

Springer Gabler
© Springer Fachmedien Wiesbaden GmbH, ein Teil von Springer Nature 2015, 2018

Gedruckt auf säurefreiem und chlorfrei gebleichtem Papier

Springer Gabler ist ein Imprint der eingetragenen Gesellschaft Springer Fachmedien Wiesbaden GmbH und ist
ein Teil von Springer Nature
Die Anschrift der Gesellschaft ist: Abraham-Lincoln-Str. 46, 65189 Wiesbaden, Germany

Vorwort

Die Pflicht eines jeden Unternehmens zur „Compliance" ist bei der Arbeitnehmerüberwachung in aller Munde. Das Unternehmen soll sich rechtstreu verhalten und Rechtsbrüche seiner Arbeitnehmer aufklären und ahnden. Zugleich aber darf es bei dem Bemühen, rechtstreues Verhalten seiner Mitarbeiter sicherzustellen, nicht über das Ziel hinaus schießen und selbst rechtsbrüchig werden – etwa gegen das BDSG verstoßen.

Das vorliegende Buch gibt eine Übersicht, wie Unternehmen das Verhalten ihrer Arbeitnehmer kontrollieren und so Compliance-Verstöße aufdecken und ausermitteln können, ohne dabei selbst rechtliche Grenzen zu überschreiten. Es beleuchtet dafür die rechtlichen Fragen, die sich bei der bloßen Routinekontrolle stellen, ebenso wie den „Ernstfall", die internen Ermittlungen gegen Unternehmensangehörige („investigations") anlässlich eines im Raume stehenden Rechtsverstoßes. Damit bietet es einen Leitfaden für Compliance-Beauftragte und sonstige Führungskräfte, die zwischen Compliance und Arbeitnehmerrechten in ihrer täglichen Praxis einen angemessenen Ausgleich finden müssen.

Die 2. Auflage dieses Buches trägt den Änderungen Rechnung, die sich bei der Aufklärung von Compliance-Verstößen durch die EU-Datenschutz-Grundverordnung ergeben, einschließlich der mit ihr einhergehenden Änderungen im nationalen Recht. Aktuelle Entwicklungen aus der Rechtsprechung sind bis Dezember 2017 eingearbeitet. Für ihre Hilfe bei der Erstellung der Abbildungen danken wir Frau stud. iur. Ina Kathrin Hansen. Anregungen, Wünsche und Kritik unserer Leser nehmen wir gerne unter arbr_compliance@rewiss.fu-berlin.de entgegen.

Die Autoren

Inhaltsverzeichnis

Abkürzungsverzeichnis

a. A.	andere Ansicht
Abb.	Abbildung
Abs.	Absatz
AG	Aktiengesellschaft/Die Aktiengesellschaft (Zeitschrift)
AGB	Allgemeine Geschäftsbedingungen
AGG	Allgemeines Gleichbehandlungsgesetz
AktG	Aktiengesetz
ArbG	Arbeitsgericht
ArbStättV	Arbeitsstättenverordnung
Art.	Artikel
Aufl.	Auflage
AuR	Arbeit und Recht (Zeitschrift)
AWG	Außenwirtschaftsgesetz
BAG	Bundesarbeitsgericht
BB	Betriebsberater (Zeitschrift)
BDSG	Bundesdatenschutzgesetz
BDSG-E	Regierungsentwurf für ein Beschäftigtendatenschutzgesetz (2010)
BeckRS	Beck'sche Rechtsprechungssammlung
BetrVG	Betriebsverfassungsgesetz
BGB	Bürgerliches Gesetzbuch
BGH	Bundesgerichtshof
BGHZ	Amtliche Sammlung der Entscheidungen des BGH in Zivilsachen
BRAO	Bundesrechtsanwaltsordnung
Bsp.	Beispiel
BT-Drs.	Bundestagsdrucksache
BVerfG	Bundesverfassungsgericht
BVerfGE	Amtliche Sammlung der Entscheidungen des Bundesverfassungsgerichts
bzw.	beziehungsweise

CCZ	Corporate Compliance Zeitschrift (Zeitschrift)
DB	Der Betrieb (Zeitschrift)
DCGK	Deutsche Corporate Governance Kodex
Ders.	Derselbe (Autor)
d. h.	das heißt
Dies.	Dieselbe (Autorin)
D&O-Versicherung	Directors-and-Officers-Versicherung
DS-GVO-E	im Gesetzgebungsprozess befindliche europäische Datenschutz-Grundverordnung
EGMR	Europäischer Gerichtshof für Menschenrechte
ErfK	Erfurter Kommentar zum Arbeitsrecht
EU	Europäische Union
f.	folgende
Fn.	Fußnote
FS	Festschrift
gem.	gemäß
GewO	Gewerbeordnung
GG	Grundgesetz
ggf.	gegebenenfalls
GmbHG	Gesetz über die Gesellschaft mit beschränkter Haftung
GPS	Global Positioning System; Globales Positionsbestimmungssystem
grds.	grundsätzlich
GwG	Gesetz über das Aufspüren von Gewinnen aus schweren Straftaten
hM	herrschende Meinung
Hrsg.	Herausgeber
i. Erg.	im Ergebnis
ILO	International Labour Organization; Internationale Arbeitsorganisation (IAO)
i. S. d.	im Sinne des
i. Ü.	im Übrigen
i. V. m.	in Verbindung mit
Kap.	Kapitel
KSchG-	Kündigungsschutzgesetz
KWG	Kreditwesengesetz
LAG	Landesarbeitsgericht
LG	Landgericht
lit.	littera (Buchstabe)
Ls.	Leitsatz
MDR	Monatsschrift für Deutsches Recht (Zeitschrift)
mglw.	möglicherweise
MMR	MultiMedia und Recht (Zeitschrift)

m. N.	mit Nachweisen
NJOZ	Neue Juristische Online Zeitschrift (Zeitschrift)
NJW	Neue juristische Wochenschrift (Zeitschrift)
Nr.	Nummer
NStZ	Neue Zeitschrift für Strafrecht (Zeitschrift)
NZA	Neue Zeitschrift für Arbeitsrecht (Zeitschrift)
NZA-Beil.	Neue Zeitschrift für Arbeitsrecht – Beilage
NZA-RR	Neue Zeitschrift für Arbeitsrecht – Rechtsprechungs-Report (Zeitschrift)
o. ä.	oder ähnlich(e/s/r)
o. g.	oben genannt(e/r)
OLG	Oberlandesgericht
OWiG	Ordnungswidrigkeitengesetz
RdA	Recht der Arbeit (Zeitschrift)
RDV	Recht der Datenverarbeitung (Zeitschrift)
RFID	radio-frequency identification
Rn.	Randnummer
Rsprg.	Rechtsprechung
S.	Satz/siehe
SGB II	Sozialgesetzbuch, Zweites Buch
SGB VII	Sozialgesetzbuch, Siebtes Buch
sog.	sogenannt/e/r
StGB	Strafgesetzbuch
StPO	Strafprozessordnung
St. Rsprg.	Ständige Rechtsprechung
TKG	Telekommunikationsgesetz
UWG	Gesetz gegen den unlauteren Wettbewerb
v. a.	vor allem
VAG	Versicherungsaufsichtsgesetz
vgl.	Vergleiche
VO	Verordnung
WM	Wertpapier-Mitteilungen Zeitschrift für Wirtschafts- und Bankrecht (Zeitschrift)
WpDVerOV	Verordnung zur Konkretisierung der Verhaltensregeln und Organisationsanforderungen für Wertpapierdienstleistungsunternehmen
WpHG	Wertpapierhandelsgesetz
z. B.	zum Beispiel
ZESAR	Zeitschrift für europäisches Sozial- und Arbeitsrecht (Zeitschrift)
ZIP	Zeitschrift für Wirtschaftsrecht (Zeitschrift)
ZRP	Zeitschrift für Rechtspolitik (Zeitschrift)

Einleitung

1

„Der Meister ist befugt und schuldig, über das Betragen der Gesellen Aufsicht zu führen, […] und [sie] zu einem stillen und regelmäßigen Lebenswandel zu ermahnen."

Diese „Compliance-Bestimmung" stammt aus dem Jahr 1794, aus dem Preußischen Allgemeinen Landrecht.[1] Auch wenn die Rechte und Pflichten des „Meisters" (des Arbeitgebers) zur Aufsicht über seine Arbeitnehmer längst nicht mehr so weit reichen wie im Jahr 1794, hat sich doch im Kern das Recht und die Pflicht des Arbeitgebers erhalten, auf das Verhalten seiner Arbeitnehmer Einfluss zu nehmen. Er hat insbesondere sicherzustellen, dass sie sich bei Ausübung ihrer Tätigkeit rechtstreu verhalten – neuerdings bezeichnet als Pflicht zur „Compliance".

Welche Maßnahmen der Arbeitgeber auf welcher Rechtsgrundlage treffen darf (oder ggf. sogar muss), um die Rechtstreue seiner Arbeitnehmer zu überprüfen – routinemäßig und bei Verdacht eines konkreten Fehlverhaltens –, wird im Folgenden aufgezeigt.

1.1 Berechtigung des Arbeitgebers zur Leistungs- und Verhaltenskontrolle

Dass der Arbeitgeber berechtigt sein muss, die Rechts- und Vertragstreue seiner Arbeitnehmer zu überprüfen, zeigt § 106 GewO: Der Arbeitgeber darf „Inhalt, Ort und Zeit der Arbeitsleistung nach billigem Ermessen näher bestimmen", ebenso wie Ordnung und Verhalten des Arbeitnehmers im Betrieb. Der Arbeitnehmer ist bei Ausübung seiner Tätigkeit weisungsgebunden, der Arbeitgeber weisungsbefugt. Wer, wie der Arbeitgeber, Weisungen erteilen darf, der muss aber umgekehrt auch ihre Einhaltung überprüfen und ihre Nichteinhaltung sanktionieren können. Kontrolle des Arbeitnehmers auf Leistung

---

[1]§ 356 des 8. Titels im 2. Teil des ALR 1794.

L. Rudkowski und A. Schreiber, *Aufklärung von Compliance-Verstößen*,
https://doi.org/10.1007/978-3-658-21494-4_1

und Verhalten sind mithin dem Arbeitsverhältnis immanent, ebenso wie die der Kontrolle vorgelagerte Befugnis des Arbeitgebers, Regeln für Arbeitsleistung und Verhalten aufzustellen, auch in generalisierter Form, in betriebs- oder unternehmensbezogenen Regelwerken („Compliance-Kodizes", „Ethik-Richtlinien", „Mission Statements").[2]

1.2   Rechtliche Grenzen der Arbeitnehmerkontrolle im Überblick

Die Befugnisse des Arbeitgebers, Leistung und Verhalten der Arbeitnehmer zu kontrollieren, unterliegen allerdings Beschränkungen durch verschiedene, teilweise auf den ersten Blick sachfremde Gesetze. Ein „Arbeitsgesetzbuch", aus dem sich die Zulässigkeitsvoraussetzungen für alle Kontrollmaßnahmen ergäben, gibt es nicht. Einen Überblick über die verschiedenen, potenziell einschlägigen Gesetze bietet Abb. 1.2.

1.2.1   Datenschutzrecht

Soweit mit der Leistungs- und Verhaltenskontrolle auch eine Erhebung, Nutzung oder Speicherung personenbezogener Daten eines Arbeitnehmers verbunden ist, greift das mit Wirkung ab dem 25. Mai 2018 neu geordnete Datenschutzrecht:

1.2.1.1 EU-Datenschutz-Grundverordnung

Ab dem 25. Mai 2018 ist die EU-Datenschutz-Grundverordnung (EU-DSGVO) anzuwenden.[3] Sie legt einheitliche Bestimmungen zum Datenschutz auch unter Privaten für alle EU-Mitgliedstaaten fest (sog. Vollharmonisierung) und löst das deutsche BDSG im Wesentlichen ab. Gegenüber dem „alten" Recht bleibt dennoch vieles gleich, so etwa der „Verbot mit Erlaubnisvorbehalt": Jede Verarbeitung personenbezogener Daten bedarf einer Rechtsgrundlage, um zulässig zu sein (s. Art. 6 Abs. 1 EU-DSGVO), etwa einer Einwilligung der betroffenen Person.

Personenbezogene Daten sind alle Informationen, die sich auf eine identifizierte oder identifizierbare Person beziehen (Art. 4 Nr. 1 EU-DSGVO). Erfasst werden nur automatisierte Verarbeitungen sowie nichtautomatisierte, die in einem Dateisystem gespeichert sind oder gespeichert werden sollen (Art. 2 Abs. 1 EU-DSGVO). Für das Vorliegen eines Dateisystems kommt es nicht darauf an, ob es automatisiert erschlossen wird – so kann etwa auch die papierne Personalakte ein „Dateisystem" i. S. d. EU-DSGVO sein.[4]

---

[2]Zur Implementierung von solchen Regelwerken schon *Schreiber*, NZA-RR 2010, 617.

[3]Verordnung (EU) 2016/679 des Europäischen Parlaments und des Rates vom 27. April 2016, ABl. EU Nr. L 119 S. 1 ff.

[4]Franzen, EuZA 2017, 313, 319.

Vom Grundsatz der Vollharmonisierung weicht die EU-DSGVO jedoch für den Bereich des Beschäftigtendatenschutzes (und damit auch: des Arbeitnehmerdatenschutzes) ab. Art. 88 Abs. 1 EU-DSGVO gestattet es den Mitgliedstaaten, „spezifischere Vorschriften" zu treffen. Die genaue Reichweite dieser Öffnungsklausel ist unklar.[5] Art. 88 EU-DSGVO macht nur vage Vorgaben für den nationalen Gesetzgeber.

1.2.1.2 Neuerungen im BDSG

Der deutsche Gesetzgeber hat mit einer Anpassung des BDSG auf die EU-DSGVO reagiert: Das BDSG n. F., das ab dem 25. Mai 2018 anzuwenden ist, enthält keine abschließende, umfassende Regelung des Datenschutzes mehr, sondern ergänzt nur die EU-DSGVO, etwa durch Durchführungsbestimmungen. Das neue BDSG ist daher stets im Zusammenhang mit der EU-DSGVO zu sehen.

Von der Öffnungsklausel des Art. 88 EU-DSGVO hat der deutsche Gesetzgeber Gebrauch gemacht. § 26 BDSG ersetzt den bisherigen § 32 BDSG (a. F.) und ist ihm im Wesentlichen nachempfunden. In einigen Punkten sieht § 26 BDSG aber spürbare Abweichungen gegenüber der bisherigen Rechtslage vor, z. B. bei der Einwilligung. Die nötige, bereits seit langem diskutierte Reform des Beschäftigtendatenschutzes,[6] insbesondere eine Regelung einzelner Ermittlungsmaßnahmen, geht mit der Neufassung nicht einher.

Zu Einzelheiten des § 26 BDSG s. noch → 2.2.

1.2.2   Strafgesetzbuch und Strafprozessordnung

Bei der Leistungs- und Verhaltenskontrolle des Arbeitnehmers hat der Arbeitgeber ferner die durch das materielle Strafrecht, insbesondere durch das StGB, gezogenen Grenzen zu beachten.

So stellt § 201 StGB das Abhören und Aufzeichnen fremder Gespräche – seien es Telefongespräche oder sonst nicht-öffentliche Gespräche – unter Strafe. § 201a StGB schützt das Recht am eigenen Bild, § 202 StGB das Briefgeheimnis. §§ 202 a, 202 b StGB bestrafen das Ausspähen und Abfangen von Daten, § 206 StGB sanktioniert Verletzungen des Post- und Fernmeldegeheimnisses.

Das formelle Strafrecht, v. a. die Strafprozessordnung (StPO), beschränkt die Rechte des Arbeitgebers hingegen nicht, auch nicht in entsprechender Anwendung. In der StPO sind zwar verschiedene Maßnahmen geregelt, die auch bei der Ermittlung von Compliance-Verstößen zum Einsatz kommen können (etwa die Überwachung der Telekommunikation, § 100a StPO). Der ermittelnde Arbeitgeber aber ist keine Strafverfolgungsbehörde und auch nicht mit ihr vergleichbar, sodass die StPO im Arbeitsverhältnis nicht anwendbar ist.

---

[5]Ausf. Franzen EuZA 2017, 313, 343 f.; Düwell/Brink, NZA 2017, 1081, 1082 f.

[6]S. nur den Regierungsentwurf für ein Beschäftigtendatenschutzgesetz aus dem Jahr 2010, BT-Drs. 17/4230.

1.2.3 Telekommunikationsgesetz

Inwieweit das Telekommunikationsgesetz (TKG) für die Kontrolle von E-Mails und Telefonaten Bedeutung erlangt, ist bisher nicht abschließend geklärt und eines der wohl umstrittensten Probleme des Beschäftigtendatenschutzes (s. 2.4.2).

1.2.4 Bürgerliches Gesetzbuch

Das Bürgerliche Gesetzbuch (BGB) regelt zwar den Dienst- und auch den Arbeitsvertrag (§§ 611, 611a ff. BGB), sagt jedoch nichts darüber, inwieweit der Arbeitgeber Leistung und Verhalten seiner Arbeitnehmer überwachen darf.

Das BGB erlangt aber Bedeutung für die Maßnahmen nach Feststellung eines Pflichtenverstoßes (s. Kap. 4): Die Beendigung des Arbeitsvertrags mit dem vertragsbrüchigen Arbeitnehmer richtet sich, soweit nicht das KSchG eingreift, nach §§ 620 ff. BGB (vgl. insbesondere § 626 BGB für die außerordentliche Kündigung). Auch enthält das BGB die Grundlagen für Schadensersatzansprüche des Arbeitgebers gegen den Arbeitnehmer (§§ 280, 619a BGB).

1.2.5 Betriebsverfassungsgesetz

Soweit im Betrieb ein Betriebsrat besteht, werden den Entscheidungsbefugnissen des Arbeitgebers durch das BetrVG Grenzen gezogen.

Das BetrVG kann aber auch helfen, die Durchführung von Kontrollen zu legitimieren: Betriebsvereinbarungen können Compliance-Regeln und Grundsätze zur Aufklärung von Compliance-Verstößen aufstellen und außerdem als Rechtsgrundlage für die Erhebung personenbezogener Daten dienen (s. 2.2.2 und 3.3.2).

1.2.6 Deutscher Corporate Governance Kodex

Der Deutsche Corporate Governance Kodex (DCGK) konkretisiert für börsennotierte Gesellschaften einige Anforderungen an die Corporate Compliance, einschließlich der Geschäftsorganisation und der internen Informationsbeziehungen. Er gibt dabei jedoch meist nur bereits bestehende gesetzliche Regelungen wieder und ist auch nicht verbindlich. Daher wird er hier ausgeklammert.

1.2.7   Abwägung von Arbeitgeber- und Arbeitnehmerinteressen

Im Folgenden wird es häufig um Abwägung gehen. Insbesondere § 26 BDSG, der hier noch von zentraler Bedeutung sein wird, sieht eine Abwägung der Interessen des Arbeitgebers mit denen des Arbeitnehmers vor. Dabei gelten einige stets gleiche Grundsätze:

In einem ersten Schritt (Überblick Abb. 1.1) ist zu ermitteln, welche Interessen in die Abwägung einzustellen sind. Der Arbeitgeber muss ein Interesse an der Durchführung einer bestimmten Maßnahme haben, das grundrechtlich geschützt ist. Regelmäßig geht es bei der Leistungs- und Verhaltenskontrolle um Interessen, die im Schutzbereich der Berufsfreiheit (Art. 12 GG) und/oder des Eigentums (Art. 14 GG) des Arbeitgebers liegen. So streitet etwa für eine Videoüberwachung im Kassenbereich das von Art. 14 GG geschützte Interesse des Arbeitgebers, sein Eigentum vor Diebstahl zu schützen; Maßnahmen zum Schutz von Geschäftsgeheimnissen lassen sich ebenfalls auf Art. 14 GG stützen. Macht er Vorgaben zu internen Informationsbeziehungen, kann sich der Arbeitgeber hingegen auf Art. 12 GG berufen.

Gegen eine Maßnahme der Kontrolle oder Ermittlung spricht stets das allgemeine Persönlichkeitsrecht des betroffenen Arbeitnehmers, herzuleiten aus Art. 2 Abs. 1 i. V. m.

Abb. 1.1   Interessenabwägung bei Leistungs- und Verhaltenskontrolle

Art. 1 Abs. 1 GG. Das Recht umfasst verschiedene spezielle Gewährleistungen. Welche betroffen ist, ist abhängig von der Art der Maßnahme (z. B.: Betroffenheit des Rechts am eigenen Bild bei der Videoüberwachung; Recht am eigenen Wort beim Abhören; Recht auf informationelle Selbstbestimmung etc.).

Die Grundrechte gelten unmittelbar zwar nur im Verhältnis Bürger/Staat. Sie stellen aber grundlegende „Wertentscheidungen" dar und gelangen über Generalklauseln (wie z. B. § 242 BGB) oder unbestimmte Rechtsbegriffe (wie etwa in § 26 BDSG) auch ins Zivilrecht und in das Verhältnis Bürger/Bürger.[7]

In einem zweiten Schritt folgt die eigentliche Abwägung der betroffenen Interessen. Hierbei sind nicht nur die Wertungen des Grundgesetzes zu berücksichtigen, sondern auch Wertungen des einfachen Gesetzgebers und des Unionsrechts, selbst dann, wenn die Zulässigkeit der zu prüfenden Maßnahme nicht ausdrücklich gesetzlich geregelt ist. Wenn etwa Art. 5 Abs. 1 lit. c EU-DSGVO den Grundsatz der „Datenminimierung" enthält (nach § 3a BDSG a. F. noch Grundsatz der Datensparsamkeit), muss dieser Grundsatz auch zur Auslegung des § 26 BDSG herangezogen werden.

Ein genereller Vorrang der Interessen des Arbeitgebers oder der des Arbeitnehmers besteht nicht. Keine Rechtsposition ist von vornherein höher zu bewerten als die andere. Das Abwägungsergebnis wird bestimmt durch:

- Art und Intensität der Maßnahme (verdeckte Überwachung, lange Dauer, Erfassung vieler Personen/gezielte Maßnahme, stichprobenartig, offene Überwachung);
- Art und Schwere der Pflichtverletzung, die begangen worden sein könnte, einschließlich
  – ihrer Bedeutung und Folgen für das Unternehmen (Fehlverhalten im Kernbereich der Tätigkeit des Unternehmens; Sanktionen durch Aufsichtsbehörden, wirtschaftliche Folgen, Vertrauensverlust bei Kunden, Reputationsverlust etc.),
  – ihrer Bedeutung für den Arbeitnehmer (z. B.: Straftat/Ordnungswidrigkeit; oder: wäre die Pflichtverletzung, läge sie tatsächlich vor, grundsätzlich geeignet, eine Kündigung zu rechtfertigen?),
- Art und Gegenstand des Unternehmens (besondere Anfälligkeit für Rechtsverstöße, besonders gravierende Folgen von Rechtsverstößen, Inanspruchnahme besonderen Vertrauens bei den Kunden/der Bevölkerung [z. B. als Bank, Versicherer]),
- Anfälligkeit des Unternehmens in der Vergangenheit (häufigere Rechtsverstöße rechtfertigen härtere Maßnahmen).

Bezieht sich die Maßnahme, deren Rechtmäßigkeit zu prüfen ist, auf einen konkreten, verdächtigen Arbeitnehmer, ist auch dessen Person in die Abwägung einzubeziehen, insbesondere:

---

[7]BVerfG 15.1.1958, NJW 1958, 257, 258 („Lüth").

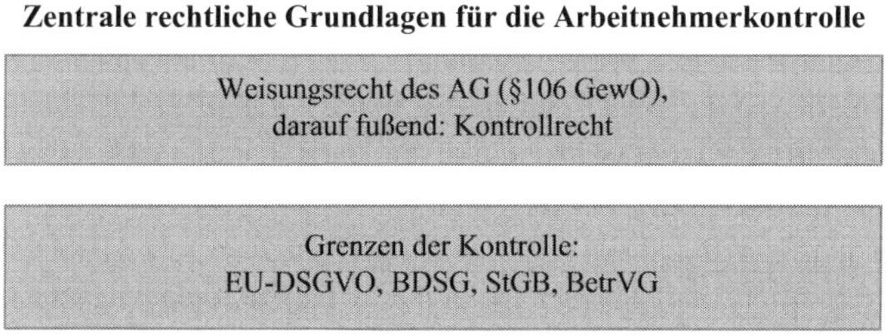

Zentrale rechtliche Grundlagen für die Arbeitnehmerkontrolle

Weisungsrecht des AG (§106 GewO),
darauf fußend: Kontrollrecht

Grenzen der Kontrolle:
EU-DSGVO, BDSG, StGB, BetrVG

Abb. 1.2   Zentrale rechtliche Grundlagen für Leistungs- und Verhaltenskontrolle

- der Verdachtsgrad/Wahrscheinlichkeit der Tatbegehung
- die bisherige Integrität des Arbeitnehmers (lange Unternehmenszugehörigkeit bei tadelloser Zuverlässigkeit/kurze Unternehmenszugehörigkeit/wiederholte Unzuverlässigkeit).

Die Abwägung kann grundsätzlich in die eine oder andere Richtung ausgehen, und diese Rechtsunsicherheit, die typisch ist für die Aufklärung von Compliance-Verstößen, ist für die Praxis besonders problematisch. Abwägung heißt, für jeden konkreten Einzelfall eine möglichst passgenaue Entscheidung zu treffen. Auf der sicheren Seite ist der Praktiker, wenn er versucht, eine Maßnahme (auch) durch die „Brille" der „Gegenseite" (als Arbeitgeber: durch die „Brille" des Arbeitnehmers) zu sehen.

Vom Grundsatz der ergebnisoffenen Abwägung besteht allerdings eine Ausnahme: Ist der Arbeitgeber aufgrund öffentlich-rechtlicher Vorgaben verpflichtet, sich in einer bestimmten Art und Weise zu verhalten (etwa durch rechtmäßigen Verwaltungsakt oder unmittelbar durch Gesetz), ist die Abwägung eindeutig. Sobald ihm ein Verhalten zwingend vorgegeben ist oder ihn eine Pflicht zur Herstellung eines bestimmten Ergebnisses trifft, das auf andere Weise als durch die Kontrollmaßnahme nicht herbeigeführt werden kann, geht die Abwägung zugunsten der Durchführung der Maßnahme aus (Abb. 1.2).

1.3   Pflicht des Arbeitgebers zur „Compliance", zur Leistungs- und Verhaltenskontrolle?

Auch wenn mitunter etwas anderes suggeriert wird – hinter dem schillernden Begriff der „Compliance", der aus dem U.S.-amerikanischen Kapitalmarktrecht und vom Englischen „to comply" (erfüllen, einhalten) kommt und aufgrund seiner Unbestimmtheit in verschiedenen Rechtsgebieten ganz unterschiedliche Bedeutung hat, stehen altbekannte Pflichten des Arbeitgebers und der Arbeitnehmer.

Eine „Compliance-Pflicht" trifft zunächst die Arbeitnehmer und bezeichnet nur den Umstand, dass sie sich rechtstreu verhalten müssen. Tun sie dies nicht, sind sie strafrechtlich persönlich verantwortlich, wobei die Verwirklichung von Straftatbeständen sich nicht nur durch eigenes, aktives Tun, sondern auch durch Geschehenlassen des rechtswidrigen Tuns eines Dritten vollziehen kann, vorausgesetzt, der Täter war zum

Tätigwerden verpflichtet, war Garant i. S. d. § 13 StGB.[8] Daneben tritt grundsätzlich eine zivilrechtliche Haftung der Arbeitnehmer, bei der allerdings näher zu differenzieren ist: Zivilrechtliche Folgen eines Fehlverhaltens, hauptsächlich Schadensersatzansprüche geschädigter Dritter, treffen meist den Arbeitgeber als natürliche/juristische Person. Arbeitnehmer hingegen sind von der zivilrechtlichen Haftung – sowohl gegenüber Dritten als auch gegenüber ihrem Arbeitgeber – eher selten betroffen.[9] Meist wird der geschädigte Dritte an den Arbeitgeber, den Unternehmensinhaber herantreten. Diese haftungsrechtliche Folge macht deutlich, dass dem Arbeitgeber das Verhalten seiner Arbeitnehmer schon aus Gründen des Eigenschutzes nicht gleichgültig sein kann.

„Compliance" heißt für den Arbeitgeber aber erst einmal nur: Wie jeder andere hat er sich – sei er natürliche oder juristische Person – rechtstreu zu verhalten. Verstößt er gegen diese Pflicht, haftet er geschädigten Dritten gegenüber zivilrechtlich. Handelt es sich bei dem Arbeitgeber um eine natürliche Person, ist er auch strafrechtlich verantwortlich. Anders, wenn der Arbeitgeber ein Unternehmen ist: Eine strafrechtliche Verantwortung des Unternehmens kennt das deutsche Recht nicht – noch gibt es kein „Unternehmensstrafrecht", welches das Unternehmen für „sein" Verhalten strafrechtlich zur Verantwortung ziehen würde (die Einführung eines Unternehmensstrafrechts wird allerdings bereits seit einiger Zeit diskutiert).[10] Hingegen treffen das Unternehmen steuer-, wettbewerbs- und kartellrechtliche, sowie in einigen Branchen (wie dem Finanzdienstleistungssektor) auch spezielle aufsichtsrechtliche Sanktionen in der Regel unmittelbar selbst. Folgen für seine Mitarbeiter sind nur mittelbarer Natur.

Daraus folgt, dass „Compliance" für den Arbeitgeber auch heißt, im eigenen Interesse die Rechtstreue seiner Arbeitnehmer zu überwachen. Er kann nur so eigene zivilrechtliche und aufsichtsrechtliche Haftung für das Fehlverhalten seiner Arbeitnehmer vermeiden und sich vor gegen ihn gerichtete Taten seiner Arbeitnehmer zu schützen.[11] Hinzu kommen faktische Zwänge zur Arbeitnehmerkontrolle: Verhalten sich Arbeitnehmer rechtswidrig oder unredlich, verstoßen sie etwa gegen ethische Standards des Arbeitgebers („soft compliance"),[12] treffen negative Publicity, Reputationsverlust und ihre wirtschaftlichen Folgen das Unternehmen unmittelbar.

---

[8]BGH NJW 2009, 3173.

[9]Dazu noch 4.2.3.

[10]*Kuschaty*, ZRP 2013, 74; *Leipold*, ZRP 2013, 34.

[11]Ein erheblicher Teil der Wirtschaftskriminalität besteht aus Delikten des Arbeitnehmers gegen den Arbeitgeber, s. KPMG-Studie zur Wirtschaftskriminalität 2012, S. 7.

[12]Beispiel: Als Kinderarbeit wird allgemein die Arbeit von Personen unter 15 Jahren angesehen (ILO-Übereinkommen 138, „Mindestalter-Übereinkommen"). Das Unternehmen verpflichtet seine Mitarbeiter, beim Einkauf keine Produkte auszuwählen, an deren Herstellung Personen unter 18 Jahren mitgewirkt haben.

Der Arbeitgeber ist zur Kontrolle der Arbeitnehmer aber auch rechtlich verpflichtet, wenn diese Pflicht auch recht unbestimmt ist: Gem. § 130 Abs. 1 OWiG verhält sich ordnungswidrig, wer als Inhaber eines Betriebes oder Unternehmens vorsätzlich oder fahrlässig die Aufsichtsmaßnahmen unterlässt, die erforderlich sind, um in dem Betrieb oder Unternehmen Zuwiderhandlungen gegen Pflichten zu verhindern, die den Inhaber treffen und deren Verletzung mit Strafe oder Geldbuße bedroht ist. Der Betriebsinhaber ist nur verantwortlich für Zuwiderhandlungen, die durch „gehörige Aufsicht" verhindert oder wesentlich erschwert worden wären. Das Gesetz geht damit von einer Aufsichtspflicht des Arbeitgebers aus.

Konkrete Anforderungen an die Unternehmensorganisation und an Maßnahmen des Arbeitgebers im Einzelfall ergeben sich aus § 130 OWiG allerdings nicht. Es kommt nur darauf an, dass am Ende rechtstreues Verhalten des Unternehmens steht, gleich wie dieses Ergebnis erreicht wird.

Die Pflicht zur Compliance, zur Rechtstreue des Arbeitgebers und seiner Arbeitnehmers, ist daher recht konturlos, lässt dem Arbeitgeber aber auch viel Gestaltungsfreiheit, sowohl bei der Unternehmensorganisation allgemein, als auch bei der Frage, wie er seine Arbeitnehmer auf Rechtstreue hin kontrollieren will.

Rechtmäßiges Vorgehen bei der Arbeitnehmerkontrolle ist hierbei nicht nur aus ethischen oder praktischen Gründen (Betriebsklima), sondern auch aus rechtlichen Gründen notwendig: Unzulässige Maßnahmen der Aufklärung von Compliance-Verstößen bergen Strafbarkeitsrisiken für die ermittelnden Personen und Haftungsrisiken für das Unternehmen. Sich bei der Arbeitnehmerkontrolle rechtmäßig zu verhalten, ist aber angesichts der teils sehr unbestimmten rechtlichen Vorgaben nicht leicht.

Die Zulässigkeit verschiedener gängiger Maßnahmen der präventiven und repressiven Kontrolle und die Folgen etwaiger Compliance-Verstöße werden im Folgenden dargestellt. Unsicherheiten in der Rechtslage werden für den Rechtsanwender deutlich hervorgehoben.

Literatur

Düwell, Franz Josef/ *Brink,* Stefan, Beschäftigtendatenschutz nach der Umsetzung der Datenschutz-Grundverordnung: Viele Änderungen und wenig neues, NZA 2017, 1081–1085;

Franzen, Martin, Datenschutz-Grundverordnung und Arbeitsrecht, EuZA 2017, 313–351;

Kuschaty, Thomas, Deutschland braucht ein Unternehmensstrafrecht, ZRP 2013, 74–75;

Leipold, Klaus, Unternehmensstrafrecht – Eine rechtspolitische Notwendigkeit?, ZRP 2013, 34–37;

Schreiber, Alexander, Implementierung von Compliance-Richtlinien, NZA-RR 2010, 617–623.

Maßnahmen der regelmäßigen Selbstkontrolle

2

Routinemäßige Selbstkontrolle ist der erste Schritt, Compliance-Verstöße aufzudecken und auszuermittlen. Die Ausgangslage ist hier eine andere als bei internen Ermittlungen: Ein konkreter Verdacht eines Rechtsverstoßes liegt noch nicht vor, die Maßnahme soll erst Umstände ans Licht bringen, die auf einen Rechtsverstoß hindeuten. Ihre rechtlichen Grenzen sind daher enger als bei einer Maßnahme zur internen Ermittlung.

Zur regelmäßigen Selbstkontrolle des Arbeitgebers bieten sich verschiedene Maßnahmen an, deren Zulässigkeit im Folgenden beleuchtet wird (unter Abschn. 2.2 bis 2.10). Zentral für die Selbstkontrolle eines jeden Unternehmens ist aber auch eine klare Regelung der internen Informationsflüsse, insbesondere im Verhältnis von Arbeitnehmer und Vorgesetztem als Basis für eine funktionierende Informationsversorgung bis in die höchsten Ebenen des Unternehmens (sogleich Abschn. 2.1).

2.1 Interne Informationsbeziehungen

Die Ausgestaltung interner Informationsflüsse gibt der Gesetzgeber nur ausgewählten Unternehmen und selbst diesen nur bruchstückhaft vor. So kennt etwa das Finanzaufsichtsrecht besondere interne Berichtspflichten in Versicherungsunternehmen (§ 26 Abs. 1 S. 1 VAG). Das Gesellschaftsrecht regelt die Informationsbeziehungen zwischen den Organen der Gesellschaft (z. B. §§ 90, 111 AktG, § 37 Abs. 1 GmbHG).

Doch die Gesetze schweigen zu den im Bereich Compliance besonders bedeutsamen Informationsbeziehungen innerhalb der Unternehmenshierarchie, zwischen Arbeitnehmer und Arbeitgeber/Vorgesetzten.

Nur wenn aber jedem Arbeitnehmer klar ist, an wen er sich mit besonderen Beobachtungen wenden darf und an wen er sich (unter welchen Voraussetzungen) ggf. auch

© Springer Fachmedien Wiesbaden GmbH, ein Teil von Springer Nature 2018
L. Rudkowski und A. Schreiber, *Aufklärung von Compliance-Verstößen*,
https://doi.org/10.1007/978-3-658-21494-4_2

wenden muss, besteht die Chance, dass Unregelmäßigkeiten auffallen und Rechtsverstöße aufgedeckt werden können. Unter welchen Voraussetzungen ein Arbeitnehmer
welche Informationen an seinen Vorgesetzten weiterzuleiten hat, bestimmt sich nach
dem Arbeitsrecht, und auch das interne Whistleblowing, bei dem den Arbeitnehmern die
Möglichkeit eingeräumt wird, Verstöße an eine eigens dafür eingerichtete unternehmensinterne Stelle zu melden, ist ein arbeitsrechtliches Problem. Gesetzliche Regelungen
bestehen jeweils nicht.

2.1.1 Melde- und Berichtspflichten des Arbeitnehmers gegenüber dem Arbeitgeber

Die Offenlegungspflichten des Arbeitnehmers bestimmen sich im Grundsatz nach den
Weisungen des Arbeitgebers. Der Arbeitgeber kann den Arbeitnehmern aufgeben,
bestimmte Vorkommnisse ohne vorherige Aufforderung zu melden (im Folgenden:
Anzeigepflicht), und er kann Auskünfte über bestimmte Vorkommnisse einfordern (Auskunftspflicht des Arbeitnehmers).

Rechtlich ist eine solche Weisung im Wesentlichen unproblematisch zulässig. Unbillig i. S. d. § 106 S. 1 GewO und damit unzulässig ist die Weisung nur, wenn sie zur
Meldung aller, auch unerheblicher Verstöße oder außerbetrieblichen Fehlverhaltens verpflichtet. Eine spürbare Einschränkung der Arbeitgeberrechte ist damit aber nicht verbunden, der Arbeitgeber hat regelmäßig kein Interesse daran, mit Informationen über
Bagatellen oder das Privatleben der Arbeitnehmer „überflutet" zu werden.

Zulässig ist es außerdem, in unternehmenseigenen Verhaltensvorschriften (Ethik-
Richtlinien, Compliance-Kodizes) die Weisung zu erteilen, Verstöße gegen die Verhaltensvorschriften zu melden.[1] Zu der Weisung, die Meldung an eine Whistleblowingstelle zu
richten, s. noch sogleich Abschn. 2.1.2.3.

Wo keine Weisung vorliegt (und sich auch, wie meist, aus dem Arbeitsvertrag nichts
ergibt), ist die Offenlegungspflicht des Arbeitnehmers anhand des allgemeinen Vertrags-
rechts zu bestimmen. Hier ist nach der Art der zu offenbarenden Information zu unterscheiden (Übersicht Abb. 2.1):

Informationen, die der Kontrolle der Leistung und des Verhaltens des Arbeitnehmers und damit der Wahrung des vertraglichen Äquivalenzinteresses dienen, müssen
grundsätzlich als arbeitsvertragliche Nebenleistungspflichten i. S. d. § 241 Abs. 1 BGB
eingeordnet werden.[2] Sie flankieren die Erbringung der Hauptleistungspflichten und
verschaffen dem Arbeitgeber erst die Informationen, die er benötigt, um sein Weisungsrecht (§ 106 GewO) auszuüben.

---

[1]Zu letzterem BAG NZA 2008, 1248, „Honeywell".
[2]*Reichold*, in: FS Bauer, S. 843, 847; a. A. (Nebenpflichten gem. § 241 Abs. 2 BGB) *Bissels/Lützeler*,
BB 2012, 189, 190.

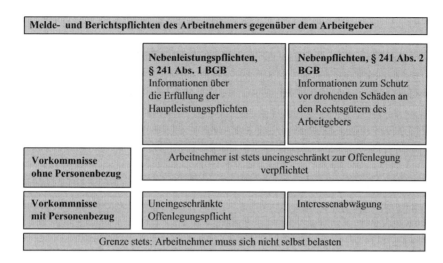

Abb. 2.1 Melde und Berichtspflichten des Arbeitnehmers gegenüber dem Arbeitgeber

Soweit die Informationen ausnahmsweise nicht (wenigstens auch) die Erbringung der Hauptleistungspflichten betreffen, sondern den Arbeitgeber etwa vor drohenden Schäden an seinen Rechtsgütern und damit sein Integritätsinteresse schützen sollen, muss ihre Offenbarung als Schutz- und Rücksichtnahmepflicht i. S. d. § 241 Abs. 2 BGB angesehen werden.[3]

Im Grundsatz ist der Arbeitnehmer gegenüber seinem Arbeitgeber zur umfassenden Offenlegung aller Umstände mit dienstlichem Bezug verpflichtet. Das BAG verneint eine Offenlegungspflicht lediglich dann, wenn die Information „weder mit der Erfüllung der geschuldeten Leistung noch überhaupt mit der gegenseitigen Pflichtenbindung im Arbeitsverhältnis" in Zusammenhang steht.[4] Das überzeugt auch: Wer Weisungen zu erteilen befugt ist, muss ihre Einhaltung auch überprüfen können. Angesichts der persönlichen Bindung der Arbeitsvertragsparteien steht außerdem der Arbeitnehmer besonders in der Pflicht, etwaige Gefahren für Rechtsgüter des Arbeitgebers zu erkennen und zu melden. Er hat daran, angesichts seiner persönlichen Abhängigkeit vom Arbeitgeber, letztlich sogar ein eigenes Interesse.

2.1.1.1 Offenlegungspflichten des Arbeitnehmers bei Vorkommnissen mit Personenbezug

Eingeschränkt wird dieser Grundsatz der umfassenden Offenlegungspflicht des Arbeitnehmers jedoch bei Vorkommnissen mit Personenbezug. Steht die Offenlegung eines Verhaltens des Arbeitnehmers selbst oder das seiner Kollegen in Rede, ändert sich die

---

[3]*Reichold*, in: FS Bauer, S. 843, 847.
[4]BAG NZA 1996, 637, 640.

Interessenlage durch Betroffenheit des allgemeinen Persönlichkeitsrechts des Arbeitnehmers (Art. 2 Abs. 1 i. V. m. Art. 1 Abs. 1 GG).

Die Einschränkung gilt jedoch nicht, soweit die Information mit Personenbezug im Zusammenhang steht mit der Ausführung von Arbeitgeberweisungen und Wahrnehmungen innerhalb des eigenen Arbeitsbereichs. Die Offenlegung ist hier Nebenleistungspflicht i. S. d. § 241 Abs. 1 BGB und die Interessenlage keine grundsätzlich andere als bei der Offenlegung objektiver Umstände. Der Arbeitnehmer muss verpflichtet sein, uneingeschränkt seine Arbeitsergebnisse offenzulegen, ebenso wie Informationen, die sonst mit seiner Arbeitsleistung und seinem Arbeitsbereich im Zusammenhang stehen.[5] So muss er etwa seinem Arbeitgeber anzeigen, dass er die ihm übertragenen Aufgaben in anderer als der vorgegebenen Weise bearbeitet hat. Derartige Offenlegungspflichten sind dem Arbeitsverhältnis immanent: Hat der Arbeitnehmer eine Weisung seines Arbeitgebers auszuführen, muss der Arbeitgeber die Ausführung und ihre Zusammenhänge auch kontrollieren können und bedarf dazu der Information. Diese kann er abhängig vom jeweiligen Einzelfall über eine Anzeige- oder eine Auskunftspflicht erlangen. Je näher eine Information der Erfüllung der arbeitnehmerischen Hauptleistungspflichten steht, desto höher ist das Informationsinteresse des Arbeitgebers.

Das Offenlegungsinteresse des Arbeitgebers nimmt ab, je lockerer der Zusammenhang einer Information zu den Hauptleistungspflichten des Arbeitnehmers ist. Dem muss bei den Offenlegungspflichten gem. § 241 Abs. 2 BGB Rechnung getragen werden: Der genaue Inhalt der Pflicht ist hier über eine Abwägung von Arbeitgeber- und Arbeitnehmerinteressen zu bestimmen.

Die Rechtsprechung zieht zur Konkretisierung der Abwägung die Voraussetzungen des bürgerlich-rechtlichen Auskunftsanspruchs heran,[6] verlangt damit letztlich für die Offenlegung abseits der Hauptleistungspflichten ein berechtigtes Informationsinteresse des Arbeitgebers und stellt eine Zumutbarkeitsprüfung für den Arbeitnehmer an. Ein Zusammenhang mit der Pflichtenbindung des Arbeitnehmers muss stets noch gegeben sein.[7]

Solange das berechtigte Informationsinteresse des Arbeitgebers vorliegt und die Informationsmitteilung dem Arbeitnehmer zumutbar ist, kann nicht nur ein Auskunftsanspruch, sondern auch eine Anzeigepflicht entstehen.[8] So können etwa einschlägige Vorstrafen gestützt auf diese Begründung dem Arbeitgeber ungefragt zu offenbaren sein.[9]

---

[5]*Göpfert/Merten/Siegrist*, NJW 2008, 1703, 1705.

[6]BAG NZA 1996, 637, 638.

[7]BAG NZA 1996, 637, 638.

[8]LAG Köln NZA-RR 2007, 134 (nur Ls.).

[9]Weiteres Beispiel (Küchenleiter ist gleichzeitig Inhaber eines Gemüselieferanten) LAG Köln NZA-RR 2007, 134 (nur Ls.).

2.1.1.2 Einschränkung: Selbstbelastungsfreiheit

Der Arbeitnehmer muss seine eigenen Verfehlungen grundsätzlich nicht offenbaren. Siehe dazu auch Abschn. 3.11.1.3.

2.1.2   Alternative Berichtswege (internes Whistleblowing)

Grundsätzlich geht das Arbeitsrecht vom ungestörten Informationsfluss zwischen Arbeitnehmer und unmittelbarem Vorgesetzten aus.

Fürchtet aber ein Arbeitnehmer, bei seinem Vorgesetzten nicht gehört zu werden, etwa, weil dieser selbst in den Verstoß mit involviert sein könnte, bedarf es alternativer Berichtswege, die der Arbeitnehmer beschreiten kann.

Das Betriebsverfassungsrecht kennt bereits die Möglichkeit, dass der Arbeitnehmer in „Kummerkästen" oder in der Sprechstunde des Betriebsrats seine Anliegen äußert. §§ 84 ff. BetrVG regeln darüber hinaus das sog. Beschwerdeverfahren, in dem ein einzelner Arbeitnehmer Missstände im Betrieb rügen kann. Allerdings steht das Verfahren dem Arbeitnehmer nur offen, soweit er sich persönlich beeinträchtigt fühlt,[10] und den Arbeitgeber bringt die Information des Betriebsrats nicht weiter. Selbst wenn das Verhältnis zwischen Arbeitgeber und Betriebsrat im konkreten Betrieb von vertrauensvoller Zusammenarbeit geprägt ist – der Betriebsrat hat keine „Allzuständigkeit" zur innerbetrieblichen Rechtswahrung, sondern wird nur im Interesse der Belegschaft tätig. Er kann damit nur bei in seine Zuständigkeit fallenden Rechtsverstößen und Missständen tätig werden.

Die gesetzlichen Beauftragten aber, wie der Datenschutz-, der Sicherheits- oder der Geldwäschebeauftragte (Art. 37 EU-DSGVO, § 38 Abs. 1 BDSG/§ 22 SGB VII/§ 7 GwG), sind zwar für die in ihren Aufgabenbereich fallenden Beschwerden zuständig, haben aber darüber hinaus keine Zuständigkeit und eignen sich daher nicht als Anlaufstelle für Hinweise auf allgemeine Missstände. Die Organisation gem. § 13 Abs. 1 AGG bezieht sich ebenfalls nur auf ausgewählte Missstände (Diskriminierungen und Belästigungen). Etwas weiter hingegen ist der Zuständigkeitsbereich der Stelle gem. § 25a Abs. 1 S. 6 Nr. 3 KWG, eine rein finanzaufsichtsrechtliche Instanz, die in Instituten i. S. d. KWG über Verstöße gegen das einschlägige Aufsichtsrecht informiert werden kann.

§ 25a Abs. 1 S. 6 Nr. 3 KWG steht, auch wenn die Norm nur für Institute gilt, für ein Verfahren, das sich auch außerhalb des Finanzdienstleistungssektors findet: Um dem Arbeitnehmer für seinen Hinweis einen alternativen Ansprechpartner anzubieten, der zwar der Sphäre des Arbeitgebers zuzurechnen, aber nicht innerhalb der Hierarchie gebunden ist, und der sich um die Beseitigung des angezeigten Missstands kümmert, richten Arbeitgeber mitunter sog. Whistleblowingstellen ein (von engl. „to blow the whistle", Alarmschlagen, pfeifen). Wie der Begriff der Compliance sind die Ursprünge des Begriffs Whistleblowing mit dem US-amerikanischen Kapitalmarktrecht und insbesondere mit

---

[10]BAG NZA 2006, 803, 805.

dem Sarbanes-Oxley Act verbunden, obwohl das Phänomen Whistleblowing bereits sehr viel älter ist.[11]

Stellt das Unternehmen einen Ansprechpartner, der Hinweise auf Missstände im Betrieb von den Arbeitnehmern entgegen nimmt, spricht man vom sog. internen Whistleblowing (gegenüber dem externen etwa im Verhältnis zu Strafverfolgungs-, Aufsichts- oder Steuerbehörden, dazu noch Abschn. 4.4.2). Die Abgrenzung ist nicht immer ganz trennscharf: Als Ansprechpartner kann zwar ein Unternehmensangehöriger benannt werden, etwa der Compliance-Beauftragte. Um aber die vertrauliche Behandlung und zugleich die effektive Prüfung des Hinweises zu sichern, werden üblicherweise externe Personen (vor allem die gem. § 43a Abs. 2 BRAO zur Verschwiegenheit verpflichteten Rechtsanwälte) als Ansprechpartner benannt. Sie gelten als „intern", weil sie zur Sphäre des Arbeitgebers gehören. Sie bringen kein staatliches Verfahren in Gang oder schalten die Öffentlichkeit ein, sondern stoßen interne Ermittlungen an.

Erforderlich ist ihre permanente Erreichbarkeit, etwa per Telefon oder per Webseite, sowie eine zeitnahe Bearbeitung jedes Hinweises. Das interne Whistleblowing ist damit ggf. kostenintensiv, aber mit dem Vorteil verbunden, dass der Arbeitnehmer einen unternehmensinternen Ansprechpartner hat, mithin es nicht geboten ist, sogleich die Behörden oder gar die Presse einzuschalten (zum internen Abhilfeversuch vor externem Whistleblowing Abschn. 4.4.2.1.1.3). Zugleich ist die außerhalb der Unternehmenshierarchie stehende Instanz – anders als möglicherweise ein direkter Vorgesetzter – interessiert, dem Hinweis auch ernsthaft nachzugehen.

Mit der Installation eines internen Whistleblowingsystems sind jedoch einige gesellschafts- und arbeitsrechtliche Fragen verbunden (Überblick Abb. 2.2):

2.1.2.1 Pflicht des Arbeitgebers zur Einrichtung von Whistleblowingsystemen?

Eine gesetzliche Pflicht des Arbeitgebers, ein internes Whistleblowingsystem einzurichten, gar in einer bestimmten Weise (mit internen oder externen Mitarbeitern, zentral für das Unternehmen oder dezentral in einem Betrieb), besteht nicht. Die Entscheidung, ob ein Whistleblowingsystem überhaupt erforderlich ist und wie es ausgestaltet wird, ist dem Arbeitgeber überlassen.

Als Faustregel muss gelten, dass je größer das Unternehmen ist, es desto eher zu den gesellschaftsrechtlichen Pflichten der Geschäftsleitung, zur ordnungsgemäßen Unternehmensführung,[12] zählt, ein Whistleblowingsystem einzurichten: Je größer die Gefahr von Rechtsverstößen (die mit der Größe des Unternehmens zwangsläufig zunimmt), desto eher bedarf es entsprechender interner Systeme, die ihre Aufdeckung fördern können.

---

[11]S. etwa *Thüsing/Forst*, in: Thüsing (Hrsg.), § 6 Rn. 3 f.

[12]Rechtlicher Anknüpfungspunkt für die Pflicht ist etwa bei der Aktiengesellschaft § 93 Abs. 1 S. 1 AktG, die Sorgfalt eines ordentlichen Geschäftsleiter.

1. Art und Umfang der verantwortlichen Whistleblowingstelle festlegen	✔
-Ansprechpartner: nach betrieblichen Gegebenheiten, z.B. einzelner Ansprechpartner, zentrale Whistleblowingstelle, Compliance-Abteilung -Permanente Erreichbarkeit und zeitnahe Bearbeitung der Hinweise -Hinreichende Sachkunde des Ansprechpartners; zur Verschwiegenheit verpflichtet; organisatorisch unabhängig -Mit Kompetenzen ausgestattet, den Vorwürfen nachgehen zu können, z.B. Informationszugang oder Auskunftsrecht gegenüber Mitarbeitern -Klare Vorgaben, wie mit Hinweisen zu verfahren ist	
2. Pflichten des Arbeitnehmers bezüglich der Wahl des Berichtsweges festlegen	✔
-Arbeitgeber kann kraft seines Weisungsrechts festlegen, dass der Arbeitnehmer sich an die Whistleblowingstelle wenden muss; ansonsten kann der Arbeitnehmer den Berichtsweg wählen (ausgenommen sind Fälle, die unter §138 StGB fallen)	
3. Regelungen zum Umgang mit anonymen Hinweisen festlegen	✔
-Sollen anonyme Hinweise zugelassen werden? -Wenn nein, wie ist zu verfahren, wenn doch ein anonymer Hinweis eingeht?	
4. Weitere Regelungen	✔
-Kreis der potentiellen Hinweisgeber bestimmen (Arbeitnehmer, Leiharbeiter, Werkunternehmer, Lieferanten, etc.) -Missstände bestimmen, die gemeldet werden sollen -Bestimmen, wie mit Hinweisgebern zu verfahren ist, die falsche Hinweise geben	
5. Pflicht zur Information des verdächtigen Arbeitnehmers Aussetzung nach Art. 14 Abs. 5 lit. b EU-DSGVO?	✔
6. Mitbestimmung des Betriebsrates gem. § 87 Abs. 1 Nr. 1 BetrVG	✔
7. Einbeziehung des Datenschutzbeauftragten	✔

Abb. 2.2 Checkliste: Internes Whistleblowing

2.1.2.2 Art und Stellung der Whistleblowingstelle

Insbesondere welche Art der Whistleblowingstelle sinnvoll ist, kann Arbeitgeber frei beurteilen. Maßgeblich sind auch hier die Gegebenheiten des jeweiligen Unternehmens. Generelle Anforderungen lassen sich nicht aufstellen. So kann es in einem großen Unternehmen mit zahlreichen größeren Betrieben zweckmäßig sein, für jeden Betrieb eine gesonderte Whistleblowingstelle einzurichten. Je kleiner aber der Betrieb, und je größer damit die Wahrscheinlichkeit, dass das Whistleblowing wegen personeller Verflechtungen ineffektiv bleibt, desto mehr spricht für eine zentrale Whistleblowingstelle. Gibt es im Unternehmen eine gut ausgestattete Compliance-Abteilung, bietet es sich an, ihr die Aufgaben der Whistleblowingstelle zu übertragen. Sind die Ressourcen im Unternehmen nicht vorhanden, kann als interne Whistleblowingstelle ein Externer, etwa einen Rechtsanwalt, beauftragt werden.

Der Ansprechpartner/die Mitarbeiter der Whistleblowingstelle müssen zudem hinreichend sachkundig und vertraglich zur Verschwiegenheit verpflichtet sein.

Verschiedene Aufsichtsrechte, etwa das Finanzaufsichtsrecht, nennen zusätzlich das Erfordernis der Zuverlässigkeit für Personen in bestimmten herausgehobenen Positionen

(z. B. § 25c Abs. 1 S. 1 KWG/§ 24 Abs. 1 S. 1 VAG). Auch wenn diese Vorschriften nur für die in den Anwendungsbereich der jeweiligen Gesetze fallenden Unternehmen gelten, können sie doch Anhaltspunkt für die Auswahl des oder der Mitglieder der Whistleblowingstelle generell sein. Zuverlässigkeit ist eine Selbstverständlichkeit für Personen in verantwortungsvoller Position und damit für die Whistleblowingstelle.

Das spezielle Wirtschaftsaufsichtsrecht (etwa: § 25a Abs. 1 S. 3 Nr. 3 lit. c KWG) ist auch Vorbild für die Stellung der Whistleblowingstelle: Sie muss organisatorisch unabhängig sein. Effektiv kann sie ihre Aufgabe nur erfüllen, wenn sie keinen Weisungen unterworfen ist, die ihre Ermittlungen ggf. behindern können.

Die Whistleblowingstelle muss darüber hinaus mit den notwendigen Kompetenzen ausgestattet sein, dem Hinweis nachzugehen. Dies setzt vor allem voraus, dass ihr Informationszugang und Auskunftsrechte gegenüber allen Mitarbeitern eingeräumt werden.

Ferner bedarf es einer klaren Weisung, wie nach Abschluss der Ermittlungen mit als begründet/unbegründet eingestuften Hinweisen zu verfahren ist. Hier bietet sich vor allem bei begründeten Hinweisen eine Berichtspflicht gegenüber der Organisationseinheit an, in deren Bereich der Verstoß passiert ist (erste Ebene, die nicht in den Verstoß involviert ist). Bei schwerwiegenden Verstößen ist die Geschäftsleitung zu informieren.

Ferner muss der Arbeitgeber festlegen, welche Pflichten die Whistleblowingstelle treffen, wenn die Geschäftsleitung und sie über das Vorliegen eines Missstands oder über die zu seiner Beseitigung erforderlichen Maßnahmen unterschiedlicher Auffassung sind.

2.1.2.3 Pflicht des Arbeitnehmers zur Verwendung alternativer Berichtswege

Ob eine Pflicht des Arbeitnehmers besteht, alternative Berichtswege zu verwenden, ist abhängig von dem Missstand, von dem er Kenntnis hat. Zudem ist zu unterscheiden, ob der Arbeitnehmer den möglichen Missstand, statt ihn bei der internen Whistleblowingstelle zu melden, für sich behält, ihn seinem Vorgesetzten meldet oder ihn nach außen trägt.

Offensichtlich nicht zur Verwendung interner Whistleblowingsysteme verpflichtet ist der Arbeitnehmer, wenn ein Gesetz ihm Offenlegung gegenüber Außenstehenden abverlangt. Prägnantestes Beispiel ist § 138 StGB: Informationen über die dort genannten Delikte sind unmittelbar den Strafverfolgungsbehörden mitzuteilen.

Externes Whistleblowing im Übrigen, d. h. ein Offenbaren des Missstands gegenüber Behörden oder der Öffentlichkeit abseits gesetzlicher Offenlegungspflichten wie § 138 StGB, ist hingegen ohne vorherige Einschaltung des Arbeitgebers als grundsätzlich unzulässig anzusehen.[13] Die Interessen des Arbeitgebers gebieten es, stets zunächst einmal innerbetriebliche Abhilfe zu versuchen. Der Abhilfeversuch muss nicht in der Verwendung interner Whistleblowingsysteme liegen. Der Arbeitnehmer kann auch innerhalb

---

[13]EGMR NZA 2011, 1269; a. A. BAG NZA 2004, 427, 430. S. noch 4.4.1.1.1.3.

der Hierarchie berichten. Gibt es im Unternehmen aber ein Whistleblowingsystem und ist
dies dem Arbeitnehmer bekannt, ist zunächst dieses einzuschalten bevor der Missstand
nach außen getragen wird.

Steht der Arbeitnehmer hingegen vor der Wahl, entweder seinen Vorgesetzten oder die
Whistleblowingstelle zu informieren, muss grundsätzlich die Information des Vorgesetzten genügen, wenn arbeitsvertraglich nichts anderes bestimmt ist. Reagiert aber der Vorgesetzte auf die Meldung nicht, ist die Whistleblowingstelle einzuschalten.

Der Arbeitgeber kann durch Weisung den Arbeitnehmer auch dazu verpflichten, nicht
erst den Vorgesetzten, sondern gleich die Whistleblowingstelle einzuschalten. Eine solche Weisung will aber gut überlegt sein: Nicht immer ist es angebracht, sogleich das
ganze Whistleblowingsystem in Gang zu setzen. Regelmäßig kann es den Arbeitnehmern
zugetraut werden, zu entscheiden, ob ein Verstoß seiner Art und Schwere nach mit dem
Vorgesetzten geklärt werden kann oder die Einschaltung weiterer Personen verlangt. Die
Vorgabe für alle Mitarbeiter, bestimmte Verstöße an die Whistleblowingstelle zu melden
(etwa in einer Ethik-Richtlinie) unterliegt zudem grundsätzlich der betrieblichen Mitbestimmung gem. § 87 Abs. 1 Nr. 1 BetrVG.[14]

Ob der Arbeitnehmer einen Missstand überhaupt melden muss, ganz gleich welcher Stelle, richtet sich, soweit keine Weisung des Arbeitgebers vorliegt, nach den unter
Abschn. 2.1.1 dargestellten individualarbeitsrechtlichen Offenlegungspflichten.

2.1.2.4 Anonymität der Hinweise?

Der hier schon im Zusammenhang mit den Ursprüngen des Whistleblowings genannte
U.S.-amerikanische Sarbanes-Oxley Act verpflichtet in den USA börsennotierte Unternehmen, anonymes Whistleblowing zu ermöglichen. Die internen Systeme müssen so
ausgestaltet sein, dass der Hinweisgeber unerkannt bleiben kann.

Eine Verpflichtung, Whistleblowing „unter Wahrung der Vertraulichkeit der Identität"
des Hinweisgebers zuzulassen, gibt es in Deutschland seit Einführung des § 25a Abs. 1
S. 6 Nr. 3 KWG im Jahr 2014, aber nur für Unternehmen unter Bankenaufsicht. Außerhalb des Bankenaufsichtsrechts lässt sich eine solche Verpflichtung ebenso wenig begründen wie eine Pflicht zur Einrichtung eines internen Whistleblowingsystems überhaupt.

Es ist am Arbeitgeber, abzuwägen, ob er bei Einrichtung eines internen Whistleblowingsystems den Hinweisgebern systematisch Anonymität ermöglichen möchte. Der
Vorteil der Anonymität liegt auf der Hand: Die Hemmschwelle für einen Whistleblower
ist niedriger, wenn er einen Hinweis geben kann, ohne seine Identität preisgeben und
ohne negative Konsequenzen wegen des Hinweises fürchten zu müssen. Dies gilt umso
mehr, als es beim internen Whistleblowing der Arbeitgeber ist, der die Aufklärung übernimmt. Dagegen, anonyme Hinweise zuzulassen, spricht jedoch, dass sich hier erhebli-
ches Missbrauchspotenzial auftut. Hinweise „ins Blaue hinein" produzieren unnötigen
Ermittlungsaufwand; Hinweise aus sachfremden Erwägungen (z. B. Missgunst) heraus

---

[14]BAG NZA 2008, 1248 („Honeywell").

gefährden das Betriebsklima und können der zu Unrecht verdächtigten Person erheblichen materiellen und immateriellen Schaden zufügen. Zudem ist die Aufklärung von anonymen Hinweisen oft schwieriger als die von nicht anonymen, da der Hinweisgeber nicht für Rückfragen zur Verfügung steht. Als Kompromiss ist denkbar, dass der Whistleblower seine Identität gegenüber der Whistleblowingstelle offenbaren muss, diese ihm aber Stillschweigen über seine Identität (wenn auch nicht: Folgenlosigkeit eines vorsätzlich falschen Hinweises) zusichert.

Selbst wenn der Arbeitgeber anonymes Whistleblowing nicht zulassen will, kann sich doch die Frage stellen, wie einzelne anonyme oder pseudonyme Hinweise zu behandeln sind: Muss ihnen nachgegangen werden oder kann ihre Ausermittlung verweigert werden mit der Begründung, Hinweisen gehe man ohne Kenntnis der Identität des Hinweisgebers grundsätzlich nie nach?

Hier ist einmal mehr abzuwägen, und zwar anhand Art und Schwere des Verstoßes, auf den hingewiesen wird, mit den Umständen seiner Meldung: Je schwerer der geäußerte Vorwurf wiegt, desto eher muss ihm nachgegangen werden, selbst dann, wenn der Whistleblower seine wahre Identität nicht preisgeben wollte.

2.1.2.5 Ausgestaltung eines betrieblichen Whistleblowingsystems im Einzelnen

Mangels gesetzlicher Vorgaben ist die nähere Ausgestaltung eines Whistleblowingsystems, wie dargelegt, dem Arbeitgeber überlassen. Einige Fragen bedürfen jedoch stets der Klärung, um die Aufgaben und Zuständigkeiten der Whistleblowingstelle klar zu umreißen und auch den Arbeitnehmern deutliche Weisung/einen deutlichen Hinweis geben zu können, wann sie das Whistleblowingsystem benutzen müssen/können.

Da beim internen Whistleblowing regelmäßig personenbezogene Daten erhoben und genutzt werden (die des Angezeigten und die des Hinweisgebers), ist das Datenschutzrecht einzuhalten. Geht es um Daten von Arbeitnehmern, ist § 26 BDSG einschlägig.

2.1.2.5.1 Beschränkung des Whistleblowings auf Arbeitnehmer?

Dem Arbeitgeber steht frei, den Kreis der potenziellen Whistleblower zu bestimmen, etwa ausgeschiedene Arbeitnehmer, Leiharbeitnehmer oder Personen, die zwar im Kontakt zum Betrieb stehen, aber nur lockere Rechtsbeziehungen zu ihm haben (Werkunternehmer, Lieferanten) vom Whistleblowing auszunehmen. Zu bedenken ist aber, dass wertvolle Hinweise von jeder Person kommen können, die in irgendeiner Form in den Betrieb eingegliedert ist oder war oder die mit ihm Rechtsbeziehungen unterhält oder unterhielt. So können gerade von ausgeschiedenen Arbeitnehmern, die das Gefühl haben, nichts mehr zu verlieren zu haben, wertvolle Hinweise zu erwarten sein.

2.1.2.5.2 Art des Hinweises/Missstands

Gegenüber der zuständigen Person, aber auch gegenüber den Arbeitnehmern, die zur Inanspruchnahme des internen Whistleblowingsystems angehalten werden sollen, muss der Arbeitgeber klar bestimmen, welche Art von Missstand der zuständigen Stelle gemeldet werden soll: Ist jedes Fehlverhalten zu melden? Gibt es Regelungen, die sich das Unternehmen selbst gegeben hat und deren Einhaltung auch durch das Whistleblowingsystem überwacht werden soll („Ethik-Richtlinien" o. ä.)? Oder sollen nur Verstöße gegen „hard law", gegen gesetzliche Bestimmungen, gemeldet werden (wobei hier eine genaue juristische Prüfung den Arbeitnehmern nicht abverlangt werden kann)?

Wenn die Art des Missstands festgelegt ist, der gemeldet werden soll, muss außerdem bestimmt werden, ob es eine Art „Verjährung" des Missstands geben soll: Sollen alle Verstöße gemeldet werden, ganz gleich, wann sie geschehen sind?

Außerdem ist die Person des potenziellen „Täters" näher zu umreißen: Sind nur von „einfachen" Arbeitnehmern des Betriebs begangene Verstöße zu melden? Oder können/ sollen auch Verstöße von leitenden Angestellten, Organmitgliedern, Lieferanten oder sonstigen Vertragspartnern des Arbeitgebers gemeldet werden?

2.1.2.5.3 Whistleblowing und rechtswidrig erlangte Informationen

In der rechtswissenschaftlichen Literatur wird vertreten, Informationen, die der Arbeitnehmer nicht im Rahmen seiner gewöhnlichen Tätigkeit erlangt hat, sondern nur dadurch, dass er sich als „Detektiv" betätigt hat, seien vom Whistleblowingschutz auszunehmen.[15] Eng damit verbunden ist die Frage, wie mit Hinweisen umzugehen ist, die auf offensichtlich in rechtswidriger Weise erlangten Informationen beruhen (Beispiel: Arbeitnehmer hat unter Verstoß gegen § 201 StGB ein Gespräch von rechtsbrüchigen Kollegen mitgeschnitten).

Dass auch im Strafrecht die rechtswidrige Erlangung von Beweisen nicht notwendigerweise zu einem Beweisverwertungsverbot führt, spricht dafür, auch Hinweisen nachzugehen, die auf rechtswidrig erlangten Informationen beruhen. Dies gilt umso mehr, als zivilrechtliche Sanktionen auch der Whistleblowingstelle drohen können, wenn sie von einem Rechtsverstoß weiß, diesen aber entgegen eigener arbeitsvertraglicher Pflichten nicht verfolgt.

Jedenfalls aber, dass der Arbeitnehmer nicht „Detektiv spielen" und deswegen Hinweisen nicht nachzugehen sein soll, die er nicht bei seiner gewöhnlichen Tätigkeit erlangt hat, schränkt den Whistleblowingschutz übermäßig ein. Der Arbeitgeber ist zwar nicht die Polizei. Solange aber ein dienstlicher Bezug des Hinweises besteht, muss die Whistleblowingstelle verpflichtet sein, ihm nachzugehen. Gerade weil der Arbeitnehmer bereits selbst nachgeforscht hat, können die Vorwürfe besonders fundiert sein. Überdies ist oft kaum eine klare Grenze zu ziehen, wo eigenmächtiges Nachforschen des Arbeitnehmers beginnt.

2.1.2.5.4 Kronzeugenregelung

Festzuhalten ist bei Einrichtung einer Whistleblowingstelle außerdem, nach welchen Grundsätzen Hinweisgeber, die selbst an einem angezeigten Verhalten beteiligt sind, aufgrund ihrer Kooperationsbereitschaft bei der Sanktionierung privilegiert werden sollen

---

[15]*Thüsing/Forst*, in: Thüsing (Hrsg.), § 6 Rn. 34.

(gleichsam als „Kronzeugen"). In Betracht kommt etwa ein Kündigungsverzicht (zu dessen rechtlichen Aspekten s. Abschn. 4.5.1).

2.1.2.5.5 Verfahren nach sachlich falschem Hinweis

Schließlich ist zu bestimmen, wie mit Hinweisgebern verfahren wird, deren Hinweise sich als falsch erweisen. Die Rechtsprechung privilegiert Whistleblowing gegenüber Behörden. Das Bundesverfassungsgericht geht davon aus, dass leicht oder einfach fahrlässig falsche Hinweise an Behörden für den Hinweisgeber keine negativen Konsequenzen haben dürfen: Eine Strafbarkeit z. B. wegen Verleumdung der verdächtigten Person scheidet ebenso aus wie zivilrechtliche Konsequenzen, etwa eine Kündigung des Arbeitnehmers gestützt auf den falschen Hinweis.[16] Inwieweit diese Grundsätze auf internes Whistleblowing zu übertragen sind, s. Abschn. 4.4.1.

War der Hinweis hingegen begründet und ist ein „Täter" ermittelt, richten sich die Folgen nach der Art und Schwere des im Raume stehenden Pflichtenverstoßes (s. Kap. 4).

2.1.2.5.6 Information des verdächtigten Arbeitnehmers

Personen, die vom Whistleblower „angezeigt" worden sind, müssen hierüber grundsätzlich nach Art. 14 Abs. 1 EU-DSGVO informiert werden, weil über sie personenbezogene Daten erhoben werden. Die Frist für die Information beträgt gem. Art. 14 Abs. 3 lit. a EU-DSGVO längstens einen Monat ab Erlangung der Daten, d. h. Eingang der „Anzeige" bei der Whistleblowingstelle.

Eine Ausnahme von der Informationspflicht besteht gem. Art. 14 Abs. 5 lit. b EU-DS-GVO jedoch, soweit die in Absatz 1 des vorliegenden Artikels genannte Pflicht voraussichtlich die Verwirklichung der Ziele dieser Verarbeitung unmöglich macht oder ernsthaft beeinträchtigt. Diese Ausnahme kann einschlägig sein, wenn die rechtzeitige Information dem Betroffenen Gelegenheit geben würde, die Aufklärung des Sachverhalts zu erschweren.

2.1.2.6 Mitbestimmung des Betriebsrats

Die Einrichtung eines internen Whistleblowingsystems ist, zumindest in Zusammenhang mit der Bestimmung, dass alle Mitarbeiter des Unternehmens Verstöße über das System zu melden haben, eine Regelung des Ordnungsverhaltens der Arbeitnehmer im Betrieb und deshalb gem. § 87 Abs. 1 Nr. 1 BetrVG mitbestimmungspflichtig.[17] Dies gilt insbesondere auch, wenn die Whistleblowingstelle zuständig ist zur Entgegennahme von Hinweisen über Verstöße gegen eine Ethik-Richtlinie.[18]

---

[16]S z. B. BVerfG NJW 2001, 3474.
[17]BAG NZA 2008, 1248; LAG Düsseldorf NZA-RR 2006, 81.
[18]BAG NZA 2008, 1248, 1253; LAG Düsseldorf NZA-RR 2006, 81.

2.1.2.7 Einbeziehung des Datenschutzbeauftragten

Vor Installation des Systems ist eine Folgenabschätzung mithilfe des Datenschutzbeauftragten gem. Art. 35 EU-DSGVO vorzunehmen, und auch sein Betrieb unterliegt gem. Art. 39 Abs. 1 lit. b EU-DSGVO der Überwachung durch den betrieblichen Datenschutzbeauftragten.

2.2   Vorbemerkung: Schutz personenbezogener Daten durch das Datenschutzrecht

Die im Folgenden vorgestellten Kontrollmaßnahmen greifen in das durch Art. 2 Abs. 1 i. V. m. Art. 1 Abs. 1 GG geschützte allgemeine Persönlichkeitsrecht des Arbeitnehmers in seinen verschiedenen Teilgewährleistungen (Recht am eigenen Bild, am eigenen Wort, informationelle Selbstbestimmung) ein. Einfachgesetzlich dienen dem Schutz des allgemeinen Persönlichkeitsrechts die EU-DSGVO und das BDSG, soweit „personenbezogene Daten" verarbeitet werden (s. auch schon 1.2.1).

2.2.1   Kernregelungen von EU-DSGVO und BDSG

Die EU-DSGVO hat – als europäische Verordnung mit dem Ziel der Vollharmonisierung des unionsweiten Datenschutzes – zum 25.05.2018 das BDSG weitgehend abgelöst: Nationales Datenschutzrecht kann nur Bereiche regeln, die ihm vom Unionsrecht zur Regelung überlassen sind. Auf das Vorliegen eines grenzüberschreitenden Sachverhalts, d. h. auf einen Bezug der Datenerhebung zu mindestens zwei Mitgliedstaaten, kommt es für die Anwendung der EU-DSGVO nicht an. Art. 88 EU-DSGVO enthält eine Öffnungsklausel für Datenerhebungen im Beschäftigungsverhältnis, von der der deutsche Gesetzgeber mit § 26 BDSG (n. F.) Gebrauch gemacht hat und die stets im Kontext mit der EU-DSGVO zu verstehen ist.

2.2.1.1 Anwendungsbereich des Datenschutzrechts

Personenbezogene Daten sind alle Informationen, die sich auf eine identifizierte oder identifizierbare Person beziehen (Art. 4 Nr. 1 EU-DSGVO). Erfasst werden automatisierte Verarbeitungen sowie nichtautomatisierte, die in einem Dateisystem gespeichert sind oder gespeichert werden sollen (Art. 2 Abs. 1 EU-DSGVO). Für das Vorliegen eines Dateisystems kommt es nicht darauf an, ob es automatisiert erschlossen wird – so kann etwa auch die papierne Personalakte ein „Dateisystem" i. S. d. EU-DSGVO sein.[19] Maßgeblich ist allein, dass das „Dateisystem" in strukturierter Weise Daten sammelt (vgl. Art. 4 Nr. 6 EU-DSGVO).

---

[19]*Franzen*, EuZA 2017, 313, 319.

Der ohnehin sehr weite unionsrechtliche Anwendungsbereich des Datenschutzrechts wird durch § 26 Abs. 7 BDSG erweitert. Der deutsche Gesetzgeber unterwirft
alle Datensammlungen, unabhängig von ihrer Speicherung in einem Dateisystem, dem
Datenschutzrecht. Daraus ergeben sich in seltenen Fällen Abweichungen zum Unionsrecht im sachlichen Anwendungsbereich des Datenschutzrechts: Während eine Datenerhebung nach Unionsrecht nicht in den Anwendungsbereich des Datenschutzrechts fällt,
wenn die aus ihr gewonnenen Erkenntnisse lediglich zum Ausspruch einer Abmahnung
oder Kündigung genutzt werden, nicht aber mit anderen Daten zusammengeführt, etwa
in Personalakten gesammelt werden sollen, kommt es für das nationale Recht auf die Art
der Datenverwendung im Anschluss an die Datenerhebung nicht an. Inwieweit die nationale Regelung von Art. 88 EU-DSGVO gedeckt ist, ist insoweit zweifelhaft.

In persönlicher Hinsicht erfasst der nationale Beschäftigtendatenschutz nicht nur
Arbeitnehmer, sondern auch Auszubildende sowie Leiharbeitnehmer im Verhältnis zum
Entleiher (s. § 26 Abs. 8 BDSG).

2.2.1.2 Grundsätze des Datenschutzrechts

Die EU-DSGVO enthält in Art. 5 ff. Grundsätze über die Datenverarbeitung. So liegt
ihr das auch für die betriebliche Datenverarbeitung besonders bedeutsame Prinzip der
„Datenminimierung" zugrunde (Art. 5 Abs. 1 lit. c EU-DSGVO) – es sind so wenig personenbezogene Daten wie möglich zu erheben, zu verarbeiten und zu nutzen.

Nach Art. 6 Abs. 1 EU-DSGVO ist zudem die Verarbeitung personenbezogener
Daten (nur) zulässig, wenn sie auf einer rechtlichen Grundlage erfolgt, etwa aufgrund
einer Einwilligung (Art. 6 Abs. 1 lit. a EU-DSGVO) oder weil die Verarbeitung zur Wahrung der berechtigten Interessen des Verantwortlichen oder eines Dritten erforderlich ist
(Art. 6 Abs. 1 lit. f EU-DSGVO).

§ 26 BDSG enthält, die Öffnungsklausel für den Beschäftigtendatenschutz aus Art. 88
EU-DSGVO nutzend, weitere – speziellere – Erlaubnistatbestände:

Rechtsgrundlage für die Datenverarbeitung kann nach § 26 BDSG eine Einwilligung
des Betroffenen sein (s. Abschn. 2.2.1), ferner ein Tarifvertrag oder eine Betriebsvereinbarung (s. Abschn. 2.2.2). Zusätzlich bietet § 26 Abs. 1 BDSG zwei gesetzliche Erlaubnistatbestände: § 26 Abs. 1 S. 2 BDSG gestattet Datenverarbeitungen zur Aufklärung
von Straftaten im Arbeitsverhältnis; § 26 Abs. 1 S. 1 BDSG ermöglicht als allgemeinere
Vorschrift Datenverarbeitungen, die zur Durchführung oder Beendigung des Beschäftigungsverhältnisses „erforderlich" sind.

2.2.2 Rechtsgrundlage: Einwilligung des Arbeitnehmers

Bislang konnten gerade Routinekontrollmaßnahmen, an denen typischerweise kein
besonderes Geheimhaltungsinteresse besteht, dadurch legitimiert werden, dass der
Arbeitnehmer in sie einwilligt (§ 4a BDSG a. F.). Dass eine solche Einwilligung des
Arbeitnehmers wirksam sein kann, wurde zwar vereinzelt bestritten mit der Begründung,

dass aufgrund der dem Arbeitsverhältnis immanenten persönlichen Abhängigkeit des Arbeitnehmers die Einwilligung niemals – wie zwingend notwendig – „freiwillig" sein könne.[20] Das BAG sieht dies indes anders und geht von einem mündigen, eine freie Entscheidung treffenden Arbeitnehmer aus, bei dem lediglich in Ausnahmefällen, wenn der Arbeitgeber unangemessenen Druck oder gar Zwang ausübt, die Freiwilligkeit der Einwilligung zu verneinen ist.[21]

Mit § 26 Abs. 2 BDSG n. F. schlägt der Gesetzgeber nun jedoch ohne Not den gegenteiligen Weg ein: Nach § 26 Abs. 2 BDSG n. F. ist die – schriftlich zu erteilende – Einwilligung auf ihre Freiwilligkeit besonders zu prüfen, wobei der Gesetzgeber seine deutliche Skepsis gegenüber der Freiwilligkeit im Regelungstext deutlich zum Ausdruck bringt: So sind für die Beurteilung der Freiwilligkeit der Einwilligung insbesondere die im Beschäftigungsverhältnis bestehende Abhängigkeit der beschäftigten Person sowie die Umstände, unter denen die Einwilligung erteilt worden ist, zu berücksichtigen.

Selbst wenn für die beschäftigte Person ein rechtlicher oder wirtschaftlicher Vorteil erreicht wird, muss die Freiwilligkeit der Einwilligung nicht zwingend gegeben sein.

In Anbetracht dieser hohen Voraussetzungen ist im Regelfall die Einwilligung des Arbeitnehmers nunmehr nicht mehr als Rechtsgrundlage für die Datenverarbeitung in der Arbeitnehmerüberwachung geeignet. Überdies unterliegt die Einwilligung, soweit sie in AGB i. S. d. § 305 Abs. 1 BGB enthalten ist, einer AGB-Kontrolle (§ 310 Abs. 4 S. 2 BGB),[22] und sie kann vom Arbeitnehmer außerdem widerrufen werden.

2.2.3   Rechtsgrundlage: Betriebsvereinbarung

Dass neben Tarifverträgen auch Betriebsvereinbarungen Rechtsgrundlage für Datenerhebung und -verarbeitung sein können, stellt Art. 88 Abs. 1 EU-DSGVO i. V. m. ErwGr. 155 EU-DSGVO nunmehr ausdrücklich klar. Liegt eine Betriebsvereinbarung vor, kommt es auf die Einwilligung des Arbeitnehmers ebenso wenig an wie auf eine gesetzliche Gestattung der Datenverarbeitung.

Die Regelung der präventiven Arbeitnehmerüberwachung durch Betriebsvereinbarung kann sich anbieten, um Mitbestimmungsrechten des Betriebsrats (hier regelmäßig: § 87 Abs. 1 Nr. 1, 6 BetrVG) Rechnung zu tragen und die Verpflichtung der Betriebsparteien zu erfüllen, das Persönlichkeitsrecht der Arbeitnehmer zu schützen (s. § 75 Abs. 2 BetrVG). Sie kann auch dazu dienen, eine höhere Akzeptanz einer Maßnahme bei den Arbeitnehmern zu erreichen.

---

[20]S. zum Streitstand die Vorauflage.

[21]BAG MMR 2015, 544.

[22]BGH NJW 2010, 864; BGHZ 95, 362, 367 f.; *Riesenhuber*, RdA 2011, 257, 261; *Zscherpe*, MMR 2004, 723, 725.

Das BAG unterzieht Betriebsvereinbarungen einer Rechtskontrolle.[23] Abweichungen vom Datenschutzrecht zulasten des Arbeitnehmers schaden dabei nicht, solange nur die Betriebsvereinbarung der Kontrolle anhand des § 75 Abs. 2 BetrVG standhält.[24] Kernstück der Wirksamkeitsprüfung ist der Grundsatz der Verhältnismäßigkeit: Nach ihm richtet sich, wieweit in das allgemeine Persönlichkeitsrecht zugunsten schützenswerter Belange des Arbeitgebers eingegriffen werden darf.[25] Die in der Betriebsvereinbarung festgelegten Maßnahmen müssen mithin einem legitimen Zweck (Rechtmäßigkeitskontrolle des Arbeitnehmerverhaltens) dienen und diesen zu erreichen geeignet, erforderlich und angemessen sein.

In der Betriebsvereinbarung sind daher zu benennen

- die Maßnahme,
- ihr genauer Zweck (z. B. Missbrauchskontrolle bei privater Internetnutzung, Vermeidung von Diebstählen)
- ihr Ablauf im Einzelnen (wer erhebt wie welche Daten bei wem, wer verarbeitet wie welche Daten, wer dokumentiert und wer entscheidet im Zweifel/in Streitfällen?).[26]

Es empfiehlt sich ferner, bei der Durchführung der Maßnahme im konkreten Anwendungsfall Raum für Erwägungen der Verhältnismäßigkeit zu lassen, etwa den Grundsatz der Verhältnismäßigkeit als obersten Grundsatz der von der Betriebsvereinbarung legitimierten Maßnahme zu nennen.

Erfolgt die Maßnahme aufgrund einer Betriebsvereinbarung, steht dem Betriebsrat bei der jeweils konkreten Maßnahme kein Beteiligungsrecht mehr zu. Hat er etwa in einer Betriebsvereinbarung mit dem Arbeitgeber vereinbart, dass am Tor Taschenkontrollen zum Schutz vor Diebstählen durchgeführt werden, muss der Betriebsrat nicht mehr vor jeder einzelnen Taschenkontrolle beteiligt werden.[27]

2.2.4 Rechtsgrundlage: § 26 BDSG

Soweit keine Betriebsvereinbarung und kein Tarifvertrag zur Legitimation der Datenerhebung, -verarbeitung oder -nutzung[28] vorliegen, ist § 26 BDSG einschlägig, die nationale Generalklausel für den Umgang mit Beschäftigtendaten. Rechtsgrundlage für alle Maßnahmen, die nicht anlässlich eines konkreten Verdachts auf Vorliegen einer Straftat

---

[23]BAG NZA 2013, 1433, 1436.

[24]BAG NZA 2013, 1433, 1436; NZA 1986, 643.

[25]BAG NZA 2013, 1433, 1435; NZA 2008, 1187.

[26]S. im Übrigen *Wybitul*, NZA 2014, 225, 231 f.

[27]S. den Fall BAG NZA 2014, 1433.

[28]Um diese umständliche Wendung zu vermeiden, wird im Folgenden teilweise nur von Datenerhebung gesprochen, teilweise von Verwendung oder Verwertung. Soweit sich nichts anderes ergibt, sind Erhebung, Verarbeitung und Nutzung gemeint.

ergriffen werden, ist § 26 Abs. 1 S. 1 BDSG. Die Norm ist nicht nur anwendbar bei präventiven Maßnahmen, sondern auch bei Maßnahmen zur Aufklärung einer Ordnungswidrigkeit oder sonstigen Vertragsverletzung des Arbeitnehmers (s. hierzu noch 3.3.3).

2.2.4.1 Erforderlichkeit zur Durchführung des Beschäftigungsverhältnisses

§ 26 Abs. 1 S. 1 BDSG gestattet die Datenerhebung, wenn sie zur Durchführung des Beschäftigungsverhältnisses erforderlich ist. Zu § 32 BDSG a. F. war in der juristischen Literatur umstritten, wie diese Zweckbestimmung zu verstehen ist: Der Wortlaut des § 32 Abs. 1 S. 1 BDSG a. F. legt nahe, dass die Datenerhebung nur zur Erfüllung der Hauptleistungspflichten gem. §§ 241 Abs. 1, 611a BGB (Erbringung der Arbeitsleistung/ Zahlung der Vergütung) zulässig ist.[29] Durchgesetzt hat sich jedoch, dem Gesetzeszweck entsprechend, zurecht die weite Auslegung der Zweckbestimmung: Jede Datenerhebung, die im Arbeitsverhältnis erfolgt, ist nach dem BDSG zu beurteilen, nicht nur solche zur Erfüllung der Hauptleistungspflichten.[30]

2.2.4.2 Anwendung des § 26 BDSG im Einzelnen

Zur Anwendung des § 26 Abs. 1 S. 1 BDSG im Einzelnen und zu etwaigen Problemen bei einzelnen typischen Kontrollmaßnahmen s. Abschn. 2.3 bis 2.10. Zu § 26 Abs. 1 S. 2 BDSG bei den internen Ermittlungen s. Abschn. 3.3.3.

2.2.4.3 Zweckänderung

Nach Art. 5 Abs. 1 lit. b EU-DSGVO müssen die Zwecke der Verarbeitung vor dieser eindeutig bestimmt sein. Wird der Zweck der Datenerhebung nachträglich abgeändert, ist eine erneute Prüfung erforderlich, ob die Auswertung rechtlich zulässig ist, d. h. auf einer entsprechenden Rechtsgrundlage beruht.

Eine Zweckänderung ist jedoch stets zulässig, wenn die Verarbeitung noch mit den ursprünglichen Erhebungszwecken vereinbar ist (s. ErwGr 50 Abs. 1 S. 2 EU-DS-GVO).[31] Dies ist regelmäßig der Fall, wenn z. B. zunächst im Rahmen der Routinekontrolle erhobene Daten (auch) zur Ahndung von dabei entdeckten Compliance-Verstößen herangezogen werden.

2.2.5 Zulässigkeit verdeckter präventiver Kontrolle

Die verdeckte Erhebung oder Verarbeitung von Daten zu präventiven Zwecken scheidet nach geltendem Recht regelmäßig aus.

---

[29] *Joussen*, NZA 2010, 254, 258.

[30] Ebenso ErfK/*Franzen*, § 32 BDSG Rn. 4.

[31] Näher *Franzen*, EuZA 2017, 313, 327.

Die EU-DSGVO und ihr folgend das BDSG gehen grundsätzlich davon aus, dass die von einer Datenverarbeitung betroffene Person über die Datenverarbeitung informiert wird. Werden Daten unmittelbar bei der betroffenen Person erhoben, sind die Informationspflichten bereits im Zeitpunkt der Datenerhebung zu erfüllen (Art. 13 EU-DSGVO). Werden Daten über eine Person bei einem Dritten erhoben, ist der Betroffene darüber spätestens innerhalb eines Monats ab Datenerhebung zu informieren (Art. 14 EU-DSGVO).

Von der Informationspflicht ausgenommen sind lediglich Fälle, in denen die Datenerhebung beim Betroffenen erfolgte und die Information die Geltendmachung, Ausübung oder Verteidigung rechtlicher Ansprüche beeinträchtigen würde und die Interessen des Verantwortlichen an der Nichterteilung der Information die Interessen der betroffenen Person überwiegen (§ 32 Abs. 1 Nr. 4 BDSG); eine weitere Ausnahme besteht dann, wenn die Daten bei Dritten erhoben wurden und die Erfüllung der Informationspflicht voraussichtlich die Verwirklichung der Ziele dieser Verarbeitung unmöglich macht oder ernsthaft beeinträchtigt (Art. 14 Abs. 5 lit. b EU-DSGVO). Die Ausnahmetatbestände sind bei rein präventiver Überwachung nicht erfüllt, es sei denn, die präventive Überwachung muss gerade, um zum Erfolg zu führen, verdeckt erfolgen. Die Information ist dann nach Abschluss der Überwachung nachzuholen. Bei etwaig im Rahmen der präventiven Überwachung aufgefallenen (möglichen) Compliance-Verstößen kann die Information gestützt auf die gesetzlichen Ausnahmetatbestände bis zum Abschluss der Ermittlungen aufgeschoben werden, soweit anderenfalls die Ermittlung gefährdet würde (s. dazu noch Abschn. 3.3.7).

2.2.6   Beteiligung des Betriebsrats

Vor Durchführung einer Kontrollmaßnahme kann der Betriebsrat zu beteiligen sein.

Die Mitbestimmungspflicht gilt allerdings nur, soweit für die Maßnahme nicht ohnehin bereits eine gesetzliche oder tarifvertragliche Regelung besteht (§ 87 Abs. 1 Einleitungssatz BetrVG).

Im Übrigen sind regelmäßig § 87 Abs. 1 Nr. 1, Nr. 6 BetrVG einschlägig.

Zuständig ist im Grundsatz der Betriebsrat des Betriebs, in dem die Überwachung durchgeführt wird, es sei denn, die Maßnahme fällt in den Zuständigkeitsbereich von Konzern- oder Gesamtbetriebsrat (nach §§ 50, 58 BetrVG).

Für die im Rahmen von Werk- oder Dienstverträgen zu einem Fremdarbeitgeber entsandten Arbeitnehmer, die einer in dessen Betrieb eingerichteten Überwachungseinrichtung unterliegen, sind der Vertragsarbeitgeber und dessen Betriebsrat zuständig.[32]

---

[32]BAG NZA 2016, 498.

2.2.6.1 Mitbestimmung gem. § 87 Abs. 1 Nr. 6 BetrVG

§ 87 Abs. 1 Nr. 6 BetrVG dient dem Schutz des allgemeinen Persönlichkeitsrechts des Arbeitnehmers. Die Regelung bezweckt nicht den Schutz vor jeder Art von Überwachung und auch nicht den Schutz vor jedweder technischer Einrichtung, wohl aber den Schutz vor den besonderen Gefahren, die sich aus dem Einsatz technischer Überwachungseinrichtungen für das Persönlichkeitsrecht des Arbeitnehmers ergeben können.[33] Der Arbeitnehmer soll keiner anonymisierten Kontrolle ausgesetzt sein, soll nicht zum Objekt der Überwachung herabgewürdigt werden. Der Gesetzgeber trägt hier dem Umstand Rechnung, dass technische Überwachungseinrichtungen theoretisch dauernd, ununterbrochen und praktisch unbegrenzt Informationen über die Arbeitnehmer sammeln und verarbeiten können.[34]

Angesichts dieses Gesetzeszwecks wird der Begriff der „technischen Einrichtung" in der Rechtsprechung weit verstanden, als jedes optische, mechanische, akustische oder elektronische Gerät.[35] Auch Software gehört unproblematisch dazu.

Und auch die „Überwachung" ist nicht zu eng zu verstehen: Die objektive Geeignetheit der Einrichtung zur Überwachung genügt.[36] Auf die Person des Überwachenden kommt es nicht an, und es ist auch ganz gleich, ob die Daten nur maschinell verarbeitet werden und ob dies durch den Arbeitgeber selbst oder einen von ihm beauftragten Dritten erfolgt, solange nur die Arbeitnehmer des Betriebs auf Veranlassung des Arbeitgebers einer Kontrolle unterzogen werden.[37]

Mitbestimmungspflichtig nach § 87 Abs. 1 Nr. 6 BetrVG sind angesichts dieser weiten Auslegung nicht nur solche technischen Einrichtungen, die man im täglichen Sprachgebrauch mit „Überwachung" verbindet, etwa Videokameras oder Fahrtenschreiber. Auch technische Standardeinrichtungen, die mit Überwachung sonst eher nicht konnotiert sind, gehören hierher, z. B. MS Outlook[38] oder die üblichen Browser (wie „Internet Explorer" oder „Mozilla Firefox") mit ihren Verlaufsordnern.

§ 87 Abs. 1 Nr. 6 BetrVG gibt dem Betriebsrat kein Initiativrecht, eine bestimmte Überwachungsmaßnahme, einen bestimmten Anbieter oder ein bestimmtes Modell der technischen Einrichtung zu fordern.[39] § 87 Abs. 1 Nr. 6 BetrVG überträgt dem Betriebsrat die

---

[33]BAG NZA 1996, 218, 222.

[34]BAG NJW 1984, 1476, 1483.

[35]ErfK/*Kania*, § 87 BetrVG Rn. 48.

[36]BAG NJW 1976, 261.

[37]S. nur BAG NZA 2000, 1176.

[38]Zur Outlook-Kalender-Funktion LAG Nürnberg, 7 Sa 441/16; zum Facebook-Auftritt des Arbeitgebers BAG NZA 2017, 657.

[39]ErfK/*Kania*, § 87 BetrVG Rn. 9.

Aufgabe, das allgemeine Persönlichkeitsrecht der Arbeitnehmer (dem Auftrag des § 75 Abs. 2 BetrVG entsprechend) gegen rechtswidrige Angriffe durch den Arbeitgeber zu verteidigen. Allerdings kann der Betriebsrat, wenn der Arbeitgeber bereits eine konkrete Überwachungsmaßnahme plant, als milderes Mittel den Einsatz einer weniger eingriffsintensiven Maßnahme verlangen.

2.2.6.2 Mitbestimmung gem. § 87 Abs. 1 Nr. 1 BetrVG

§ 87 Abs. 1 Nr. 1 BetrVG als allgemeinere Vorschrift im Verhältnis zu § 87 Abs. 1 Nr. 6 BetrVG begründet eine Mitbestimmungspflicht für Regelungen, die Ordnung und Verhalten der Arbeitnehmer im Betrieb betreffen.

Mit „Ordnung des Betriebs" erfasst das Gesetz vom Arbeitgeber aufgestellte Verhaltensregeln für die Arbeitnehmer eines Betriebs zur Sicherung eines ungestörten Arbeitsablaufs und des reibungslosen Zusammenlebens und Zusammenwirkens der Arbeitnehmer im Betrieb.[40]

Nicht erfasst von der Nr. 1 ist das sog. Arbeitsverhalten, sind Maßnahmen, mit denen die Arbeitspflicht im Verhältnis zwischen Arbeitgeber und Arbeitnehmer unmittelbar konkretisiert werden.[41] Die Abgrenzung zum Ordnungsverhalten kann jedoch im Einzelnen problematisch sein.

Unter § 87 Abs. 1 Nr. 1 BetrVG fallen etwa Tor- und Taschenkontrollen,[42] Leibesvisitationen und die Erfassung biometrischer Daten zur Zugangskontrolle wie Fingerabdrücke.[43] Nicht der Mitbestimmung unterliegen „Ehrlichkeitskontrollen",[44] der Einsatz von Testkunden zur Prüfung der Servicequalität[45] oder die Vorgabe, schriftliche Tätigkeitsberichte abzufassen.

2.2.6.3 Information des Betriebsrats

Den Arbeitgeber trifft gem. § 80 Abs. 2 S. 1 BetrVG die Pflicht, den Betriebsrat zur Durchführung der diesem obliegenden Aufgaben rechtzeitig und umfassend zu unterrichten und ihm (gem. § 80 Abs. 2 S. 2 BetrVG) die hierzu erforderlichen Unterlagen zu überlassen. Die Unterrichtungspflicht soll den Betriebsrat in die Lage versetzen, in eigener Verantwortung zu prüfen, ob er tätig werden kann.[46] Es handelt sich um einen Anspruch, den der Betriebsrat aktiv geltend machen kann und der bereits dann gegeben ist, wenn zumindest eine gewisse Wahrscheinlichkeit für ein Mitbestimmungsrecht vorliegt.[47]

---

[40]BAG NJW 1982, 202.

[41]ErfK/*Kania*, § 87 BetrVG Rn. 18.

[42]BAG NZA 2013, 1433, 1434.

[43]BAG NZA 2004, 556.

[44]BAG NZA 2000, 418.

[45]BAG NZA 2000, 1176.

[46]ErfK/*Kania*, § 80 BetrVG Rn. 18.

[47]BAG NZA 1999, 722.

Der Arbeitgeber hat den Betriebsrat ohne vorherige Aufforderung zu unterrichten, sodass ihn auch die vorgelagerte Pflicht trifft, zu prüfen, ob er Informationen besitzt, auf die der Betriebsrat zur Erfüllung seiner Aufgaben angewiesen ist.[48]

2.2.6.4 Verstöße gegen die Mitbestimmungspflicht und ihre Rechtsfolgen

Bei einem Verstoß gegen das Mitbestimmungsrecht stehen dem Betriebsrat die betriebs-verfassungsrechtlichen, hier nicht näher zu vertiefenden Reaktionsmöglichkeiten zur Verfügung, etwa die Geltendmachung eines Unterlassungsanspruchs gem. § 23 Abs. 3 BetrVG.

Individualarbeitsrechtlich folgt aus einer Missachtung der Mitbestimmungsvorschrif-ten die Unwirksamkeit der mitbestimmungswidrigen Weisung des Arbeitgebers gegen-über dem Arbeitnehmer. Die rechtliche Wirksamkeit der vom Arbeitgeber angeordneten Maßnahme hängt davon ab, dass die Vorschriften über die Mitbestimmung eingehalten werden (sog. „Theorie der Wirksamkeitsvoraussetzung“).[49]

Ein Beweisverwertungsverbot folgt aus der Verletzung eines Mitbestimmungstat-bestands oder der Nichteinhaltung einer Betriebsvereinbarung nach dem BAG grund-sätzlich nicht. Dies gilt insbesondere, wenn die Beweisverwertung nach allgemeinen Grundsätzen zulässig ist[50] oder der Betriebsrat der Verwertung der Überwachungsergeb-nisse und der auf ihr fußenden Kündigung zugestimmt hat.[51]

2.2.7   Auskunftsrecht bzgl. der gespeicherten Daten

Arbeitgeber außerhalb des öffentlichen Dienstes sind zur Führung von Personalakten nicht verpflichtet.[52] Führen sie aber Personalakten, so hat der Arbeitnehmer das Recht, in die über ihn geführten Personalakten Einsicht zu nehmen (§ 83 Abs. 1 S. 1 BetrVG). Der Arbeitnehmer soll sich Kenntnis über alle personenbezogenen Daten verschaffen kön-nen, die der Arbeitgeber über ihn sammelt.[53] Ein Recht des Arbeitnehmers, einen Anwalt zur Personalakteneinsicht hinzuzuziehen, besteht jedenfalls dann nicht, wenn der Arbeit-geber dem Arbeitnehmer erlaubt, von der Akte Kopien zu ziehen, und er ihm so eine (ggf. auch anwaltliche) Überprüfung ermöglicht.[54]

---

[48]ErfK/*Kania*, § 80 BetrVG Rn. 19.

[49]BAG 29.1.2008, 3 AZR 42/06, juris.de.

[50]BAG NZA 2017, 112, 116.

[51]BAG NZA 2003, 1193.

[52]Richardi/*Thüsing*, § 83 BetrVG Rn. 12.

[53]Richardi/*Thüsing*, § 83 BetrVG Rn. 4.

[54]BAG NZA 2016, 1344.

2.2.8   Löschung der Daten

Art. 17 Abs. 1 lit. a EU-DSGVO gibt dem Betroffenen das Recht, die Löschung personenbezogener Daten zu verlangen, sobald sie für die Erfüllung des Zwecks ihrer Speicherung nicht mehr notwendig sind. Eine explizite Verpflichtung des Arbeitgebers
zur Löschung von Daten ohne besondere Aufforderung, wie sie noch im alten Recht
enthalten war, findet sich im neuen Recht nur noch in § 4 Abs. 5 BDSG zur Videoüberwachung. In der Literatur wird allerdings – mit Blick auf das allgemeine Persönlichkeitsrecht des Arbeitnehmers überzeugend – angenommen, dass bei Vorliegen der in
Art. 17 EU-DSGVO genannten Voraussetzungen die Löschung der Daten auch unabhängig vom Verlangen des Betroffenen vorzunehmen ist.[55]

2.2.9   Folgen unzulässiger Überwachung

Unzulässige Überwachungsmaßnahmen können Beseitigungs-, Unterlassungs- und
Schadensersatzansprüche des Arbeitnehmers auslösen (aus dem Unionsrecht maßgebliche Grundlage: Art. 82 EU-DSGVO). Daneben ziehen sie ggf. das Risiko der Strafbarkeit etwa nach §§ 201 ff. StGB oder in Ausnahmefällen auch nach § 42 BDSG nach sich.

Ein Verwertungsverbot der durch eine fehlerhafte Überwachung erlangten Information in einem sich anschließenden Zivilprozess besteht – mit Blick auf das von Art. 20
Abs. 3 GG geschützte Interesse an einer funktionsfähigen Zivilrechtspflege – jedoch
grundsätzlich nicht.[56] Vielmehr kommt ein Verwertungsverbot nur in Betracht, wenn
dieses aufgrund einer verfassungsrechtlich geschützten Position einer Prozesspartei
zwingend geboten ist, etwa weil die Verwertung einen Eingriff in das allgemeine Persönlichkeitsrecht des überwachten Arbeitnehmers darstellt. Umfassende Rechtsprechung
besteht hier zur rechtswidrigen Videoüberwachung; die Grundsätze sind auch auf sonstige Überwachungsmaßnahmen übertragbar. So ist ein Verwertungsverbot nicht gegeben,
wenn die Unzulässigkeit sich aus einer unterbliebenen Offenlegung der Überwachung
ergibt;[57] wenn eine eigentlich angekündigte zeitliche Befristung der Überwachung überschritten wird[58] oder wenn die Überwachung unter Verstoß gegen das Mitbestimmungsrecht des Betriebsrats aus § 87 Abs. 1 Nr. 6 BetrVG erfolgt ist.[59]

---

[55]*Franzen*, EuZA 2017, 313, 333 f.

[56]BAG NZA 2014, 243.

[57]BAG NZA 2014, 243.

[58]BAG NJW 2017, 1193.

[59]BAG NJW 2017, 1193; NZA 2017, 112.

2.2.10 Einbindung des Datenschutzbeauftragten

Ist im Betrieb ein Datenschutzbeauftragter vorhanden, ist dieser für die Überwachung des Datenschutzes verantwortlich und daher zur Erfüllung seiner Aufgaben in die Kontrollmaßnahmen frühzeitig einzubinden (Art. 38 Abs. 1, 39 Abs. 1 lit. b EU-DSGVO).[60]

2.3 Videoüberwachung

Obwohl das praktisch wohl häufigste Mittel der Kontrolle, ist die Videoüberwachung gesetzlich nur lückenhaft geregelt. § 4 BDSG (§ 6b BDSG a. F.) hat nur die Videoüberwachung in öffentlich zugänglichen Räumen zum Gegenstand, im Übrigen ist auf § 26 BDSG zurückzugreifen (Übersicht in Abb. 2.3).

Wenn im Folgenden von Videoüberwachung die Rede ist, geht es um die Beobachtung mit „optisch-elektronischen Einrichtungen", wie § 4 Abs. 1 BDSG formuliert. Für §§ 4, 26 BDSG kommt es weder darauf an, mit welcher technischen Methode im Einzelnen beobachtet wird, noch was mit dem Beobachteten im Anschluss passiert (Speicherung, Auswertung, Löschung). Erfasst ist analoge und digitale, stationäre und mobile Überwachung, sei sie mit einer gleichzeitigen oder anschließenden Aufzeichnung des Beobachteten verbunden oder nicht.[61]

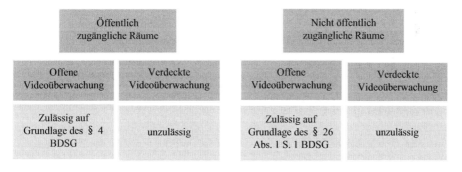

Abb. 2.3 Zulässigkeit der Videoüberwachung am Arbeitsplatz zu präventiven Zwecken

---

[60]Ausf. auch zur Bestellung eines betrieblichen Datenschutzbeauftragten *Franzen*, EuZA 2017, 313, 337 ff.

[61]Für das „Kamera-Monitor-Prinzip" BT-Drs. 14/4329, S. 38.

Nicht zur Videoüberwachung zählen lediglich Kameraattrappen oder nicht funktionsfähige Technik, bei der ausgeschlossen ist, dass sie personenbezogene Daten erhebt. Auch echte und funktionstüchtige Kameras, die zwar installiert sind, aber nicht eingesetzt werden, fallen nicht unter §§ 4, 26 BDSG.[62]

2.3.1 Überwachung öffentlich zugänglicher Räume

In öffentlich zugänglichen Räumen ist die Videoüberwachung gem. § 4 Abs. 1 BDSG zulässig, soweit sie zur Wahrnehmung des Hausrechts oder zur Wahrnehmung berechtigter Interessen für konkret festgelegte Zwecke erforderlich ist.[63] Es dürfen keine Anhaltspunkte dafür bestehen, dass schutzwürdige Interessen der von der Videoüberwachung betroffenen Person das Interesse am Einsatz der Videoüberwachung überwiegen.

„Räume" i. S. d. § 4 BDSG sind nicht nur solche im umgangssprachlichen Sinn, sondern alle abgegrenzten oder abgrenzbaren Bereiche. Die Norm ist weit auszulegen. Eine Begrenzung des „Raums" nach oben ist nicht erforderlich. „Räume" sind zwar Büros, Verkaufsräume oder Produktionshallen, aber auch Innenhöfe, Wege oder Parkplätze.

„Öffentlich" i. S. d. § 4 BDSG ist ein Bereich, wenn er einem nicht näher abgegrenzten Personenkreis, wenn er grundsätzlich erst einmal jedermann zugänglich ist. Erfasst sind daher nicht nur Schalterhallen, Verkaufsräume oder Einkaufspassagen, sondern auch allgemein zugängliche Parkplätze oder Wege. Gegenbeispiel sind Bürogebäude oder Fabrikhallen, die vielen, aber regelmäßig klar eingegrenzten Personen (Mieter/Eigentümer und deren Mitarbeiter oder Besucher) zugänglich sind.

Die Videoüberwachung kann zur Wahrnehmung des Hausrechts zulässig sein (s. § 4 Abs. 1 Nr. 2 BDSG). Dem Hausrechtsinhaber soll es möglich werden, von außen kommende Störungen zu beseitigen. Die Norm rechtfertigt aber auch die zwangsläufige „Mit-Überwachung" von Arbeitnehmern (etwa in der Schalterhalle einer Bank).

Soweit es nicht um die Abwehr von außen kommender Störungen, sondern allein um die Kontrolle des Verhaltens von Arbeitnehmern geht, ist § 4 Abs. 1 Nr. 3 BDSG heranzuziehen: Die Videoüberwachung kann zur Wahrnehmung berechtigter Interessen zulässig sein. Welche Interessen „berechtigt" sind, gibt das Gesetz nicht vor. Einziger Anhaltspunkt ist die Gesetzesbegründung zur Vorgängernorm § 32 BDSG a. F., nach welcher dieser Tatbestand eng auszulegen sein soll.[64] Wegen der Zweckbindung in § 4 Abs. 3 S. 2 BDSG, nach der die für einen bestimmten Zweck erhobenen Daten grundsätzlich nicht zu anderen Zwecken verarbeitet oder genutzt werden dürfen, ist der

---

[62]*Thüsing/Pötters*, in: Thüsing (Hrsg.), § 11 Rn. 5.

[63]Weniger von Interesse ist für die Privatwirtschaft § 6b Abs. 1 Nr. 1 BDSG, welche die Videoüberwachung zur Aufgabenerfüllung öffentlicher Stellen gestattet.

[64]BT-Drs. 14/5793, S. 61.

Zweck, dem die Maßnahme dient, vorher festzulegen. Legitim ist aber stets, wenn der Arbeitgeber den Zweck verfolgt, sein Eigentum oder seine sonstigen Rechtsgüter zu schützen (z. B. Videoüberwachung zur Verhinderung von Diebstählen durch Arbeitnehmer). Zur Zweckänderung s. Abschn. 2.2.4.3.

Zur Erreichung des Zwecks muss die Maßnahme erforderlich sein, d. h. es darf kein gleich geeignetes, milderes Mittel geben, den Zweck zu erreichen. In Betracht kommt als milderes Mittel das Anbringen einer Kameraattrappe oder sonst die Vortäuschung von Videoüberwachung. Allerdings ist sorgsam zu prüfen, ob diese Mittel auch „gleich geeignet" sind.

In der sich dann anschließenden Interessenabwägung sind die grundrechtlich geschützten Interessen des Überwachenden und der Überwachten gegeneinander abzuwägen, etwa das Interesse des Arbeitgebers, sich vor Diebstählen zu schützen und so ungestört seinen Gewerbebetrieb führen zu können (geschützt von Berufsausübungsfreiheit, Art. 12 GG, und Eigentumsrecht, Art. 14 GG), mit dem allgemeinen Persönlichkeitsrecht des Arbeitnehmers (Art. 2 Abs. 1, Art. 1 Abs. 1 GG). Kein Interesse ist dabei als stets höherwertig oder als stets vorrangig anzusehen. Je schwerer die Arbeitgeberinteressen wiegen (etwa, weil der Arbeitgeber bereits herbe finanzielle Verluste durch Diebstähle der Arbeitnehmer erdulden musste), desto mehr haben die Interessen der Arbeitnehmer zurückzutreten. Das BAG hat einige Kriterien aufgestellt, die in der Abwägung zu berücksichtigen sind. Der Katalog betrifft zwar die Beobachtung nicht öffentlich zugänglicher Räume (s. Abschn. 2.3.2), lässt sich grundsätzlich jedoch auch hier heranziehen. S. insoweit Abschn. 2.3.2.

Gem. § 4 Abs. 2 BDSG ist der Umstand der Überwachung zum frühestmöglichen Zeitpunkt erkennbar zu machen.

In der rechtswissenschaftlichen Literatur wird § 4 BDSG für unionsrechtswidrig und damit für unanwendbar gehalten, weil § 4 BDSG sich nicht ausschließlich auf das Arbeitsverhältnis bezieht und daher nicht von Art. 88 EU-DSGVO, der Öffnungsklausel für den Beschäftigtendatenschutz, gedeckt sei.[65] Richtigerweise kann aber § 4 BDSG jedenfalls insoweit nicht unionsrechtswidrig sein, als er die Videoüberwachung von Arbeitnehmern betrifft. Insoweit ist er von der arbeitsrechtlichen Öffnungsklausel unproblematisch gedeckt. Eine etwaige Unionsrechtswidrigkeit der Videoüberwachung beträfe mithin nur die Videoüberwachung in anderen Bereichen als am Arbeitsplatz.

2.3.2   Überwachung nicht öffentlich zugänglicher Räume

§ 4 BDSG regelt nur die Beobachtung öffentlich zugänglicher Räume. Sind Bereiche nicht öffentlich zugänglich (wie Bürogebäude, Fertigungsstätten; zur Abgrenzung s. Abschn. 2.3.1), greift § 26 BDSG.

---

[65]*Byers/Wenzel*, BB 2017, 2036, 2038.

Die Videoüberwachung als Präventivmaßnahme muss nach § 26 Abs. 1 S. 1 BDSG erforderlich sein zur „Durchführung des Beschäftigungsverhältnisses" (zu dieser Zweckbindung bereits oben Abschn. 2.2.4.1).

Die Erforderlichkeit setzt voraus, dass keine gleich geeigneten, milderen Mittel vorhanden sind, das Ziel der Beobachtung zu erreichen. Mildere Mittel zur Videoüberwachung sind etwa die Personenkontrolle am Tor zur Verhinderung von Diebstählen,[66] das Vortäuschen von Videoüberwachung oder ein schlichtes Videomonitoring gegenüber der Aufzeichnung, weil durch die Aufzeichnung die Gefahr der späteren Verwertung (und damit der Anpassungsdruck auf den überwachten Arbeitnehmer) größer wird.[67]

Hinter dem Erfordernis der „Erforderlichkeit" i. S. d. § 26 Abs. 1 S. 1 BDSG steht aber letztlich mehr, steht eine Abwägung gegenseitiger Interessen.[68] Zu berücksichtigen sind

- die Art der überwachten Räume,
- die tägliche Dauer der Überwachung,
- die Dauer der Maßnahme insgesamt,
- die Art und Qualität der gemachten Bilder,
- ob der Arbeitnehmer sich der Überwachung (etwa in Pausen) entziehen kann.

Klare Grenzen für den Einzelfall bestehen nicht. Maßgeblich ist vor allem die Erwägung des BAG, dass die regelmäßig höhere Eingriffsintensität bei der Überwachung nicht öffentlich zugänglicher Bereiche, insbesondere des Arbeitsplatzes, eher strengere Maßstäbe als nach § 4 BDSG verlangt.[69] § 4 BDSG ist deshalb auf die Überwachung nicht öffentlich zugänglicher Räume nicht entsprechend anwendbar.[70]

Für die Abwägung hat das BAG bereits einige nähere Kriterien benannt. So hängt die Zulässigkeit der Beobachtung davon ab,

- ob die Betroffenen als Personen anonym bleiben
- welche Umstände und Inhalte einer Handlung/Kommunikation erfasst werden können
- welche Nachteile den Grundrechtsträgern aus der Überwachungsmaßnahme drohen oder von ihnen nicht ohne Grund befürchtet werden[71]
- wo innerhalb der Betriebs- und Geschäftsräume die Überwachung stattfindet, ob insbesondere in dem Bereich die Gefahr rechtswidriger Taten besteht;

---

[66]BAG NZA 2013, 1433, 1435.

[67]BAG NZA 2004, 1278, 1283.

[68]ErfK/*Franzen* § 6b BDSG Rn. 6; entsprechend der Rechtsprechung des BAG, schließlich handelt es sich um einen Eingriff in das allgemeine Persönlichkeitsrecht: BAG NZA 2004, 1278.

[69]BAG NZA 2004, 1278, 1282.

[70]BAG NZA 2004, 1278, 1282.

[71]BAG NZA 2004, 1278, 1282, in Anlehnung an BVerfG NJW 2004, 999, 1012.

- die Leistungsfähigkeit der eingesetzten Technik (digitale Kamera mit guter Bildqualität und Möglichkeit des Zooms, Einfrierens, Speicherns/analoge Kamera)
- in welcher Zahl unverdächtige Dritte mit betroffen sind[72]
- Dauer und der Art der Überwachungsmaßnahme.[73]

Das BAG hielt in Anwendung dieser Grundsätze eine Überwachungszeit aus präventiven Gründen von zwanzig Stunden pro Woche in einer Briefverteilungsanlage, d. h. einem nicht öffentlich zugänglichen Raum, (ohne Vorliegen des konkreten Verdachts einer Straftat) für unzulässig,[74] ebenso wie eine Überwachung von weiteren vierzig Stunden pro Woche bei Verdacht von Vertragsverletzungen.[75] Wirksam war hingegen eine Regelung, nach welcher eine räumlich begrenzte Videoüberwachung befristet auf bis zu vier Wochen stattfinden sollte.[76]

Über die Zulässigkeit der präventiven verdeckten Videoüberwachung in nicht öffentlich zugänglichen Bereichen hat das BAG bisher nicht zu entscheiden gehabt. Für einen öffentlich zugänglichen Raum wollte es die verdeckte Überwachung (lediglich) zur Verfolgung von schweren Vertragsverletzungen/Straftaten zulassen.[77] Vor dem Hintergrund, dass die Eingriffsintensität von Überwachung in nicht öffentlich zugänglichen Bereichen regelmäßig höher ist als in öffentlichen, gelangt man zu dem Ergebnis, dass die anlasslose verdeckte Überwachung nicht öffentlich zugänglicher Bereiche unzulässig ist.[78]

2.3.3 Absolute Überwachungsverbote

Das BAG hat sich bisher mit absoluten Überwachungsverboten nicht auseinander setzen müssen; der Ort, der beobachtet wird, ist jedoch ein wichtiges Kriterium für die Zulässigkeit der Maßnahme (s. Abschn. 2.3.2). Mit Blick auf das allgemeine Persönlichkeitsrecht der Arbeitnehmer ist davon auszugehen, dass Beobachtung in Sanitär-, Umkleide- oder Schlafräumen wegen des damit verbundenen Eingriffs in die Intimsphäre des Beschäftigten stets unzulässig ist (ob dieser Raum öffentlich zugänglich ist oder nicht, ist hier unerheblich).

Ferner besteht ein Verbot der „Totalüberwachung", einer Überwachung, die den Arbeitnehmer während seiner ganzen Arbeitszeit gleichsam lückenlos erfasst und ein

---

[72]Ebenfalls in Anlehnung an BVerfG NJW 2004, 999.

[73]BAG NZA 2004, 1278.

[74]BAG NZA 2004, 1278.

[75]BAG NZA 2004, 1278.

[76]BAG NZA 2008, 1187.

[77]BAG NZA 2003, 1193.

[78]So auch *Däubler*, Rn. 312.

solches Gefühl des „Überwachtseins" hervorruft, dass es zu psychischen und physischen Beeinträchtigungen kommen kann. Die Ausübung eines ständigen „psychischen Anpassungsdrucks" durch verdachtsunabhängige, rein präventive Überwachung ist unverhältnismäßig.[79] Dies gilt selbst dann, wenn lediglich Arbeitsverhalten und -leistung einer quantitativen Beobachtung unterzogen werden sollen.[80]

2.3.4   Weitere Verarbeitung und Datenlöschung

Die einmal erhobenen Daten sind unverzüglich zu löschen, wenn sie zur Erreichung des Zwecks nicht mehr erforderlich sind oder schutzwürdige Interessen der Betroffenen einer weiteren Speicherung entgegenstehen (§ 4 Abs. 5 BDSG). Die Pflicht zur Löschung muss richtigerweise wegen Art. 17 EU-DSGVO auch außerhalb des Anwendungsbereichs des § 4 BDSG bestehen (s. bereits Abschn. 2.2.8).

2.3.5   Folgen fehlerhafter Überwachung

Rechtswidrige Videoüberwachung kann eine Straftat gem. § 201a StGB darstellen. Daneben können dem Arbeitnehmer gegen den Arbeitgeber Beseitigungs-, Unterlassungs- (§§ 823 Abs. 2, 1004 BGB i. V. m. § 4 BDSG/§ 26 BDSG) und Schadensersatzansprüche (etwa gem. Art. 82 EU-DSGVO) zustehen.

Zum Beweisverwertungsverbot s. oben Abschn. 2.2.9.

2.3.6   Mitbestimmung durch den Betriebsrat

Gem. § 87 Abs. 1 Nr. 6 BetrVG ist der Einsatz von Videoüberwachung mitbestimmungspflichtig.

2.4   Überwachung der Telekommunikation

Zur Überwachung der Telekommunikation (Überblick in Abb. 2.4) zählt der Zugriff auf Telefon- und Faxverbindungsdaten und -inhalte sowie auf digitale Kommunikation (Metadaten und Inhalte von E-Mails, Online-Telefonie, Chats oder Instant Messages). Zur Überwachung des sonstigen Onlineverhaltens, d. h. nicht bilateraler Kommunikation, z. B. um Missbrauch des unternehmenseigenen Internetzugangs oder übermäßige Nutzung von social media zu vermeiden, s. sogleich Abschn. 2.6.

---

[79]BAG NZA 2008, 1187, 1189.
[80]BAG NZA 2017, 1205 („Belastungsstatistik").

Überprüfung der telefonischen Kommunikation

Rechtsgrundlage: § 26 Abs. 1 S. 1 BDSG Maßnahme erforderlich zur Durchführung des Beschäftigungsverhältnisses?	
Verbindungsdaten	Inhalte
Privatnutzung gestattet: Abrechnung Missbrauchs-kontrolle	Privatnutzung nicht gestattet: Missbrauchs-kontrolle
unzulässig	
Verhältnismäßigkeitsprüfung	

Abb. 2.4 Zulässigkeit der Überprüfung der telefonischen Kommunikation

Für alle Formen der Kommunikation mithilfe von technischen Einrichtungen vermittelt Art. 10 Abs. 1 GG Grundrechtsschutz zusätzlich zum allgemeinen Persönlichkeitsrecht des Arbeitnehmers.[81] Die Wirkungen des Art. 10 Abs. 1 GG sind mittelbar auch im Verhältnis von Privaten, von Arbeitgeber und Arbeitnehmer zu berücksichtigen.[82]

Durch die umstrittene europäische ePrivacy-Verordnung,[83] die ursprünglich am 25.05.2018 in Kraft treten sollte, sollen das Mithören, Abhören, Speichern, Beobachten, Scannen und andere Arten des Verarbeitens elektronischer Kommunikationsdaten durch andere Personen als die Endnutzer untersagt werden (Art. 5 ePrivacy-Verordnung). Wollte man dies auf das Arbeitsverhältnis anwenden, würde dem Arbeitgeber die Arbeitnehmerüberwachung mithilfe elektronischer Kommunikationsdaten unmöglich. Richtigerweise ist die ePrivacy-Verordnung jedoch das zwar speziellere, den allgemeinen Vorschriften der EU-DSGVO vorrangige Regelwerk (vgl. auch Art. 1 Abs. 3 ePrivacy-Verordnung). Das aufgrund der Öffnungsklausel der EU-DSGVO für den Beschäftigtendatenschutz (Art. 88 EU-DSGVO) erlassene nationale Beschäftigtendatenschutzrecht (hier: § 26 BDSG) muss

---

[81]Fernmeldung erfasst auch online-gestützte Kommunikation, s. BVerfG NJW 2012, 1419, 1421; NJW 2010, 833, 835.

[82]Über die mittelbare Drittwirkung der Grundrechte, BVerfGE 7, 198, 205 („Lüth"); zu den Pflichten des Gesetzgebers zum Schutz des Art. 10 GG im Verhältnis von Privaten BVerfG NJW 2002, 3619, 3620.

[83]Vorschlag der Kommission vom 10.1.2017 eingeleitete Gesetzgebungsverfahren für eine Verordnung über die Achtung des Privatlebens und den Schutz personenbezogener Daten in der elektronischen Kommunikation und zur Aufhebung der RL 2002/58/EG (ePrivacy-VO-E), KOM 2017 (10) endg.

aber für den Beschäftigungskontext als spezieller und damit als der ePrivacy-Verordnung vorrangig angesehen werden. Es wäre unbillig, dem Arbeitgeber die Arbeitnehmerkontrolle mithilfe elektronischer Kommunikationsdaten zu untersagen; zudem hat die ePrivacy-Verordnung vor allem verbraucher-/wettbewerbsrechtlichen Charakter, indem sie die Datenverarbeitung zu Zwecken des Marketings einschränken und damit gleiche Wettbewerbsbedingungen für alle Marktteilnehmer gewährleisten soll. Auch im Falle eines Inkrafttretens der ePrivacy-Verordnung muss es mithin für die Überwachung des Kommunikationsverhaltens der Arbeitnehmer bei den hier skizzierten Grundsätzen bleiben.

2.4.1   Telefonverbindungen

Bei Telefonverbindungen, gleich aufgrund welcher technischen Methode sie zustande kommen, ist zu differenzieren, ob der Arbeitgeber den Arbeitnehmern die private Nutzung erlaubt hat (ob er dies tut, steht ihm frei[84]). Abhängig von der Gestattung ändern sich die Grundsätze, nach denen die Arbeitnehmerkontrolle zulässig ist.

Die Erlaubnis zur Privatnutzung ist nicht bereits dann gegeben, wenn der Arbeitgeber die Privatnutzung lediglich duldet.[85] Auch wenn der Arbeitgeber es unterlässt, die Einhaltung eines von ihm ausgesprochenen Verbots der Privatnutzung zu überprüfen, führt dies nicht zur Gestattung der privaten Nutzung:[86] Die bloße Wiederholung einer Vertragsverletzung macht die Vertragsverletzung nicht rechtmäßig.

2.4.2   Privatnutzung ist gestattet

Ist die private Nutzung erlaubt, ist umstritten, ob dies den Arbeitgeber zum Diensteanbieter von Telekommunikationsdienstleistungen i. S. d. § 3 Nr. 6 TKG macht.[87] Wäre der Arbeitgeber Diensteanbieter, wäre er an die §§ 88, 100 TKG gebunden, das BDSG wäre als generellere Vorschrift nicht anwendbar. § 88 Abs. 3 TKG aber untersagt dem Diensteanbieter, sich oder anderen über das für die geschäftsmäßige Erbringung der Telekommunikationsdienste einschließlich des Schutzes ihrer technischen Systeme erforderliche Maß hinaus Kenntnis vom Inhalt oder den näheren Umständen der Telekommunikation

---

[84]EGMR 12.1.2016 – 61496/08, „Barbulescu".

[85]So aber *Barton,* NZA 2006, 460, 461.

[86]Umstr. Zum Meinungsstand *Thüsing*, in: Thüsing (Hrsg.), § 3 Rn. 66.

[87]Für Heranziehung des TKG *Ernst*, NZA 2002, 585, 587; *Koch*, NZA 2008, 911, 912 (für elektronische Kommunikation); *Mengel*, BB 2004, 2014, 2017 f.; *de Wolf*, NZA 2010, 1206 ff. (für E-Mails); *Wolf/Mulert*, BB 2008, 442, 445; diff. *Schimmelpfennig/Wenning*, DB 2006, 2290 ff.; ablehnend (Arbeitgeber kein Diensteanbieter) *Löwisch*, DB 2009, 2782 ff.; *Walther/Zimmer*, BB 2013, 2933.

zu verschaffen. Wäre der Arbeitgeber hingegen nicht Diensteanbieter, könnte er auf Verbindungsdaten und Inhalte unter den Voraussetzungen des § 26 Abs. 1 BDSG zugreifen, wenn nicht ohnehin eine einschlägige Einwilligung des Arbeitnehmers oder eine entsprechende Betriebsvereinbarung vorliegt.

Höchstrichterliche Rechtsprechung zu dieser Frage gibt es nicht. In den Instanzgerichten scheint sich die Auffassung herauszubilden, dass der Arbeitgeber nicht Diensteanbieter ist.[88] Das überzeugt auch: § 3 Nr. 6 TKG setzt mit seiner Bezugnahme auf die „Geschäftsmäßigkeit" der Erbringung von Telekommunikationsdienstleistungen zwar nicht voraus, dass der Arbeitgeber mit Gewinnerzielungsabsicht handelt. Wohl aber sind „Telekommunikationsdienste" gem. § 3 Nr. 24 TKG nur solche Dienste, die gegen Entgelt erbracht werden. Das werden sie üblicherweise vom Arbeitgeber gegenüber seinen Arbeitnehmern nicht. Auch ist der Arbeitnehmer regelmäßig nicht „Dritter" i. S. d. § 3 Nr. 10 TKG, sondern steht im Lager des Arbeitgebers, ihm nicht wie ein Kunde seinem Anbieter gegenüber. Der Arbeitnehmer bedient sich zur Erfüllung seiner Aufgaben der Arbeitsmittel, die ihm vom Arbeitgeber zur Verfügung gestellt werden. Die Vorschriften des TKG passen auch nicht auf das Verhältnis Arbeitnehmer/Arbeitgeber, weil es sich letztlich beim TKG um spezielles Wettbewerbsrecht handelt,[89] nicht um Arbeitnehmerschutzrecht. Das TKG soll gem. seinem § 1 den Wettbewerb im Bereich der Telekommunikation und leistungsfähige Telekommunikationsinfrastrukturen fördern und flächendeckend angemessene und ausreichende Dienstleistungen gewährleisten. Keiner dieser Zwecke kann jedoch im Verhältnis von Arbeitgeber und Arbeitnehmer verwirklicht werden. Und auch das Ergebnis passt nicht: Großzügige Arbeitgeber, die den Arbeitnehmern die Privatnutzung gestatten, würden schlechter gestellt als Arbeitgeber, die diese verbieten (und anhand des § 26 BDSG kontrollieren dürfen).

Daher ist nicht das TKG, sondern § 26 Abs. 1 S. 1 BDSG als Rechtsgrundlage der Kontrolle heranzuziehen. Die Norm verlangt die Erforderlichkeit der Maßnahme zur Durchführung des Arbeitsverhältnisses und eine Verhältnismäßigkeitsprüfung, deren Ausgang abhängig ist von der Art der Daten, auf die zugegriffen werden soll:

- Die Erfassung, Speicherung und Nutzung von Verbindungsdaten zur Bestimmung von Gebühreneinheiten (Datum, Uhrzeit, Gesprächsdauer, Länderkennung des Adressaten) oder der Gebühreneinheiten selbst ist stets legitimes Ziel i. S. d. § 26 BDSG. Das Recht am eigenen Wort, Teilgewährleistung des allgemeinen Persönlichkeitsrechts des Arbeitnehmers, ist hier nicht tangiert, sondern lediglich sein Recht auf informationelle Selbstbestimmung. Die Abrechnungsinteressen des Arbeitgebers überwiegen

---

[88]LAG Niedersachsen NZA-RR 2010, 406, 408; LAG Berlin-Brandenburg BB 2016, 891; NZA-RR 2011, 342.
[89]*Löwisch*, DB 2009, 2782, 2783.

aber unproblematisch die Interessen des Arbeitnehmers.[90] Selbst §§ 88 Abs. 3, 97 TKG gestatten schließlich, zu Abrechnungszwecken von den näheren Umständen der Kommunikation Kenntnis zu nehmen. Die Erfassung erfolgt üblicherweise offen, da mit dem Arbeitnehmer im Anschluss die Kosten abgerechnet werden sollen.

- Da, um eine missbräuchliche Nutzung der Telefoninfrastruktur nachzuweisen, umfassender Zugriff auf die Zielrufnummer nicht erforderlich ist (der Arbeitgeber kann dem Arbeitnehmer die Verwendung von kostenpflichtigen Sonderrufnummern oder ausschweifendes Telefonieren während der Arbeitszeit regelmäßig anhand der ersten Ziffern der Zielrufnummer/anhand der Dauer des Telefonats nachweisen), darf die Zielrufnummer nur insoweit erfasst werden, als dies zur Abrechnung/zum Nachweis von Missbräuchen erforderlich ist.[91] Das BAG hingegen geht davon aus, dass die volle Erfassung der Rufnummer bei dienstlichen Gesprächen zulässig ist, wenn daneben Privatgespräche ohne Erfassung der Zielrufnummer geführt werden können.[92] Dies überzeugt aber nicht ganz: Die notwendige Missbrauchskontrolle (insbesondere mit Blick auf Auslandstelefonate und Sonderrufnummern) lässt sich regelmäßig schon anhand der Vorwahl und ggf. einigen ersten Ziffern der Nummer durchführen, sodass diese Erfassung regelmäßig genügen muss; sie muss aber zugleich zur Missbrauchs- und Kostenkontrolle auch bei Privatgesprächen erfolgen, es sei denn, der Arbeitgeber hätte entweder die Nutzung kostenintensiver Sonderrufnummern auf seine Kosten gestattet oder umgekehrt, würde Privatgespräche des Arbeitnehmers ohne Rufnummernerfassung mit diesem abrechnen. Bei Missbrauchsverdacht muss sich dann der Arbeitnehmer ggf. durch vollständige Angabe der Zielrufnummer entlasten.[93] Da es hier auch um Missbrauchskontrolle geht, ist stichprobenartig auch die verdeckte Erfassung zulässig.
- Der Zugriff auf den Gesprächsinhalt ist in jedem Fall unverhältnismäßig, soweit nicht der Arbeitnehmer und sein Gesprächspartner (!) vorher eingewilligt haben (zu Wirksamkeitshindernissen für die Einwilligung des Arbeitnehmers schon oben Abschn. 2.2.1). Das Abhören fremder Gespräche ist Straftat gem. § 201 StGB.

2.4.2.1 Privatnutzung ist nicht gestattet

Ist dem Arbeitnehmer ausschließlich die berufliche Nutzung des Telefons gestattet, ist Rechtsgrundlage für Kontrollmaßnahmen abseits von Einwilligung und Betriebsvereinbarung ebenfalls § 26 Abs. 1 S. 1 BDSG (unbestritten, da das TKG hier offensichtlich nicht einschlägig ist).

Die Zielrichtung der Kontrollmaßnahme ist aber eine andere, als wenn auch die Privatnutzung gestattet ist. Statt um Abrechnung privater Gespräche geht es, wenn die Privatnutzung

---

[90]BAG NZA 1986, 643.

[91]*Wellhöner/Byers*, BB 2009, 2310, 2312; i. Erg. auch *Klengel/Mückenberger*, CCZ 2009, 81, 84.

[92]BAG NZA 1986, 643.

[93]*Mengel*, BB 2004, 1445, 1449.

nicht gestattet ist, um Einhaltung des Verbots, um Missbrauchskontrolle. Der Arbeitgeber muss prüfen können, ob der Arbeitnehmer wirklich nur dienstlich telefoniert. Da er grundsätzlich von Vertragstreue des Arbeitnehmers und damit von nur dienstlicher Nutzung des Telefons ausgehen darf, ist im Zweifel dem Arbeitgeber hier mehr gestattet, als wenn er auch die Privatnutzung erlaubt hat.

Die Grundsätze des Zugriffs auf Telefonverbindungsdaten und -inhalte bleiben im Übrigen dieselben. Der Arbeitgeber darf zur Missbrauchskontrolle die Ziffern der Zielrufnummer erfassen, und zwar, soweit dies erforderlich ist, um Missbrauch nachzuweisen (regelmäßig wird die Auswertung der ersten Ziffern genügen). Das Mithören und Aufzeichnen des Inhalts von Telefongesprächen ist auch hier als unverhältnismäßiger Eingriff in das allgemeine Persönlichkeitsrecht des Arbeitnehmers unzulässig[94] und kann gem. § 201 StGB bestraft werden.

2.4.2.2 Besonderheiten bei Callcentern
Besonderheiten gelten bei Maßnahmen zur Qualitätssicherung in Call Centern, insbesondere beim „side-by-side listening".[95]

2.4.3 Faxverbindungen

Soweit der Arbeitgeber auf Telefaxe zugreifen will (bei ihm eingegangene, ausgedruckte Dokumente/ ausgehende „Originale"), greifen die Grundsätze zum Zugriff auf Dokumente (s. noch Abschn. 2.5).

Der Zugriff auf die Verbindungsdaten ist, gestützt auf § 26 Abs. 1 S. 1 BDSG, nach den gleichen Grundsätzen zulässig wie bei der Telefonüberwachung.

2.4.4 Online-Kommunikation

Die Online-Kommunikation erfasst insbesondere die Überprüfung von Inhalt und Verbindungsdaten von E-Mails, dies jedoch nur beim Lesen der Post online („webmail") oder im Account. Soweit die E-Mail auf der Festplatte abgespeichert oder ausgedruckt wird, greifen die Grundsätze zum Zugriff auf die IT (s. Abschn. 2.6) bzw. auf Unterlagen und Dokumente (Abschn. 2.5).

Neben der E-Mail sind auch alle anderen Formen der Kommunikation online hier erfasst, etwa Instantmessaging oder Chats, solange nur vergleichbar einem Gespräch, d. h. mit einem bestimmten Adressaten, kommuniziert wird (zu Äußerungen gegenüber

---

[94]BAG NZA 1998, 307; *Klengel/Mückenberger*, CCZ 2009, 81, 84.
[95]S. etwa Jordan/Bissels/Moritz, BB 2014, 122 ff.

Überprüfung der Online-Kommunikation

Rechtsgrundlage: § 26 Abs. 1 S. 1 BDSG	
Verbindungsdaten	Inhalte
Kontrolle zulässig	Zugriff auf dienstliche Inhalte: zulässig	Zugriff auf private Inhalte: unzulässig

Abb. 2.5 Zulässigkeit der Überprüfung der Online-Kommunikation

einem größeren Personenkreis s. Abschn. 2.6.3). Zu direkter, mündlicher Kommunikation (per Skype, Online-Telefonie) gelten die Grundsätze zur Kontrolle des Telefonverhaltens (s. Abschn. 2.4.1).

Von welcher Hardware der Arbeitnehmer kommuniziert, ist unerheblich, es wird auf die Hardware selbst nicht zugegriffen, sondern nur auf die versandten Informationen.

Die Überprüfung der Online-Kommunikation kann der Leistungs- und Verhaltenskontrolle eines einzelnen Arbeitnehmers dienen, etwa ein Hinweis auf unerlaubte Privatnutzung des E-Mail-Accounts sein. Abhängig von der Art der Auswertung sind aber auch Rückschlüsse auf sonstiges Verhalten der Arbeitnehmer möglich. So kann eine Auswertung der gesamten Unternehmenskommunikation anhand der Meta-Daten zeigen, wer besonders häufig mit wem kommuniziert, und wo verdächtige Verbindungen einzelner Arbeitnehmer zu dritten Personen bestehen.

Wie bei Telefonaten ist der Zugriff auf den Inhalt der Kommunikation (z. B. der Mail nebst Anhängen) zu unterscheiden vom Zugriff auf die Meta-, die „Verbindungsdaten", d. h. die Information, wann über welche IP-/ Mailadresse welche Datenmengen übertragen worden sind, sog. Logfiles oder Protokolldateien.

Auch bei Letzteren handelt es sich um personenbezogene Daten, denn aufgrund der E-Mail- oder IP-Adresse lassen sich die Daten einer bestimmten oder bestimmbaren Person (dem Accountinhaber oder IP-Nutzer) zuordnen. Dies gilt auch für pseudonymisierte E-Mail-Adressen (etwa datendieb@beispiel.de), wenn der Arbeitgeber Provider ist, d. h. selbst den Account ausgegeben hat.[96] Für einen Überblick über die Zulässigkeitsvoraussetzungen s. Abb. 2.5.

2.4.4.1 Privatnutzung ist gestattet

Rechtsgrundlage für die Kontrollmaßnahmen ist, auch wenn die Privatnutzung gestattet ist, soweit keine tarifliche Regelung oder einschlägige Betriebsvereinbarung vorliegt, § 26 Abs. 1 S. 1 BDSG. Leistungs- und Verhaltenskontrolle sind auch legitime Zwecke

---

[96]*Thüsing/Traut*, in: Thüsing (Hrsg.), § 9 Rn. 23.

i. S. d. Vorschrift. Nach vereinzelt vertretener Auffassung soll der Arbeitgeber zwar, wenn er die private Nutzung seiner Telekommunikationsinfrastrukturen erlaubt, Diensteanbieter i. S. d. § 3 Nr. 6 TKG sein.[97] Diese Vorschrift würde die Anwendbarkeit des § 26 BDSG ausschließen, da sie gegenüber dem BDSG spezieller ist, sodass der Zugriff auf den Inhalt der E-Mails gem. §§ 88, 97 TKG ausgeschlossen wäre. Ein Zugriff auf die Verbindungsdaten könnte lediglich zur Abrechnung (§ 97 TKG) oder zur Störungsbeseitigung (§ 100 Abs. 1 TKG) gerechtfertigt werden.

Die Einordnung des Arbeitgebers als Diensteanbieter aber überzeugt hier ebenso wenig wie bei der Telefonie (s. Abschn. 2.4.2).

Aus § 26 Abs. 1 S. 1 BDSG ergibt sich sodann, dass das (offene wie verdeckte) Auswerten der Protokolldateien dem Arbeitgeber grundsätzlich gestattet sein muss, unabhängig davon, ob es sich um private oder geschäftliche Kommunikation handelt. Er hat ein Interesse an einer allgemeinen Missbrauchskontrolle, und die Überprüfung der Protokolle ist regelmäßig der einzige Schritt, ein missbräuchliches Verhalten des Arbeitnehmers aufzudecken.[98] Bereits hier eine Differenzierung nach privater und geschäftlicher Kommunikation zu verlangen, ist technisch schwer möglich, selbst bei E-Mails, bei denen nämlich die Betreffzeile, wichtigstes Mittel zur Einordnung, nicht zwingend von den Protokolldateien erfasst sein muss.

Der Zugriff auf den Inhalt der Kommunikation ist danach zu beurteilen, ob sie privat oder geschäftlich ist (üblicherweise ohne Weiteres zu erkennen an der Betreffzeile und am Kommunikationspartner).

Private Kommunikation muss dem Zugriff des Arbeitgebers in der Routinekontrolle grundsätzlich entzogen sein. Hier überwiegt das allgemeine Persönlichkeitsrecht des Arbeitnehmers das Kontrollinteresse des Arbeitgebers. Stellt der Arbeitgeber beim „Anlesen" fest, dass die vermeintlich dienstliche Äußerung privat ist, ist die Auswertung abzubrechen.

Unbeschränkt offen wie verdeckt kontrollfähig ist hingegen die dienstliche Kommunikation. Auch wenn vereinzelt die Auffassung geäußert wird, E-Mails seien mit Telefonaten gleichzusetzen, weil sie Telefonate weitgehend ersetzt haben bzw. einen lockeren, „unkonventionellen" Austausch innerhalb kurzer Zeit ermöglichen wie ein Telefonat:[99] E-Mails sind doch eher mit Schriftstücken vergleichbar.[100] Es ist möglich, sich das

---

[97]Für Heranziehung des TKG *Ernst*, NZA 2002, 585, 587; *Koch*, NZA 2008, 911, 912; *Mengel*, BB 2004, 2014, 2017 f.; *de Wolf*, NZA 2010, 1206 ff. (für E-Mails); *Wolf/Mulert*, BB 2008, 442, 445; diff. *Schimmelpfennig/Wenning*, DB 2006, 2290 ff.; ablehnend (Arbeitgeber kein Diensteanbieter) *Löwisch*, DB 2009, 2782 ff.; *Walther/Zimmer*, BB 2013, 2933.

[98]Sowohl im Ergebnis auch LAG Berlin-Brandenburg NZA-RR 2011, 342.

[99]*Ernst*, NZA 2002, 585, 589 f.

[100]*Mengel*, BB 2014, 2017.

geschriebene Wort gut zu überlegen, anders als das gesprochene Wort im Telefonat, und ausgedruckt handelt es sich bei E-Mails letztlich um Schriftstücke. Warum die E-Mail oder sonstige Online-Kommunikation anders behandelt werden sollte als ein Brief, und zugleich im Postfach, im digitalen Zustand, anders zu behandeln sein sollte als im ausgedruckten, leuchtet nicht ein.[101]

2.4.4.2 Privatnutzung ist nicht gestattet

Der Arbeitgeber, der dem Arbeitgeber die Privatnutzung der Online-Kommunikationswege nicht gestattet hat, darf erwarten, dass der Arbeitnehmer sich vertragstreu verhält und die Privatnutzung unterlässt.

Für die gem. § 26 Abs. 1 S. 1 BDSG anzustellende Interessenabwägung hat das zur Folge, dass die Interessen des Arbeitgebers grundsätzlich höher zu bewerten sind als die des Arbeitnehmers. Der Arbeitgeber hat dem Arbeitnehmer hier keine „Privatsphäre" eingeräumt, die er respektieren müsste.

Diese Interessenlage führt dazu, dass nach weit überwiegender Auffassung des rechtswissenschaftlichen Schrifttums die Protokolldateien uneingeschränkt kontrolliert, d. h. sowohl gespeichert als auch ausgewertet werden dürfen, eingeschlossen die IP-/E-Mail-Adresse des Kommunikationspartners.[102]

Der Zugriff auf den Inhalt der Kommunikation muss in dieser Konstellation ebenfalls zulässig sein.[103] Der Arbeitgeber darf davon ausgehen, dass alle Vorgänge dienstlich sind, und dienstliche E-Mails sind nicht anders zu behandeln als dienstliche Schriftstücke (s. noch Abschn. 2.5): Der Arbeitgeber kann sie ohne weiteres einsehen.

Auch bei verbotener Privatnutzung kann der Arbeitgeber mit privater Kommunikation des Arbeitnehmers konfrontiert sein – wenn sich der Arbeitnehmer über das Verbot der Privatnutzung hinwegsetzt. Ausdrücklich oder konkludent als „privat" einzustufende/gekennzeichnete Äußerungen darf der Arbeitgeber allerdings zur präventiven Kontrolle nicht lesen:[104] Genügt schon der Zugriff auf Betreffzeile/Protokolldateien, um dem Arbeitnehmer eine Pflichtverletzung (vertragswidrige Privatnutzung) nachzuweisen, weiß der Arbeitgeber alles, was er wissen muss.

2.4.4.3 Zugriff auf personenbezogene Daten Dritter

Von der Kontrolle der Online-Kommunikation werden regelmäßig auch andere Personen als Arbeitnehmer erfasst (weil der Arbeitnehmer mit einem externen Dritten in Kontakt tritt).

Bei der Kontrolle von Arbeitnehmern, zu deren Hauptleistungspflichten im Wesentlichen die Online-Kommunikation zählt (Mitarbeiter in Help-Chats o. ä.), besteht die

---

[101]*Lindemann/Simon*, BB 2001, 1950, 1952.

[102]*Beckschulze*, DB 2003, 2777, 2778 f.; *Dann/Gastell*, NJW 2008, 2945, 2947; *Mengel*, BB 2004, 2014, 2016; diff. (nach Art der E-Mailadresse) *Ernst*, NZA 2002, 585, 589 f.

[103]*Beckschulze*, DB 2003, 2777, 2778; *Dann/Gastell*, NJW 2008, 2945, 2947; *Gola*, MMR 1999, 322, 326; *Mengel*, BB 2004, 2014, 2017.

[104]In diesem Sinne (vor Einführung des § 32 BDSG) *Wolf/Mulert*, BB 2008, 442, 444.

Möglichkeit, den betroffenen Dritten vor Beginn der Kommunikation um Einwilligung (Art. 6 Abs. 1 lit. a, Art. 7 EU-DSGVO) zu bitten, zu Zwecken der Leistungskontrolle auf Verbindungsdateien und Inhalt der Kommunikation zugreifen zu dürfen.

Soweit die Maßnahme gegenüber Dritten nicht auf deren Einwilligung gestützt wird, müssen die Voraussetzungen des Art. 6 Abs. 1 lit. b EU-DSGVO vorliegen: Steht der Dritte in einer (vor-) vertraglichen Beziehung zum Arbeitgeber, muss die Datenerhebung zur Vertragserfüllung erforderlich sein

Im Übrigen kann die Maßnahme nach Art. 6 Abs. 1 lit. f EU-DSGVO zulässig sein, was voraussetzt, dass die Verarbeitung zur Wahrung der berechtigten Interessen des Verantwortlichen oder eines Dritten erforderlich ist und die Interessen oder Grundrechte und Grundfreiheiten der betroffenen Person, die den Schutz personenbezogener Daten erfordern, nicht überwiegen.

Beim Zugriff auf Online-Geschäftskorrespondenz fällt die Interessenabwägung regelmäßig zugunsten des Arbeitgebers aus. Der Eingriff in die Rechte des Außenstehenden ist eher gering, er beschränkt sich auf einige wenige Kommunikationsakte mit einem Arbeitnehmer. Zudem geht der Rechts- und Wirtschaftsverkehr regelmäßig nicht davon aus, dass an ein Unternehmen gerichtete Kommunikation nur von einer Person bearbeitet wird.

2.4.4.4 Abwägung im Einzelfall und absolute Grenzen der Überwachung

Die hier aufgezeigten Grundsätze können nur als grobe Orientierung dienen und ersetzen nicht die Abwägung im Einzelfall: Der Zugriff muss zur Durchführung des Arbeitsverhältnisses (etwa: zur Kontrolle der Leistung oder des Verhaltens des Arbeitnehmers) erforderlich sein. So steigt mit der Dauer der Maßnahme oder mit dem Zugriff auf den Inhalt der Kommunikation im Ganzen die Eingriffsintensität. Umgekehrt verringert sich die Eingriffsintensität, wenn der Arbeitnehmer von der Maßnahme oder zumindest von dem Vorhaben des Arbeitgebers, auf den Inhalt von E-Mails zuzugreifen, informiert worden ist.

Äußerste Grenze der Überwachung der Online-Kommunikation ist das Verbot der Totalüberwachung: Eine anlassunabhängige, lückenlose Überwachung und Auswertung aller aus- und eingehenden E-Mails und sonstiger Kommunikation sowie Protokolldateien tastet das allgemeine Persönlichkeitsrecht des Arbeitnehmers in seinem Kernbereich an, unerheblich, ob der Arbeitgeber die private Online-Kommunikation gestattet hat oder nicht. Für den Inhalt der E-Mails erschließt sich das ohne Weiteres, es gilt aber auch für die Protokolldateien: Anders als bei der lückenlosen Kontrolle aller aus- und eingehenden Schriftstücke erlaubt der Zugriff auf die Protokolldateien schließlich weitreichende Schlüsse auf das Arbeitsverhalten und die Leistung des Arbeitnehmers.

2.4.4.5 Besonderheiten im Online-Support/-Marketing/-Kundendienst

Für Arbeitnehmer, für die das Online-Kommunizieren wesentlicher Teil der Arbeitsleistung ist, etwa weil sie mit der Beantwortung von Online-Anfragen über die Unternehmenswebseite, mit Marketing über soziale Medien oder mit Support in Form von E-Mails, Instantmessaging oder Help-Chats betraut sind, müssen zwar die gleichen

Grundsätze gelten wie für alle anderen Arbeitnehmer. Allerdings muss die Art der Tätigkeit des Arbeitnehmers in die Zulässigkeitsprüfung einbezogen werden

Für Arbeitnehmer, für die das Online-Kommunizieren wesentlicher Teil der Arbeitsleistung ist, gilt das Verbot der „Totalüberwachung" in Bezug auf ihre Tätigkeit nicht. Dem Arbeitgeber muss gestattet sein, die Erfüllung der Hauptleistungspflicht zu kontrollieren. Nur mit umfassenden Zugriffsrechten lässt sich etwa prüfen, ob der Arbeitnehmer gegenüber den Kunden in Form und Inhalt im Sinne des Arbeitgebers handelt.

2.4.5 Mitbestimmung durch den Betriebsrat

Gem. § 87 Abs. 1 Nr. 6 BetrVG unterliegt die Überwachung der Telekommunikation der Mitbestimmung des Betriebsrats als technische Einrichtung, die dazu bestimmt ist, die Leistung und/oder das Verhalten der Arbeitnehmer zu kontrollieren. In Betracht kommen ferner § 87 Abs. 1 Nr. 1 und 10 BetrVG, sofern der Arbeitgeber die Privatnutzung gestattet und die näheren Modalitäten der Nutzung regelt (ein alleiniges Untersagen der Privatnutzung genügt als Grund für die Mitbestimmung nicht).[105]

Regelmäßig wird das Mitbestimmungsrecht ausgeübt durch Abschluss einer Betriebsvereinbarung anlässlich der Einführung der Telekommunikationsinfrastruktur, die sowohl die Verwendung der Infrastruktur durch die Arbeitnehmer als auch die Kontrollrechte des Arbeitgebers regelt.[106]

2.5 Überprüfung von Dokumenten

Die Überprüfung von „Dokumenten" betrifft nicht nur Schriftstücke oder Post, sondern alle Dokumente, die unabhängig von ihrer Form (schriftlich, elektronisch) oder ihrem Bearbeitungszustand (Entwurf, Brief) am Arbeitsplatz des Arbeitnehmers oder auf IT-Infrastruktur des Arbeitgebers (auch mobiler, etwa Tablets, Smartphones) vorliegen. Es könnte auch von „Schriftverkehr" gesprochen werden, aber mit der Einschränkung, dass es nicht auf Schriftzeichen ankommt, sondern darauf, dass der Arbeitgeber Dokumente in irgendeiner Form „wahrnehmen" kann. Die hier folgenden Grundsätze gelten insbesondere für Dateien jeden Formats (.docx, .ppt, .jpg. …). Sie gelten ferner für auf dem Rechner abgespeicherte E-Mails oder Chat-Protokolle (zum Zugriff auf diese online s. Abschn. 2.4.3).[107]

Dementsprechend kann auch die Kontrolle verschiedenste Formen haben: Der Vorgesetzte lässt sich ein Schriftstück aushändigen, eine Datei übermitteln oder vorspielen.[108]

---

[105]S. z. B. LAG Hamm NZA-RR 2007, 20.

[106]Formulierungsvorschlag bei *Lindemann/Simon*, BB 2001, 1950.

[107]Gleichstellung von Chatprotokoll und E-Mail LAG Hamm CCZ 2013, 115.

[108]Wird hingegen die Bearbeitung einer Datei durch den Arbeitnehmer am Rechner/mobile device verfolgt, greifen die Grundsätze über die Überwachung des IT-Nutzungsverhaltens (s. 2.6).

2.5.1 Grundsätze für die Auswertung privater und dienstlicher Dokumente

Die Rechtsgrundlage und Zulässigkeit der Überprüfung wird maßgeblich dadurch bestimmt, ob es sich bei dem Dokument um ein privates, ein dienstliches oder ein gemischt dienstlich-privates Dokument handelt.

Dienstliche Dokumente kann der Arbeitgeber jederzeit uneingeschränkt einsehen. Eine Abwägung seiner Interessen mit denen des Arbeitnehmers erfolgt nicht. Das lässt sich arbeitsvertraglich begründen: Der Arbeitgeber hat ein Weisungsrecht gegenüber dem Arbeitnehmer (§ 106 GewO), und Ergebnis dieser Weisungen sind die vom Arbeitnehmer erstellten Dokumente, sie sind verkörperte Arbeitsergebnisse. Die sachgerechte Ausübung des Weisungsrechts aber ist nur möglich, wenn der Arbeitgeber über die Arbeitsergebnisse auch informiert ist. Teilweise wird außerdem noch eine bürgerlich-rechtliche Erwägung angestellt: Der Arbeitnehmer sei nicht Besitzer der von ihm angefertigten Dokumente, sondern verwahre sie lediglich für seinen Arbeitgeber.[109]

Private Dokumente des Arbeitnehmers, die dieser am Arbeitsplatz (gleich ob elektronisch oder in Papierform) verwahrt, sind hingegen dem Zugriff des Arbeitgebers für Routinekontrollen entzogen. Hier steht das allgemeine Persönlichkeitsrecht des Arbeitnehmers, zu berücksichtigen über die Billigkeit (§ 106 S. 1 GewO), einer Einsichtnahme entgegen.

Handelt es sich um ein „gemischtes" Dokument, in dem sich geschäftliche und private Informationen finden (etwa: Terminkalender des Arbeitnehmers mit privaten und geschäftlichen Verabredungen), gilt dieses Dokument als privat. Ein einzelnes privates Element entzieht grundsätzlich das Dokument der Kontrolle durch den Arbeitgeber.

2.5.2 Feststellung der Privatheit/Dienstlichkeit

Um festzustellen, ob ein Dokument privat oder dienstlich ist (ohne es zu lesen), ist nach Art des Dokuments zu differenzieren:

Bei elektronischen Dokumenten ist zunächst zu klären, ob der Arbeitgeber den Arbeitnehmern die private Nutzung der IT-Infrastruktur gestattet hat. Ist den Arbeitnehmern die Privatnutzung der IT-Infrastruktur nicht gestattet, kann der Arbeitgeber grundsätzlich davon ausgehen, dass die Arbeitnehmer sich an dieses Verbot halten, sodass alle Dokumente, die er vorfindet, dienstlichen Charakter haben. Er muss mithin keine Vorkehrungen zum Schutz privater Dateien treffen.

Ist hingegen die Privatnutzung gestattet, hat der Arbeitgeber zum Schutz des allgemeinen Persönlichkeitsrechts des Arbeitnehmers elektronische Vorkehrungen zu treffen (etwa Programme, die anhand des Dokumentennamens kategorisieren/Möglichkeiten für den einzelnen Nutzer, private Dokumente selbst auszusondern).

---

[109] *Mengel/Ullrich*, NZA 2006, 240, 241.

Bei Dokumenten in anderer als elektronischer Form ist es grundsätzlich am Arbeitnehmer, private Dokumente von dienstlichen getrennt aufzubewahren, sich mithin selbst
zu schützen. Der Arbeitgeber muss auf alle Dokumente in seinen Räumlichkeiten, die
nicht als privat gekennzeichnet sind (oder bei denen sich eine solche Kategorisierung aus
den Umständen ergibt, etwa durch Aufbewahren in einem privaten Aktenkoffer) freien
Zugriff haben. Dies lässt sich arbeitsrechtlich erklären (mit der Organisationshoheit des
Arbeitgebers), aber auch zivilrechtlich – der Arbeitgeber hat grundsätzlich Besitz an
allen Gegenständen innerhalb des Betriebsgeländes. Ausgenommen sind nur die persönlichen Gegenstände des Arbeitnehmers.

Nimmt der Arbeitnehmer keine Kategorisierung vor, nutzt er betriebliche IT unerlaubt
privat oder versagt im Einzelfall eine elektronische Kategorisierung, gebietet es § 106
S. 1 GewO, dem Arbeitgeber zunächst vollen Zugriff auf alle Dokumente einzuräumen.
Sobald er allerdings festgestellt hat, dass ein Dokument privater Natur ist (etwa: beim
„Anlesen"), endet das Zugriffsrecht zum Schutz des allgemeinen Persönlichkeitsrechts
des Arbeitnehmers.

2.5.3 Auswertung personenbezogener Daten Dritter

Für die Auswertung der Dokumente sind grundsätzlich keine Besonderheiten zu berück-
sichtigen, es sei denn, dass sich unter den Informationen personenbezogene Daten dritter
Personen befinden. Es greifen dann § 26 BDSG (für Daten anderer Arbeitnehmer) und
Art. 6 Abs. 1 lit. a, b oder f EU-DSGVO für externe Dritte (Abb. 2.6). S. dazu bereits die
Auswertung personenbezogener Daten Dritter bei der Online-Kommunikation, die den-
selben Grundsätzen folgt, oben Abschn. 2.4.4.3.

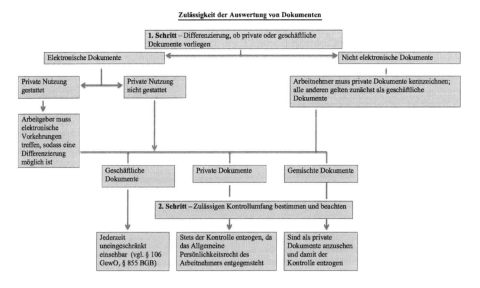

Abb. 2.6 Auswertung von Dokumenten

2.5.4   Mitbestimmung durch den Betriebsrat

Die routinemäßige Auswertung von Dokumenten im Rahmen des Arbeitsverhältnisses ist mitbestimmungsfrei. Der Vorgesetzte muss die Arbeitsergebnisse des Arbeitnehmers uneingeschränkt kontrollieren können, es handelt sich insoweit um einen Fall der mitbestimmungsfreien Kontrolle des „Arbeitsverhaltens".

Von diesem Fall sind jedoch verschiedene andere Konstellationen zu unterscheiden:

- Die Mitbestimmungspflichtigkeit von internen Ermittlungen (s. Kap. 3).
- Fälle, in denen im Rahmen einer größeren Stichprobe eine kollektive Anweisung des Arbeitgebers ergeht, einer bestimmten Instanz (etwa der Revision) bestimmte Dokumente zugänglich zu machen. Ist Teil dieser Weisung auch, dass die Arbeitnehmer anlässlich dieser Maßnahme private Dokumente von den dienstlichen trennen und aussondern sollen, ist das mitbestimmungspflichtige Ordnungsverhalten betroffen. Es entsteht eine Mitbestimmungspflicht gem. § 87 Abs. 1 Nr. 1 BetrVG.
- Verhaltensregeln zur Ordnung/Aufbewahrung von (dienstlichen oder privaten) Dokumenten, soweit die Vorgaben nicht nur die konkrete Tätigkeitsausübung betreffen, sondern etwa die Ordnung des Arbeitsplatzes (dann Mitbestimmungspflicht gem. § 87 Abs. 1 Nr. 1 BetrVG).[110]
- Verhaltensregeln zur Nutzung betrieblicher IT-Systeme und sonstiger Einrichtungen, soweit die Nutzung zu privaten Zwecken gestattet ist (dann Mitbestimmungspflicht gem. § 87 Abs. 1 Nr. 1 BetrVG).[111]

2.6   Kontrolle des IT-Nutzungsverhaltens

Von der Überwachung der Online-Kommunikation ist (s. Abschn. 2.4.3) ist die Kontrolle des IT-Nutzungsverhaltens des Arbeitnehmers zu unterscheiden. Hier geht es weniger darum, auf bestimmte bilaterale Kommunikationsvorgänge zuzugreifen, als auf Internetnutzung und „soziale Medien".

Ferner kann der Zugriff auf das IT-Nutzungsverhalten auch fertiggestellte oder nicht fertiggestellte Dokumente auf der betrieblichen IT erfassen, zielt jedoch weniger darauf ab, die Dokumente selbst auszuwerten, als den Arbeitsprozess als solchen mitzuverfolgen oder zu prüfen, ob vom Arbeitgeber aufgestellte Nutzungsbestimmungen vom Arbeitnehmer eingehalten werden.

---

[110]Richardi/*Richardi*, § 87 BetrVG Rn. 187.
[111]LAG Hamm NZA-RR 2007, 20.

Unter die Kontrolle der IT-Nutzung fallen etwa

- elektronische Dokumentenmanagementsysteme, die erfassen, zu welchen Zeiten der Arbeitnehmer an einem Dokument (ggf. auch: in welchem Umfang) gearbeitet hat,
- Programme, die prüfen, ob der Arbeitnehmer sich auf unzulässigen Webseiten aufhält
- die Überprüfung, auf welchen Webseiten er sich wie lange aufhält
- die Kontrolle des Verhaltens des Arbeitnehmers am Rechner ganz generell, nicht bezogen auf bestimmte Aktivitäten (wie die Internetnutzung oder Dokumentenverarbeitung), etwa durch Programme, die regelmäßige Screenshots von der aktuellen Bildschirmansicht des Arbeitnehmers erstellen.

Auf die Art der Hardware kommt es für die rechtliche Beurteilung nicht an, solange es sich nur um dienstliche Infrastruktur handelt. Erfasst sind mobile Geräte wie Diensthandys, Smartphones, Laptops und Tablets ebenso wie stationäre Infrastruktur.

Dienstliche Infrastruktur liegt vor bei Hardware, die aus der Sphäre des Arbeitgebers stammt. Dafür ist unerheblich, ob der Arbeitgeber Eigentümer der Hardware ist, sie least o. ä., solange nur die Hardware nicht vom Arbeitnehmer gestellt wird. Private Hardware, etwa private Smartphones, sind dem Zugriff des Arbeitgebers mit Rücksicht auf das allgemeine Persönlichkeitsrecht des Arbeitnehmers stets entzogen. Dies gilt selbst dann, wenn die private Hardware dienstlich genutzt wird (weshalb es in der Praxis üblich ist, dem Arbeitnehmer dienstliche Kommunikation über private Hardware zu untersagen).

Zur Bestimmung von Rechtsgrundlage und Zulässigkeit ist zunächst weiter nach Art der Kontrollmaßnahme zu differenzieren:

2.6.1   Kontrolle kommunikationsnetzgestützten Verhaltens

Hierunter fällt insbesondere die Überwachung der Internet- und der Intranetnutzung, soweit sie nicht die Kontrolle der E-Mails und der sonstigen Online-Kommunikation betrifft. Es geht etwa um „Webtracking-Tools", die es gestatten, zu kontrollieren, welche Internetseiten besucht wurden oder werden. Ziel kann sein, eine grundsätzlich verbotene private Internetnutzung, eine zu extensive private Internetnutzung oder illegale Onlineaktivitäten (z. B. Herunterladen von Musik und Filmen unter Urheberrechtsverletzung) nachzuweisen. Unter die Überprüfung kommunikationsnetzgestützten Verhaltens fällt auch, ob der Arbeitnehmer ein bestimmtes E-Learning-Programm aufgerufen oder bestimmte für ihn bedeutsame Informationen (Betriebsvereinbarungen, Informationen zum Arbeitsschutz o. ä.) zur Kenntnis genommen hat.

Geht man mit der hier vertretenen Ansicht davon aus, dass der Arbeitgeber auch dann kein Dienstanbieter im Sinne des TKG ist (s. Abschn. 2.4.2), wenn er die Privatnutzung des Mediums erlaubt hat, richtet sich die Zulässigkeit präventiv-überwachender Maßnahmen stets nach § 26 Abs. 1 S. 1 BDSG (Überblick s. Abb. 2.7). Ein etwaiges Inkrafttreten der ePrivacy-Verordnung in ihrer gegenwärtigen Entwurfsfassung änderte an dieser Rechtsgrundlage nichts (s. näher Abschn. 2.4).

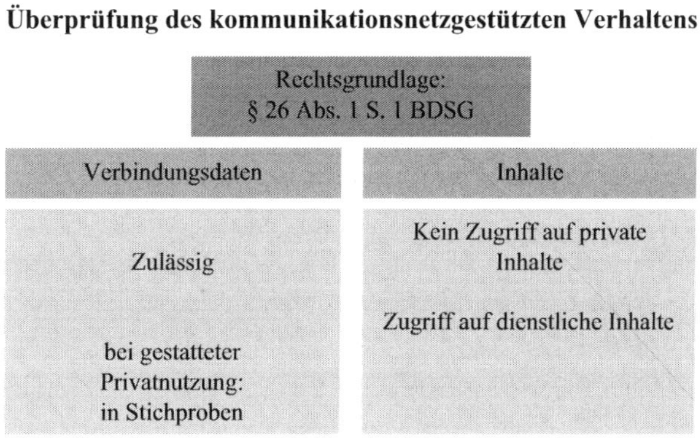

Abb. 2.7 Zulässigkeit
der Überprüfung des
kommunikationsnetzgestützten
Verhaltens

Überprüfung des kommunikationsnetzgestützten Verhaltens

Rechtsgrundlage:
§ 26 Abs. 1 S. 1 BDSG

Verbindungsdaten	Inhalte
Zulässig	Kein Zugriff auf private Inhalte
	Zugriff auf dienstliche Inhalte
bei gestatteter Privatnutzung: in Stichproben	

Obgleich das TKG nicht anwendbar ist, kommt es darauf an, ob der Arbeitgeber die Privatnutzung erlaubt hat (dazu s. Abschn. 2.4.1). Ist dem Arbeitnehmer die Privatnutzung nicht gestattet, wiegen die Interessen des Arbeitgebers an der Kontrolle, ob dieses Verbot eingehalten wird, besonders schwer. Er muss außerdem nicht damit rechnen, dass der Arbeitnehmer sich vertragswidrig verhält, und kann daher davon ausgehen, er werde bei seiner Prüfung nur auf dienstliche Daten stoßen. Anders ist die Interessenlage, wenn die private Internetnutzung gestattet ist: Der Arbeitgeber weiß sicher, er wird bei seiner Maßnahme auf zahlreiche private Daten der Arbeitnehmer stoßen. Bei der Interessenabwägung fallen die Interessen des Arbeitnehmers daher besonders ins Gewicht.

Trotzdem kann der Arbeitgeber, wenn die private Internetnutzung gestattet ist, ein i. S. d. § 26 Abs. 1 S. 1 BDSG legitimes Interesse an den Inhalten des Online-Verhaltens haben. So kann er eine extensive, d. h. missbräuchliche, übermäßige Internetnutzung oder das Abrufen oder Herunterladen rechtswidriger Inhalte unterbinden wollen. Angesichts der hier potenziell betroffenen Interessen des Arbeitnehmers, der Gefahr, auch privates Nutzungsverhalten zu erfahren, kann allerdings die Überprüfung nur verhältnismäßig sein, wenn sie auf ausnahmsweise Stichproben beschränkt ist.

Ist hingegen allein die dienstliche Nutzung gestattet, darf aufgrund des § 26 Abs. 1 S. 1 BDSG auf Inhalte (etwa heruntergeladene Dateien) stets zugegriffen werden, wenn dies erforderlich ist. Insbesondere wenn es darum geht, verbotene Privatnutzung des Internets zu belegen, genügt aber regelmäßig schon der Zugriff auf die Protokolldateien. Im Übrigen ist die Verhältnismäßigkeit der Maßnahme anhand des zeitlichen und inhaltlichen Umfangs der Überprüfung in Bezug auf den einzelnen Arbeitnehmer und insgesamt zu prüfen.

Die Verwertung von Protokolldateien ist stets gestützt auf § 26 Abs. 1 S. 1 BDSG zulässig: IP-Adresse, Art des genutzten Dienstes, Zeitpunkt, Dauer und Umfang des Datenverkehrs. Ist die Privatnutzung gestattet, gilt auch hier jedoch eine Beschränkung auf Stichproben, da sich auch über die Verbindungsdaten das Nutzungsverhalten des Arbeitnehmers bereits recht umfassend nachzeichnen lässt.

Ganz gleich, ob auch die private oder allein die dienstliche Internetnutzung gestattet ist – eine „Totalüberwachung" ist stets unverhältnismäßig. Bei der Speicherung/Erhebung

von Daten ist dieses Verbot allerdings mit einer Einschränkung versehen: Browser wie
MS Internet Explorer speichern schon aus Gründen ihrer eigenen Arbeitsfähigkeit eine
Reihe von Daten über das Nutzungsverhalten (s. etwa die „History"). Wollte man dies
als Verstoß gegen das Verbot der Totalüberwachung ansehen, könnte kein Betrieb mehr
mit dem Internet arbeiten. Das Verbot der Totalüberwachung kann sich daher nur auf die
Auswertung der Daten beziehen: Eine permanente Auswertung der Daten muss unverhältnismäßig sein, wenn sie nicht, was heute angesichts von Pauschaltarifen („Flatrates")
die Ausnahme sein dürfte, erforderlich ist, um die Abrechnung für die Privatnutzung zu
bestimmen.

Plant der Arbeitgeber den Einsatz eines E-Learning-Programms oder will er sicher-
stellen und prüfen, dass von einer Information die gesamte Belegschaft Kenntnis erlangt
(etwa: neue Betriebsvereinbarung), ist die Maßnahme nach § 26 Abs. 1 S. 1 BDSG unproblematisch zulässig, wird oft aber bereits durch Betriebsvereinbarung legitimiert werden.

2.6.2 Überprüfung sonstigen IT-Nutzungsverhaltens

Rechtsgrundlage für die Überprüfung des sonstigen IT-Nutzungsverhaltens ist ebenfalls § 26 Abs. 1 S. 1 BDSG. Die Kontrolle des Arbeitsverhaltens ist stets legitimer
Zweck und die weitere Prüfung der Verhältnismäßigkeit der Maßnahme geht regelmäßig zugunsten des Arbeitgebers aus. Dieser hat, zur Prüfung der Vertragserfüllung, der
Leistungsbeurteilung, der Personalplanung und Betriebsorganisation ein Interesse daran,
zu erfahren, in welchen Zeiträumen ein Arbeitnehmer typischerweise welche Aufgaben
bewältigen kann. Bei Bürotätigkeiten ist diese Feststellung regelmäßig nur über Zeiter-
fassungen möglich. Genauso gut könnte der Arbeitgeber verlangen, dass der Arbeitnehmer „analog" Protokoll führt über das, was er am Arbeitstag an Arbeit bewältigt hat.

Wird hingegen als präventive Maßnahme auf den Rechner des Arbeitnehmers zur
Überprüfung (auch) seines Ordnungsverhaltens zugegriffen, etwa durch Spiegelung seiner Tätigkeit auf dem Rechner oder Speicherung von Screenshots in bestimmten Zeitabständen, ist die Zulässigkeit nach § 26 Abs. 1 S. 1 BDSG problematisch: Anders als
wenn der Arbeitgeber „nur" „analog" Rückmeldung über die Arbeitsleistung verlangt
oder (ohne zu sehen, was der Arbeitnehmer sieht) abstrakt das Bearbeitungsverhalten bei
bestimmten Dokumenten verfolgt, kann der Arbeitgeber hier den Arbeitnehmer unbemerkt und lückenlos beobachten und die gewonnenen Ergebnisse dauerhaft speichern.
Es besteht die Gefahr der „Totalüberwachung". Verhältnismäßig sein können daher von
vornherein nur Stichproben nach dem Zufallsprinzip.

2.6.3 Insbesondere: Kontrolle des Verhaltens im „Web 2.0"

Zur Überwachung des IT-Nutzungsverhaltens gehört längst auch die Kontrolle der Aktivitäten im Web 2.0, d. h. auf Social-Media-Plattformen wie Facebook, Twitter oder LinkedIn (Überblick s. Abb. 2.8). Zu unterscheiden ist, ob auf die Inhalte dieser Plattformen

Abb. 2.8 Zulässigkeit
der Überprüfung des
Arbeitnehmerverhaltens im
Web 2.0

Überprüfung des Arbeitnehmerverhaltens im Web 2.0

zugegriffen werden soll zum Zweck der Überprüfung des Arbeitnehmerverhaltens (dazu im Folgenden), oder ob lediglich das Internetnutzungsverhalten abstrakt überprüft werden soll, etwa die Zeit, die der Arbeitnehmer täglich während der Arbeit auf den Seiten verbringt (dazu schon Abschn. 2.6.1).

Ist Aufgabe des Arbeitnehmers im Wesentlichen, die Web 2.0-Präsenzen des Arbeitgebers zu betreuen, etwa seine Werbung auf Youtube zu platzieren oder seinen Facebook-Account zu unterhalten, ist die Kontrollbefugnis umfassend, gestützt auf § 106 GewO: Die Kontrolle betrifft unmittelbar die Hauptleistungspflicht des Arbeitnehmers. Genauso, wie sich der Arbeitgeber von einem Arbeitnehmer in der Marketingabteilung einen papiernen Entwurf für eine Presseerklärung vorlegen lassen könnte, genauso gut kann er die Öffentlichkeitsarbeit im Web 2.0 kontrollieren.

Im Übrigen richtet sich die Kontrolle, soweit keine anderen Rechtsgrundlagen zur Verfügung stehen, einmal mehr nach § 26 Abs. 1 S. 1 BDSG. Die Maßnahme muss also zur Durchführung des Beschäftigungsverhältnisses erforderlich sein.

Nicht der Durchführung des Beschäftigungsverhältnisses dient die „Ausforschung" des Privatlebens und privaten Onlineverhaltens eines oder mehrerer Arbeitnehmer durch eine ziellose Suche über eine Suchmaschine, um „aufs Geratewohl" Informationen zu finden. Sich ein Bild vom Privatleben des Arbeitnehmers und aller seiner beruflichen und privaten Aktivitäten zu verschaffen, wie es etwa durch „googlen" möglich ist, widerspricht der Intention des § 26 BDSG, die Datenerhebung auf die Durchführung des Beschäftigungsverhältnisses zu beschränken. Der Arbeitgeber hat auch kein Interesse daran, zu erfahren, wie seine Arbeitnehmer sich privat im Netz darstellen. Selbst wenn ein Arbeitnehmer unangemessenen oder gar strafbaren „Freizeitvergnügen" nachgeht und diese online dokumentiert, mag das dem Ansehen des Arbeitnehmers schaden. Es ist aber zwischen dem Ansehen des Arbeitnehmers und dem des Arbeitgebers zu unterscheiden. Solange sich das Private nicht auf das Berufliche auswirkt (der Arbeitnehmer etwa betrunken zur Arbeit erscheint), bleibt es privat.

Der für eine Routinekontrolle verbleibende Raum ist danach gering. Die rechtswissenschaftliche Literatur will zwar teilweise zulassen, dass der Arbeitgeber den Arbeitnehmer anlasslos „googlet". Dem Arbeitgeber sei unbeschränkter Zugriff auf Daten

einzuräumen, die „öffentlich zugänglich" sind, ganz unabhängig davon, ob der Arbeitnehmer sie selbst ins Netz gestellt hat oder sie ohne sein Zutun ins Netz gestellt wurden.[112] Auch auf Informationen in sozialen Netzwerken, die zwar nur für Mitglieder
zugänglich sind, bei denen aber jeder Mitglied werden kann, sei der Zugriff zulässig,
insbesondere dann, wenn der Arbeitgeber etwa bei Facebook trotz Offenlegung seiner
wahren Identität vom Arbeitnehmer zu den „Freunden" gezählt wird. Unzulässig sei nur,
wenn der Arbeitgeber sich Zugang zu den persönlichen Daten erschleiche, indem er die
Voraussetzungen für die Aufnahme ins Netzwerk vorspiegelt, sich etwa unter falscher
Identität als „Freund" ausgibt.[113]

Diese Auffassung überzeugt aber nicht. Zutreffend ist, dass der Arbeitgeber dort, wo
der Arbeitnehmer ihm bewusst Zugang in seine Privatsphäre gewährt, diesen Zugang
auch nutzen können muss – etwa als „Facebook"-Freund. Im Übrigen aber eröffnet diese
Auffassung dem Arbeitgeber den Zugriff auf eine Vielzahl privater Informationen. Es
kann nicht davon ausgegangen werden, dass ein Arbeitnehmer alle Informationen, die
über ihn im Netz stehen, regelmäßig überprüft. Die Gefahr der Ausforschung des Privatlebens wird sehr groß, selbst dann, wenn der Arbeitnehmer Informationen über sich
bewusst ins Internet gestellt hat – die Zielrichtung ist üblicherweise eine rein private.
Anderes mag gelten bei der Darstellung in Karrierenetzwerken.

Der Arbeitgeber hat indes ein Interesse zu erfahren, wie *er selbst* im Netz dargestellt
wird, und dies auch von seinen Arbeitnehmern – dies lässt sich aber online durch einfache Recherche anhand des eigenen Namens bewerkstelligen. Fallen dabei Arbeitnehmer
mit negativen Äußerungen über ihren Arbeitgeber auf, besteht ein Anlass zu weiteren
Ermittlungen, s. dazu Kap. 3.

2.6.4 Mitbestimmung durch den Betriebsrat

Bereits die Einführung von Programmen, die den Internetzugang ermöglichen (etwa: MS
Internet Explorer), ist mitbestimmungspflichtig gem. § 87 Abs. 1 Nr. 6 BetrVG, da schon
beim Einsatz dieser Standard-Software bestimmte Nutzerdaten gespeichert werden.

Ebenfalls nach § 87 Abs. 1 Nr. 6 BetrVG mitbestimmungspflichtig ist die Anwendung
von Kontrollprogrammen oder sonstigen technischen Einrichtungen zur Leistungs- oder
Verhaltenskontrolle des Arbeitnehmers. Unter „Anwendung" ist die „allgemeine Handhabung" der Überwachungseinrichtung zu verstehen, einschließlich etwa der Festlegung
des zu überwachenden Teils der Arbeitnehmer.[114]

Kann eine Einrichtung (etwa das Programm MS Internet Explorer) zur Überwachung
genutzt werden, dient seine Einführung aber nicht primär dazu (sondern dem Zweck,

---

[112]*Thüsing/Traut*, in: Thüsing (Hrsg.), § 14 Rn. 16.

[113]*Thüsing/Traut*, in: Thüsing (Hrsg.), § 14 Rn. 18 ff.

[114]ErfK/*Kania*, § 87 BetrVG Rn. 59.

Internetzugang zu ermöglichen), deckt eine Zustimmung des Betriebsrats zur Einführung der Einrichtung nicht zugleich die Anwendung als Überwachungseinrichtung. Wollte man dies anders sehen, müsste der Betriebsrat die Einführung des Internets ablehnen, da jeder Browser Möglichkeiten der Überwachung eröffnet – eine kaum zumutbare Entscheidung.

Wird hingegen eine klassische Überwachungseinrichtung eingeführt, d. h. eine Einrichtung, die allein den Zweck der Überwachung hat (z. B. Erfassung von Dokumentbearbeitungszeiten und -verläufen), und billigt dies der Betriebsrat gem. § 87 Abs. 1 Nr. 6 BetrVG, ist die Anwendung des Programms im Einzelfall mitbestimmungsfrei. Der Betriebsrat hat zugestimmt mit dem Zweck, die Überwachung zu ermöglichen.

Mitbestimmungspflicht gem. § 87 Abs. 1 Nr. 1 BetrVG besteht nur bei Maßnahmen, die das Ordnungsverhalten betreffen. Nicht hierunter fällt die unter Abschn. 2.6.3 beschriebene Imagekontrolle des Arbeitgebers: Recherchiert er im Internet sein eigenes Image, liegt kein Fall des § 87 Abs. 1 Nr. 1 BetrVG vor – die Maßnahme mag abfällige Äußerungen von Arbeitnehmern über den Arbeitgeber als „Zufallsfund" zutage fördern. Die Recherche erfasst aber sämtliche öffentliche Äußerungen über den Arbeitgeber im Netz.

Die Einführung von Antivirenprogrammen ist wegen Art. 24 Abs. 1 EU-DSGVO nicht mitbestimmungspflichtig. Der Arbeitgeber erfüllt hier (auch) datenschutzrechtliche Aufgaben. Auch der Einsatz von Spamfiltern unterliegt nicht der Mitbestimmung, da es hier um die Aussonderung externer, unerwünschter E-Mails geht, nicht um die Überwachung des Arbeitnehmers.

2.7 Verwendung biometrischer Daten

Biometrische Daten erlauben es, eine Person aufgrund individueller körperlicher Merkmale (z. B. Fingerabdrücke, Iris, Retina) zu identifizieren.[115] Damit sind sie nicht nur personenbezogen, sondern auch personengebunden, d. h. unveränderlich und grundsätzlich einmalig. Sie können damit besonders gut etwa zur Zutrittskontrolle (anstelle eines Passworts) verwendet werden.

2.7.1 Zulässigkeit der Erhebung, Verarbeitung und Nutzung biometrischer Daten

Die Erhebung und Verwendung biometrischer Daten (Definition in Art. 4 Nr. 14 EU-DS-GVO) war bislang nicht gesetzlich geregelt und daher § 32 BDSG a. F. unterworfen. Durch Art. 9 Abs. 1 EU-DSGVO wird ihre Verarbeitung nunmehr untersagt. § 26 Abs. 3 BDSG macht von der Ermächtigung zur Schaffung einer Ausnahmeregelung für Zwecke

---

[115]Weitere Beispiele RegE BDSG, BT-Drs. 17/4230, S. 20.

des Beschäftigungsverhältnisses (Art. 9 Abs. 2 lit. b EU-DSGVO) Gebrauch, und erklärt die Erhebung biometrischer Daten für zulässig, wenn sie zur Ausübung von Rechten oder zur Erfüllung rechtlicher Pflichten u. a. aus dem Arbeitsrecht erforderlich ist und kein Grund zu der Annahme besteht, dass das schutzwürdige Interesse der betroffenen Person an dem Ausschluss der Verarbeitung überwiegt.

Die Nutzung biometrischer Daten zu Autorisierungs- und Authentifizierungszwecken muss danach regelmäßig als unzulässig angesehen werden. Dass sie zur Ausübung von Rechten oder Erfüllung von Pflichten aus dem Arbeitsrecht „erforderlich" sind, ist im Regelfall nicht anzunehmen. Hier wird im Regelfall die – weniger eingriffsintensive – Kontrolle über ein Passwort oder einen Zugangscode gleichwertig sein. Anderes kann lediglich gelten, wenn das Interesse an der genauen Identitätskontrolle auch ein öffentliches ist, etwa weil die Informationen auch im öffentlichen Interesse geheim zu halten sind.

Anderes gilt auch nicht, wenn die biometrischen Daten des Arbeitnehmers nicht beim Arbeitgeber, sondern auf Identifizierungskarten, die dem jeweiligen Arbeitnehmer ausgehändigt werden, gespeichert sind.[116] Hier verbleiben zwar keine Daten beim Arbeitgeber; dennoch ist die Verwendung biometrischer Daten, dem in der EU-DSGVO zum Ausdruck kommenden Willen des Verordnungsgebers entsprechend, an hohe Hürden zu binden und allenfalls im öffentlichen Interesse zuzulassen.

2.7.2 Mitbestimmung durch den Betriebsrat

Die Installation einer Anlage, welche biometrische Daten der Arbeitnehmer erhebt und/ oder auswertet, etwa mit dem Ziel der Zugangskontrolle, unterliegt der Mitbestimmung durch den Betriebsrat gem. § 87 Abs. 1 Nr. 1, 6 BetrVG.[117]

2.8   Verwendung von Standortdaten

Durch Ortungssysteme kann der Arbeitgeber den Aufenthaltsort seiner Mitarbeiter feststellen, etwa anhand von Standortdaten von Navigationsgeräten, Smartphones oder mobilen Geräten mit Internetfähigkeit. Ggf. kann er Bewegungsprofile erstellen und daraus Rückschlüsse ziehen auf Leistung und Verhalten des Arbeitnehmers. So lässt sich prüfen, in welchem Tempo der Paketzusteller liefert oder ob sich der Außendienstmitarbeiter gerade beim Kunden aufhält. Welches technische System der Arbeitgeber zur Standortbestimmung im Einzelnen nutzt (z. B.: Ortung mittels Satellit (GPS), RFID, Mobilfunkdaten, Drahtlosnetzwerke für Internetverbindungen), ist unerheblich.

---

[116]Sog. „matching on card". Zu diesen und weiteren technischen Möglichkeiten *Hornung/Steidle*, AuR 2005, 201, 203 f.

[117]BAG NZA 2004, 556.

Abb. 2.9 Zulässigkeit der
Verwendung von Standortdaten

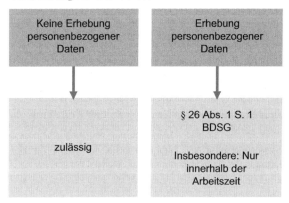

Verwendung von Standortdaten

2.8.1 Zulässigkeit der Ortung

Wie die meisten anderen technischen Überwachungsmaßnahmen ist auch die Ortung
mobiler Arbeitnehmer nicht gesetzlich geregelt. Vereinzelte Stimmen in der arbeitsrechtlichen Literatur wollen, soweit ein Arbeitnehmer mittels satellitengestützter Systeme
geortet werden soll, das TKG als Rechtsgrundlage heranziehen.[118] Die Ortung erfolgt,
so ließe sich argumentieren, mit Telekommunikation i. S. d. § 3 Nr. 22 TKG, nämlich
auf Grundlage elektromagnetischer Signale. Der Zweck des TKG indes ist, wie dargelegt
(s. Abschn. 2.4.2), vor allem im Wettbewerbsschutz zu suchen (s. § 1 TKG), das Gesetz
passt auf das Verhältnis Arbeitnehmer/Arbeitgeber nicht.

Rechtsgrundlage ist daher § 26 Abs. 1 S. 1 BDSG (Überblick s. Abb. 2.9).

§ 26 Abs. 1 S. 1 BDSG beschränkt die Ortung jedoch dann nicht, wenn keine personenbezogenen Daten erhoben werden. Geht es nur darum, eine Sache zu orten, ohne dass
ein Personenbezug der Ortung besteht (etwa: gestohlenes Fahrzeug aus der Fahrzeugflotte des Arbeitgebers), ist § 26 BDSG nicht anzuwenden.[119] Hier ist der Arbeitgeber in
der Ortung frei. Ist jedoch davon auszugehen, dass ein Arbeitnehmer die Sache benutzt,
ist § 26 Abs. 1 BDSG einschlägig.

Werden personenbezogene Daten erhoben, muss dies gem. § 26 Abs. 1 S. 1 BDSG für
die Durchführung des Arbeitsverhältnisses erforderlich sein.

Für die Durchführung des Arbeitsverhältnisses kann die Ortung etwa zur Sicherung
der Beschäftigten (z. B. Geld- und Werttransporte) oder zur Koordinierung ihrer Einsätze
(mobile Arbeitnehmer, z. B. in Wartung und Service) erforderlich sein.

---

[118]*Vogt*, NJOZ 2009, 4206, 4212.
[119]*Gola*, NZA 2007, 1139, 1144.

Der Einsatz des Ortungssystems muss sodann erforderlich sein, d. h. es dürfen keine gleich geeigneten, milderen Mittel zur Verfügung stehen, um den legitimen Zweck zu erreichen.

Erforderlich ist der Einsatz eines Ortungssystems, wenn der Arbeitnehmer aufgrund seiner Tätigkeit geortet werden muss. Dies setzt voraus, dass es sich um einen mobilen Arbeitnehmer handelt, der sich entweder vom Betriebsgelände entfernt oder auf dem – größeren – Betriebsgelände ohne festen Arbeitsplatz tätig ist (z. B. in einem größeren Lager). Die Erforderlichkeit setzt des Weiteren gerade die Notwendigkeit der Ortung als Maßnahme voraus. Hierfür müssen mildere Mittel nicht gleich effektiv sein, etwa eine Koordination des Einsatzes anhand von punktuell beim Arbeitnehmer via Funk oder Mobiltelefon abgefragten Standortdaten.

Die Ortung ist auf die Arbeitszeit zu beschränken. Um bei flexiblen Arbeitszeiten, bei denen der Arbeitnehmer selbst bestimmen kann, wann er dienstlich tätig wird, und Dienstfahrzeugen, die auch privat genutzt werden dürfen, die Ortung verhältnismäßig zu gestalten, muss dem Arbeitnehmer die Möglichkeit eingeräumt werden, das Ortungssystem abzuschalten.[120]

Völlig von der Ortung ausgenommen sein müssen mobile Endgeräte, die im Eigentum des Arbeitnehmers stehen oder sonst aus dessen Sphäre stammen, seine „Privatgeräte", und dies selbst dann, wenn der Arbeitnehmer sie für Zwecke des Arbeitsverhältnisses und innerhalb seiner Arbeitszeit benutzt. Das allgemeine Persönlichkeitsrecht des Arbeitnehmers überwiegt, soweit nur präventive Zwecke verfolgt werden, selbst das Interesse des Arbeitgebers, den Aufenthaltsort des Arbeitnehmers zu dessen Sicherheit oder zur Standortbestimmung festzustellen.

2.8.2 Mitbestimmung durch den Betriebsrat

Gem. § 87 Abs. 1 Nr. 6 BetrVG ist die Einführung eines Ortungssystems (gleich welche technische Ausgestaltung es im Einzelnen hat) mitbestimmungspflichtig. Ein Mitbestimmungsrecht des Betriebsrats für jeden einzelnen Einsatz besteht dann nicht.

2.9 Datenscreenings

Beim Datenabgleich (engl. Screening) wertet der Arbeitgeber mittels spezieller Computerprogramme systematisch personenbezogene Daten von Arbeitnehmern aus, um Hinweise auf Anomalien und damit auf Wirtschaftskriminalität zu finden, oder er gleicht Daten von Arbeitnehmern mit Daten Dritter ab (etwa mit Daten von Lieferanten), um Unregelmäßigkeiten aufzudecken.

---

[120]Ähnlich *Gola*, NZA 2007, 1139, 1143 (Möglichkeit des Abschaltens als Voraussetzung für eine wirksame Einwilligung in die Überwachung).

Checkliste: Zulässiges präventives Screening der Arbeitnehmer

Rechtsgrundlage: § 26 Abs. 1 S. 1 BDSG	✔
Legitimer Zweck? Korruptionsbekämpfung; Erfüllung öffR Bereitstellungsverbote, …	
Erforderlichkeit? - Nur AN, die nach ihren Aufgaben Möglichkeit der Tatbegehung haben - kein permanentes Screening	

Abb. 2.10 Checkliste: Zulässigkeit präventives Screening

2.9.1 Allgemeines Datenscreening

Der Zweck des Screenings ist meist die Korruptionsbekämpfung, er kann aber auch darin liegen, sonstige Vermögensdelikte zulasten des Arbeitgebers zu vermeiden. Soweit keine Transaktionen mit Personenbezug unmittelbar sondern E-Mails, Internet- oder Telefonverbindungsdaten abgeglichen werden, s. Abschn. 2.4.3. Überblick über die Zulässigkeitsvoraussetzungen in Abb. 2.10.

Rechtsgrundlage des Screenings ist § 26 Abs. 1 S. 1 BDSG, soweit die Maßnahme präventiven Zwecken dient. Nicht schon weil der präventiv durchgeführte Datenabgleich (auch) zur Aufklärung von Straftaten geeignet sein kann, ist § 26 Abs. 1 S. 2 BDSG heranzuziehen.[121] Es kommt auf die vom Arbeitgeber frei festzusetzende Zielrichtung der Maßnahme an.

In der Literatur wird außerdem vorgeschlagen, für die Bestimmung der Zulässigkeitsgrenzen im Einzelnen auf vergleichbare gesetzlich vorgesehene Screenings zurückzugreifen.[122] So gestattet etwa § 52 SGB II der Arbeitsagentur, Daten der Leistungsempfänger nach SGB II mit anderen Daten insbesondere aus der Sozialversicherung abzugleichen, um Personen, die zu Unrecht (mehrfach) Leistungen beziehen, aufzuspüren. Richtigerweise ist ein Vergleich von arbeitsrechtlichem und sonstigem Screening jedoch grundsätzlich abzulehnen. Gleicht ein öffentlicher Leistungserbringer Daten ab, geschieht dies in einem primär öffentlichen Interesse. Tendenziell muss ihm daher mehr gestattet sein als einem privaten Arbeitgeber.

---

[121]Ebenso *Kort*, DB 2011, 651, 653; a. A. *Erfurth*, NJOZ 2009, 2914, 2920, der davon ausgeht, dass der Datenabgleich bereits an § 32 Abs. 1 S. 2 BDSG zu messen ist, wenn er zur Aufdeckung von Straftaten nur geeignet ist; a. A. auch *Mähner*, MMR 2010, 379, 381, entgegen dem Gesetzeswortlaut, aus Gründen des Arbeitnehmerschutzes.

[122]*Thüsing/Granetzny*, in: Thüsing (Hrsg.), § 8 Rn. 14 ff.

Es bleibt daher bei § 26 Abs. 1 S. 1 BDSG.[123] Problematisch ist die Erforderlichkeit beim generellen Datenabgleich, in den alle Arbeitnehmer eines Betriebs oder Unternehmens oder gar ihre privaten Kontakte einbezogen werden, unabhängig davon, ob sie nach ihrer Stellung im Unternehmen die Taten begehen können, deren Vermeidung das Screening bezweckt. Teilweise wird ein solch genereller Abgleich als zulässig angesehen, weil eine Beschränkung auf typischerweise anfällige Gruppen (z. B. Mitarbeiter im Einkauf) im Verhältnis zu einem umfassenden Screening nicht „gleich geeignet" wäre.[124] Damit näherte man sich aber einer Totalüberwachung der Belegschaft, die nicht zulässig sein kann. Der Datenabgleich auf Grundlage des § 26 BDSG ist deshalb nicht wahllos durchzuführen, sondern hat sich auf diejenigen Arbeitnehmer zu konzentrieren, die typischerweise das zu vermeidende Delikt begehen (können).[125] Kann ein Arbeitnehmer aufgrund seiner konkreten Tätigkeit überhaupt keine Handlung vornehmen, die durch den Abgleich vermieden werden soll, kann er etwa keinen Einfluss auf den Zahlungsverkehr des Unternehmens nehmen, ist seine Einbeziehung in den Datenabgleich nicht erforderlich und deswegen unzulässig.

Ergibt das einmal rechtmäßigerweise angeordnete Screening keine Verdachtsmomente, bleibt es rechtmäßig. Arbeitnehmer, bei denen der Abgleich ergebnislos bleibt, sind nicht unzulässigerweise gescreent worden. Es kommt darauf an, ob die Maßnahme im Ganzen betrachtet (hinsichtlich der in sie einbezogenen Arbeitnehmergruppe) rechtmäßig ist.

Ein permanentes verdachtsunabhängiges Screening von Mitarbeiterdaten ist unzulässig,[126] selbst dann, wenn die Mitarbeiter grundsätzlich aufgrund ihrer Stellung im Unternehmen ein erhöhtes Gefährdungspotenzial aufweisen. Es verletzt das allgemeine Persönlichkeitsrecht, wenn die Arbeitnehmer unter einen permanenten Überwachungsdruck gesetzt werden.

Eine Anonymisierung der abgeglichenen Daten ist hingegen nicht erforderlich.[127] Sind die abgeglichenen Daten nicht mehr oder nur noch mit unverhältnismäßigem Aufwand einer Person zuzuordnen, widerspricht dies dem Zweck der Maßnahme. Sie soll ja gerade unredliche Arbeitnehmer identifizieren.

2.9.2   Mitbestimmung durch den Betriebsrat

Der Einsatz von Programmen zum Datenabgleich ist, ebenso wie der konkrete Datenabgleich (hinsichtlich der zu prüfenden Arbeitnehmergruppen) gem. § 87 Abs. 1 Nr. 6

---

[123]Zulässigkeit offen gelassen etwa von ArbG Berlin 18.2.2010, 38 Ca 12879/09, juris.de.

[124]*Thüsing/Granetzny*, in: Thüsing (Hrsg.), § 8 Rn. 4.

[125]*Mähner*, MMR 2010, 379, 380.

[126]*Maschmann*, NZA-Beil. 2012, 50, 54; *Kock/Francke*, NZA 2009, 646, 648.

[127]A.A. *Brink/Schmidt*, MMR 2010, 592, 595; *Kock/Francke*, NZA 2009, 646, 648.

BetrVG mitbestimmungspflichtig.[128] Umstritten ist, ob ein Beteiligungsrecht auch aus § 87 Abs. 1 Nr. 1 BetrVG folgt.[129]

2.10 Weitere Ermittlungsmaßnahmen

Die hier als weitere Ermittlungsmaßnahmen genannten Maßnahmen werden primär ohne technische Mittel durchgeführt, stellen aber dennoch eine Erhebung persönlicher Daten dar (s. dazu bereits Abschn. 2.2.1.1).

2.10.1 „Ehrlichkeitskontrolle"

Bei „Ehrlichkeitskontrollen" schafft der Arbeitgeber einem Arbeitnehmer eine günstige Gelegenheit zur Begehung einer Vertragsverletzung, oft eines Diebstahls oder einer Unterschlagung.[130] So kann etwa geprüft werden, ob ein Kassierer zu viel eingenommenes Wechselgeld korrekt angibt oder sich selbst zueignet.

Da sie regelmäßig auf einen bestimmten, nicht anonymisierten Arbeitnehmer abzielt, dessen Ehrlichkeit geprüft wird (selbst wenn dieser Arbeitnehmer zufällig ausgewählt wurde), ist bei der Ehrlichkeitskontrolle eine Erhebung persönlicher Daten gegeben und damit § 26 Abs. 1 S. 1 BDSG einschlägig. Dieser vermag Ehrlichkeitskontrollen auch grundsätzlich zu rechtfertigen. Der Arbeitgeber darf von Zeit zu Zeit prüfen, ob die Arbeitspflicht ordnungsgemäß erfüllt wird.[131]

Das BAG hat die Zulässigkeit von Ehrlichkeitskontrollen damit begründet, dass in Fällen, in denen die Mitarbeiter grundsätzlich ohne Kontrolle durch den Arbeitgeber sind (etwa in Filialbetrieben), die Ehrlichkeitskontrolle praktisch die einzige Möglichkeit für den Arbeitgeber ist, sich von der Ehrlichkeit seiner Arbeitnehmer zu überzeugen.[132] Daraus wird mitunter gefolgert, dass in allen anderen Fällen, wenn also der Arbeitgeber den Arbeitnehmer jederzeit spontan aufsuchen und kontrollieren kann, eine rein präventive Kontrolle ausgeschlossen ist. Es bestehe ein „Primat der offenen Kontrolle",[133] die Ehrlichkeitskontrolle sei zur Prävention nicht erforderlich. Das überzeugt aber nicht ganz: Mitunter kann, obgleich der Arbeitgeber die Möglichkeit hat, den Arbeitnehmer

---

[128]Ausdiff., für den Fall des pseudonymisierten/anonymisierten Abgleichs, *Kock/Francke*, NZA 2009, 646, 649. Näher *Diller*, BB 2009, 438.

[129]Dagegen *Diller*, BB 2009, 438; dafür *Steinkühler*, BB 2009, 1294.

[130]*Dendorfer-Ditges*, in: Moll, § 35 Rn 111.

[131]*Maschmann*, NZA 2012, 13, 15.

[132]BAG NZA 2000, 418, 420.

[133]*Maschmann*, NZA 2012, 13, 15.

aufzusuchen und zu kontrollieren, ein Kontrollbedürfnis bestehen. Die in „Ehrlichkeits-kontrollen" abgetesteten Konstellationen zeichnen sich dadurch aus, dass ihr Eintritt dem Arbeitgeber oft gar nicht bewusst wird (etwa, dass der Arbeitnehmer zu viel Wechselgeld eingenommen hat). Sie müssen daher „künstlich" hergestellt werden, um Kontrolle zu ermöglichen.

Die Verhältnismäßigkeit im Einzelnen ist für jeden Einzelfall zu prüfen. Damit der Test auch klare Schlüsse erlaubt, muss das Verhalten des Arbeitnehmers dokumentiert/ von Zeugen beobachtet werden.[134]

Grenzen sind der „Ehrlichkeitskontrolle" dort gesetzt, wo aus dem „Schaffen einer günstigen Gelegenheit" eine Anstiftung zur Begehung einer Straftat i. S. d. § 26 StGB wird: Der Arbeitgeber darf nicht einen Tatentschluss beim Arbeitnehmer hervorrufen, sondern nur einem Arbeitnehmer (ohne weiteren Kommentar oder auch nur konkludente Aufforderung) die Möglichkeit zur Tatbegehung bieten. Die Situation darf außerdem nicht so „verführend" sein, dass ein „durchschnittlich rechtstreuer" Mitarbeiter der Versuchung nicht widerstehen kann.[135] Mit anderen Worten: Die Ehrlichkeitskontrolle zielt darauf ab, die Rechts- und Vertragstreue des Arbeitnehmers in einer Standardsituation zu kontrollieren, wie der Arbeitnehmer sie bei seiner täglichen Arbeit nach den üblichen Umständen erleben könnte. Wie groß die „Versuchung" sein darf, entscheidet sich mithin anhand der üblicherweise vom Arbeitnehmer ausgeübten Tätigkeit, anhand der Summen, mit denen er täglich in Berührung kommt, und dem Grad an Zuverlässigkeit, den seine Tätigkeit erfordert. Dass eine besondere „Versuchung" vorgelegen hat, muss jedoch nicht zwingend zur Unzulässigkeit der Maßnahme führen, sondern kann auch bei ihren Konsequenzen, etwa bei der Interessenabwägung zur Überprüfung der Wirksamkeit einer etwaigen Kündigung, berücksichtigt werden.

Ehrlichkeitskontrollen betreffen allein die Leistung des Arbeitnehmers, nicht sein Ordnungsverhalten. Sie sind daher nicht mitbestimmungspflichtig gem. § 87 Abs. 1 Nr. 1 BetrVG. Erfolgen sie, wie dies regelmäßig der Fall ist, ohne Zuhilfenahme einer technischen Einrichtung, greift auch § 87 Abs. 1 Nr. 1 BetrVG nicht.[136]

2.10.2 Torkontrolle

Torkontrollen, d. h. Kontrollen der Arbeitnehmer bei Verlassen des Betriebsgeländes durch automatische Einrichtungen oder durch Personen, werden teilweise auf das Selbst-hilferecht (§§ 229 bis 231, § 859 und § 860 BGB), auf das Notwehr- (§§ 32, 33 StGB

---

[134]*Grobys,* NJW-Spezial 2005, 273, 273.

[135]*Grobys,* NJW-Spezial 2005, 273, 273.

[136]BAG NZA 2000, 418.

und § 227 BGB) oder auf das Notstandsrecht des Arbeitgebers (§§ 34, 35 StGB, § 228 und § 904 BGB) gestützt.[137]

Allerdings geht es auch hier um die Erhebung persönlicher Daten, sodass das BDSG einschlägig ist. Unter Geltung des § 32 BDSG a. F. wurde als zulässig angesehen, dass der Arbeitnehmer in die Maßnahme einwilligt, und zwar bereits im Arbeitsvertrag ausdrücklich oder konkludent (wenn Torkontrollen betriebsüblich sind).[138] Unter Geltung des der Einwilligung des Arbeitnehmers eher ablehnend gegenüberstehenden § 26 Abs. 2 BDSG n. F. lässt sich diese Auffassung nicht mehr aufrechterhalten. Rechtsgrundlage müssen im Regelfall vielmehr Tarifvertrag, Betriebsvereinbarung oder § 26 Abs. 1 BDSG sein.

§ 26 Abs. 1 S. 1 BDSG ist geeignete Rechtsgrundlage auch für die präventive Torkontrolle; auch sie dienen zur Durchführung des Beschäftigungsverhältnisses i. S. der Vorschrift.[139]

Für die aufgrund des § 26 Abs. 1 S. 1 BDSG anzustellende Verhältnismäßigkeitsprüfung lässt sich die Rechtsprechung des BAG zur Rechtmäßigkeit von Torkontrollen aufgrund Betriebsvereinbarung heranziehen:

Es bedarf eines Anlasses für die Einführung von Torkontrollen (Vermeidung von – häufiger vorgekommenen – Diebstählen).

Die Torkontrolle ist grundsätzlich milderes Mittel gegenüber der Videoüberwachung[140] und regelmäßig auch in gleicher Weise wie sie zur Prävention von Eigentumsdelikten geeignet: Der Arbeitnehmer muss das erlangte Gut schließlich vom Betriebsgelände schaffen.

Auf Ebene der Interessenabwägung im engeren Sinne ist dann vor allem die Auswahl der kontrollierten Arbeitnehmer zu bedenken: Werden unterschiedslos alle oder im Gegenteil nach dem Zufallsprinzip maschinell ausgewählte Arbeitnehmer kontrolliert, vermeidet dies eine etwaige Stigmatisierung der kontrollierten Arbeitnehmer und mindert die Eingriffsintensität der Kontrolle.

Denkbar ist auch, an einem Tag alle Arbeitnehmer einer bestimmten Abteilung oder Schicht zu kontrollieren, solange nur nicht durch wiederholte Kontrollen doch eine Stigmatisierung erfolgt („Arbeitnehmer der Spätschicht werden öfter kontrolliert, die klauen wohl öfter.").

Die Kontrolle ist verhältnismäßig nur, wenn das Ausleeren von Behältnissen oder Taschen der Kleidung für die restlichen Arbeitnehmer nicht verfolgbar ist und gestaffelt wird: Zunächst Sichtkontrolle mitgeführter Behältnisse, dann Leeren des Behältnisses/ Zugriff auf das Behältnis, dann, bei begründeten Verdachtsmomenten, restliche Taschen,

---

[137]*Dendorfer-Ditges*, in: Moll, § 35 Rn. 108.

[138]*Dendorfer-Ditges*, in: Moll, § 35 Rn. 110.

[139]ErfK/*Franzen*, § 32 BDSG, Rn. 30; *Gola/Schomerus*, BDSG, § 32 Rn. 24; *Thüsing*, NZA 2009, 865, 868; aA *Joussen*, NZA 2010, 254, 258.

[140]BAG NZA 2013, 1433.

einschließlich Taschen der Bekleidung, ggf. durch die Polizei. Auch dass im Falle der Verweigerung der Taschenkontrolle die Polizei hinzugezogen wird, der Betriebsrat aber nicht, beanstandet das BAG nicht.[141] Die Kontrolle darf auch durch externe, dazu bestimmte Personen (externer Sicherheitsdienst) durchgeführt werden.

An wie vielen Tagen im Jahr die Kontrolle durchgeführt werden darf, hat das BAG bisher nicht entschieden. Unbeanstandet blieb eine Kontrolle an dreißig Tagen im Jahr.[142]

Eine Protokollierung des Vorgehens ist ebenfalls zulässig und aus Beweisgründen regelmäßig auch zweckmäßig.

Die Maßnahme ist im Verhältnis zum Anlass zu bewerten (Höhe der Schäden durch Eigentumsdelikte/Zahl der Eigentumsdelikte). Das BAG hat innerhalb eines Jahres „verschwundene" Ware im Wert von ca. 250.000 € als Anlass genügen lassen.[143] Dass hingegen die Zahl der durch die Kontrollen aufgedeckten Diebstähle vergleichsweise gering ist, steht der Zulässigkeit der Maßnahme nicht entgegen.

Die Einführung von Torkontrollen unterliegt der Mitbestimmung gem. § 87 Abs. 1 Nr. 1 BetrVG, sodass häufig eine Betriebsvereinbarung das Prozedere regeln wird.[144] Die Betriebsvereinbarung ist an § 75 Abs. 2 BetrVG zu messen, das BAG wendet den Grundsatz der Verhältnismäßigkeit und die hier im Zusammenhang mit § 26 Abs. 1 S. 1 BDSG soeben vorgestellten Kriterien an.[145]

2.10.3 Durchsuchung von Büros, Einrichtungsgegenständen und persönlichen Behältnissen des Arbeitnehmers am Arbeitsplatz

Das bloße Aufsuchen des Arbeitnehmers am Arbeitsplatz ist arbeitsrechtlich unproblematisch zulässig, anders wäre weder innerbetriebliche Kommunikation noch wenigstens auch nur die Erteilung von Weisungen möglich.

Auch das in Augenschein nehmen, d. h. das einfache Betrachten des Arbeitsplatzes des Arbeitnehmers ist dem Arbeitgeber gestattet. Ihm steht insoweit das Hausrecht zu. Auf die Kenntnis oder Zustimmung des Arbeitnehmers kommt es nicht an. Unbedenklich ist ferner das Öffnen von im Büro befindlichen unverschlossenen und offensichtlich nicht privaten Gegenständen (Schubladen in Rollcontainern, Ablagefächer).[146]

---

[141]BAG NZA 2013, 1433.

[142]BAG NZA 2013, 1433.

[143]BAG NZA 2013, 1433.

[144]Siehe auch Muster-Betriebsvereinbarung für Tor-, Taschen- und Schrankkontrollen, bei Schaub-Formulare, Rn. 173.

[145]BAG NZA 2013, 1433, 1435.

[146]So wohl auch *Klengel/Mückenberger*, CCZ 2009, 81, 85.

Die Rechtsprechung des BAG zur Durchsuchung eines Spindes bei Verdacht einer Straftat[147] lässt den Schluss zu, dass die präventive Durchsuchung von Gegenständen des Arbeitnehmers, einschließlich der ihm vom Arbeitgeber überlassenen Behältnisse (Schränke, Spinde) ausgeschlossen sein muss: Die Durchsuchung ist Datenerhebung und bereits dann, wenn der konkrete Verdacht einer Straftat vorliegt, nur unter strengen Voraussetzungen zulässig (s. Abschn. 3.12.3). Liegt kein konkreter Verdacht vor, geht es also um reine anlasslose Prävention, kann die Durchsuchung daher nicht zulässig sein.

Erst recht ausgeschlossen ist der Zugriff auf den Arbeitsplatz des Arbeitnehmers bei Telearbeit, bei der die Interessen des Arbeitgebers an der Kontrolle von Arbeitsverhalten und -leistung mit der Unverletzlichkeit der Wohnung und der Privat-, wenn nicht gar der Intimsphäre des Arbeitnehmers kollidieren.

2.10.4 „Testkunden"

Um die Service- und Beratungsqualität der Arbeitnehmer mit Aufgabe Kundenbetreuung (Bankberater, Verkaufspersonal, Außendienstler) oder um die Einhaltung gesetzlicher Bestimmungen durch die Arbeitnehmer (z. B. kein Verkauf von Alkohol an Kinder) zu überprüfen, kann es zweckmäßig sein, ohne Wissen der Arbeitnehmer sog. „Testkunden" einzusetzen. Unternehmensfremde Dritte lassen sich dann zum Schein durch (zufällig ausgewählte) Arbeitnehmer beraten, oder junge Erwachsene[148] werden eingesetzt, um die Einhaltung der Pflicht zur Ausweiskontrolle zu prüfen. Die Aufgabe reicht von einfachen Aufmerksamkeits- und Verkaufstests (z. B. Überprüfung einer gesetzlich vorgeschriebenen Alterskontrolle) bis hin zur Simulation komplexer Beratungssituationen.[149]

Dem Arbeitgeber wird im Anschluss Bericht erstattet. Der Kontakt des Testkunden mit dem Arbeitnehmer wird nicht mit technischen Mitteln aufgezeichnet, sondern allenfalls im Anschluss protokolliert. Die Situation soll für den Arbeitnehmer realistisch, von Alltagssituationen nicht zu unterscheiden sein.

Werden die geprüften Arbeitnehmer anonymisiert oder werden ihre Daten (Name, geprüfte Filialen) gar nicht erst erhoben, sodass der Arbeitgeber auf ihre Person keine Schlüsse ziehen kann, liegt kein Fall der Erhebung personenbezogener Daten vor. Sie ist zulässig als Überprüfung der arbeitnehmerischen Hauptleistungspflichten, gestützt auf § 106 GewO.

Werden die Arbeitnehmer hingegen nicht anonymisiert und sind sie für den Arbeitgeber identifiziert oder identifizierbar, liegt zwar grundsätzlich ein Fall des § 26 Abs. 1 S. 1 BDSG vor.

---

[147]BAG NZA 2014, 143, 147.

[148]Zu Testkäufen durch Minderjährige und den damit verbundenen wettbewerbsrechtlichen Aspekten OLG Brandenburg 16.05.2011, 6 U 58/10, BeckRS 2012, 21494.

[149]*Deckers/Deckers*, NZA 2004, 139, 139.

Der Einsatz von Testkunden zur Leistungskontrolle ist aber stets legitim, wie sich aus § 106 S. 1 GewO schließen lässt. Zur Qualität der Arbeitsleistung gehören in beratenden, verkaufenden Berufen etwa die Ansprache des Kunden mit Namen, Freundlichkeit, Vertrautheit mit den verschiedenen vom Arbeitgeber angebotenen Produkten und Leistungen, Einhaltung vom Arbeitgeber aufgestellter Grundsätze der Beratung und Ansprache.[150] Ferner gehört zur Qualität der Leistung, ob der Arbeitnehmer die Anweisung umsetzt, bei bestimmten Personengruppen das Alter zu überprüfen.

Es ist bei der Leistungskontrolle lediglich noch zu prüfen, welche anderen Überwachungsalternativen dem Arbeitgeber zur Verfügung stehen, ob mithin die Maßnahme erforderlich ist.[151]

Es besteht keine Pflicht zur Ankündigung des Testkunden. Insbesondere ist nicht erforderlich, dass ein klarer Zeitraum genannt wird, in welchem der Testkunde erscheint. Es entsteht kein „permanenter" oder „unmenschlicher" Überwachungsdruck,[152] wenn der Arbeitnehmer sich bewusst ist, dass er es grundsätzlich, irgendwann einmal, mit einem Testkunden zu tun haben kann – er hat schließlich seine Arbeitsleistung stets nach besten Kräften zu erbringen. Dies führt weder zur „Deformation der Persönlichkeit des Arbeitnehmers",[153] noch wird er aufgrund seiner Ahnungslosigkeit „Versuchskaninchen" oder „Spielball" der Testkunden.[154] Dass die Testkunden ein gewisses Eigeninteresse haben, Fehler zu finden,[155] ist bei der Sanktionierung etwaiger Pflichtverletzungen des Arbeitnehmers zu berücksichtigen.

Eine Mitbestimmungspflicht besteht nicht: Mitbestimmungsfrei sind Qualitätsüberprüfungen, deren Ergebnisse nicht in Bezug zu einzelnen Arbeitnehmern gesetzt werden können.[156]

Aber auch nicht anonyme Überprüfungen sind mitbestimmungsfrei. Betroffen ist nicht Ordnungsverhalten i. S. d. § 87 Abs. 1 Nr. 1 BetrVG, sondern das Arbeitsverhalten. Dies gilt selbst dann, wenn das äußere Erscheinungsbild des beratenden Arbeitnehmers Gegenstand der Überprüfung ist (trägt er weisungsgemäß Namensschildchen, Berufskleidung?).

Ein Mitbestimmungsrecht kann sich allenfalls aus § 94 Abs. 2 i. V. m. Abs. 1 BetrVG ergeben, was allerdings voraussetzt, dass nicht die Qualität der vom Arbeitgeber (durch seine Arbeitnehmer) angebotenen Leistungen aus Sicht der Kunden, etwa die Beratungsqualität,

---

[150]BAG NZA 2000, 1176.

[151]So ArbG Gelsenkirchen 9.4.2009, 5 Ca 2327/08, juris.de.

[152]So aber ArbG Gelsenkirchen 9.4.2009, 5 Ca 2327/08, juris.de.

[153]So aber ArbG Gelsenkirchen 9.4.2009, 5 Ca 2327/08, juris.de.

[154]So aber ArbG Gelsenkirchen 9.4.2009, 5 Ca 2327/08, juris.de.

[155]ArbG Gelsenkirchen 9.4.2009, 5 Ca 2327/08, juris.de.

[156]BAG NZA 2000, 1176, 1177.

festgestellt, sondern konkret ein einzelner, ausgewählter Arbeitnehmer bewertet werden soll. Erforderlich ist ein Personenbezug.[157]

Einen entsprechenden Bezug, eine Individualisierbarkeit des betroffenen Arbeitnehmers, setzt auch § 87 Abs. 1 Nr. 6 BetrVG voraus, einmal abgesehen vom Vorliegen einer „technischen Einrichtung", das sich nicht dadurch ergibt, dass im Anschluss an den Test dessen Ergebnisse mithilfe technischer Einrichtungen festgehalten werden.[158]

Aus § 96 Abs. 1 S. 2 BetrVG folgt ebenfalls kein Mitbestimmungsrecht des Betriebsrates, da es sich bei Tests wie den hier beschriebenen nicht um berufliche Bildung, sondern um die bloße Überprüfung der Arbeitsleistung handelt – ggf. später verbunden mit gezielter Einweisung in die aufgrund des Arbeitsvertrages geschuldete Tätigkeit.[159]

Ein Mitbestimmungsrecht kann sich allenfalls aus § 99 Abs. 1 BetrVG ergeben, wenn die Testkäufer in den Betrieb des Arbeitgebers eingegliedert werden.[160] Wird die Durchführung des Testkaufs von einem fremden Dienstleister gesteuert, fehlt es an einer Eingliederung, es kommt nicht zur Mitbestimmung.

Literatur

Barton, Dirk-M., Betriebliche Übung und private Nutzung des Internetarbeitsplatzes, NZA 2006, 460–466;

Beckschulze, Martin, Internet-, Intranet- und E-Mail-Einsatz am Arbeitsplatz, DB 2003, 2777–2786;

Bissels, Alexander/*Lützeler*, Martin, Compliance-Verstöße im Ernstfall: Der Weg zu einer verhaltensbedingten Kündigung, BB 2012, 189–193;

Brink, Stefan/*Schmidt*, Stephan, Die rechtliche (Un-)Zulässigkeit von Mitarbeiterscreenings, MMR 2010, 592–596;

Byers, Philipp/*Wenzel*, Kathrin, Videoüberwachung am Arbeitsplatz nach dem neuen Datenschutzrecht, BB 2017, 2036–2040;

Dann, Matthias/*Gastell*, Roland, Geheime Mitarbeiterkontrollen: Straf- und arbeitsrechtliche Risiken bei unternehmensinterner Aufklärung, NJW 2008, 2945–2949;

Däubler, Wolfgang, Gläserne Belegschaften, 6. Auflage 2015;

Deckers, Ralf/*Deckers*, Stefan, Die Beteiligungsrechte des Betriebsrats beim Testkauf, NZA 2004, 139–142;

Diller, Martin, „Konten-Ausspäh-Skandal" bei der Deutschen Bahn: Wo ist das Problem?, BB 2009, 438–440;

Erfurter Kommentar zum Arbeitsrecht, herausgegeben von Rudi Müller-Glöge, Ulrich Preis, Ingrid Schmidt, 18. Auflage, München 2018, zit.: ErfK/*Bearbeiter*;

Erfurth, René, Der „neue" Arbeitnehmerdatenschutz im BDSG, NJOZ 2009, 2914–2927;

Ernst, Stefan, Der Arbeitgeber, die E-Mail und das Internet, NZA 2002, 585–591;

Franzen, Martin, Datenschutz-Grundverordnung und Arbeitsrecht, EuZA 2017, 313–351;

---

[157]BAG NZA 2000, 1176, 1178.

[158]BAG NZA 2000, 1176, 1778.

[159]*Deckers/Deckers*, NZA 2004, 139, 142.

[160]BAG NZA 2001, 1262.

Gola, Peter, Neuer Tele-Datenschutz für Arbeitnehmer, MMR 1999, 322–330;

Ders., Datenschutz bei der Kontrolle „mobiler" Arbeitnehmer – Zulässigkeit und Transparenz, NZA 2007, 1139–1144;

Ders./Schomerus, Rudolf (Begr.), Bundesdatenschutzgesetz, 12. Auflage, München 2015, zit.: *Gola/Schomerus*, BDSG;

Göpfert, Burkard/*Merten*, Frank/*Siegrist*, Carolin, Mitarbeiter als Wissensträger, NJW 2008, 1703–1709;

Grobys, Marcel, Zuverlässigkeitstests im Arbeitsrecht, NJW-Spezial 2005, 273–274;

Hornung, Gerrit/*Steidle*, Roland, Biometrie am Arbeitsplatz – sichere Kontrollverfahren versus ausuferndes Kontrollpotential, AuR 2005, 201–207;

Jordan, Christopher/*Bissels*, Alexander/*Moritz*, Pauline, Mitbestimmungsrechte des Betriebsrats beim Side-by-Side Listening, BB 2014, 122–124;

Ders., Zuverlässigkeitstests durch Verführung illoyaler Mitarbeiter?, NZA 2002, 13–22;

Joussen, Jacob, Die Zulässigkeit von vorbeugenden Torkontrollen nach dem neuen BDSG, NZA 2010, 254–259;

Klengel, Jürgen Detlef/*Mückenberger*, Ole, Internal Investigations – typische Rechts- und Praxisprobleme unternehmensinterner Ermittlungen, CCZ 2009, 81–87;

Koch, Frank A., Rechtsprobleme privater Nutzung betrieblicher elektronischer Kommunikationsmittel, NZA 2008, 911–916;

Kock, Martin/*Francke*, Julia, Mitarbeiterkontrolle durch systematischen Abgleich zur Korruptionsbekämpfung, NZA 2009, 646–651;

Kort, Michael, Zum Verhältnis von Datenschutz und Compliance im geplanten Beschäftigtendatenschutzgesetz, DB 2011, 651–655;

Lindemann, Achim/*Simon*, Oliver, Betriebsvereinbarungen zur E-Mail-, Internet- und Intranetnutzung, BB 2001, 1950–1956.

Löwisch, Manfred, Fernmeldegeheimnis und Datenschutz bei der Mitarbeiterkontrolle, DB 2009, 2782–2787;

Mähner, Nicolas, Neuregelung des § 32 BDSG zur Nutzung personenbezogener Mitarbeiterdaten, MMR 2010, 379–382;

Maschmann, Frank, Compliance versus Datenschutz, NZA-Beil. 2012, 50–58;

Mengel, Anja, Kontrolle der E-mail- und Internetkommunikation am Arbeitsplatz, BB 2004, 2014–2021;

Dies., Kontrolle der Telekommunikation am Arbeitsplatz, BB 2004, 1445–1453;

Dies./Ullrich, Thilo, Arbeitsrechtliche Aspekte unternehmensinterner Investigations, NZA 2006, 240–246;

Moll, Wilhelm (Hrsg.), Münchener Anwaltshandbuch Arbeitsrecht, 4. Auflage, München 2017, zit.: *Bearbeiter*, in: Moll;

Reichold, Hermann, Kommunikation ist alles? Zu Dogmatik und Struktur der Informationspflichten des Arbeitnehmers, in: Festschrift für Jobst-Hubertus Bauer zum 65. Geburtstag, herausgegeben von Ulrich Baeck u. a., München 2010, S. 843–858;

Richardi, Reinhard (Hrsg.), Kommentar BetrVG, 15. Auflage, München 2016, zit.: Richardi/*Bearbeiter*;

Riesenhuber, Karl, Die Einwilligung des Arbeitnehmers im Datenschutzrecht, RdA 2011, 257–265;

Schaub, Günter (Begr.), Formular- und Verfahrenshandbuch, 10. Auflage, München 2013, zit.: Schaub-Formulare;

Schimmelpfennig, Hans-Christoph/*Wenning*, Holger, Arbeitgeber als Telekommunikationsdienste-Anbieter?, DB 2006, 2290–2294;

Steinkühler, Bernhard, BB-Forum: Kein Datenproblem bei der Deutschen Bahn AG? Mitnichten!, BB 2009, 1294–1295;

Thüsing, Gregor, Datenschutz im Arbeitsverhältnis, NZA 2009, 865–870;

Ders. (Hrsg.), Beschäftigtendatenschutz und Compliance, 2. Auflage, München 2014, zit.: *Bearbeiter*, in: Thüsing (Hrsg.);

Vogt, Volker, Compliance und Investigations – Zehn Fragen aus der Sicht der arbeitsrechtlichen Praxis, NJOZ 2009, 4206–4220;

Walther, Michael/*Zimmer*, Mark, Mehr Rechtssicherheit für Compliance-Ermittlungen, BB 2013, 2933–2937;

Wellhöner, Astrid/*Byers*, Philipp, Datenschutz im Betrieb – Alltägliche Herausforderung für den Arbeitgeber?!, BB 2009, 2310–2316;

de Wolf, Abraham, Kollidierende Pflichten: zwischen Schutz von E-Mails und „Compliance" im Unternehmen, NZA 2010, 1206–1211;

Wolf, Thomas/*Mulert*, Gerrit, Die Zulässigkeit der Überwachung von E-Mail-Korrespondenz am Arbeitsplatz, BB 2008, 442–447;

Wybitul, Tim, Neue Spielregeln bei Betriebsvereinbarungen und Datenschutz, NZA 2014, 225–232;

Zscherpe, Kerstin, Anforderungen an die datenschutzrechtliche Einwilligung im Internet, MMR 2004, 723–727.

Interne Ermittlungen

3

Die Bedeutung des Arbeitgebers bei der Ermittlung von Rechtsverstößen seiner Arbeitnehmer hat in den letzten Jahren deutlich zugenommen. Beeinflusst vom U.S.-amerikanischen Recht führen auch deutsche Arbeitgeber verstärkt interne Ermittlungen durch.

Die „internen Ermittlungen" werden teilweise auch als „internal investigation" bezeichnet, streng genommen sind sie dies aber nur, wenn drei Kriterien erfüllt sind: Erstens muss die Maßnahme eine repressive Zielrichtung haben, d. h. Fehlverhalten eines Mitarbeiters soll geahndet werden; zweitens werden nicht-staatliche externe Ermittler, üblicherweise externe Berater (spezialisierte Rechtsanwälte o. ä.) hinzugezogen; drittens stehen die Ermittlungen im Zusammenhang mit einem (drohenden) staatlichen Verfahren wegen der Regelverletzung, die Gegenstand der Ermittlungen ist.

Diese Definition zugrunde gelegt, handelt es sich bei internen Ermittlungen, bei denen nur das Unternehmen selbst (die Compliance- oder Rechtsabteilung oder die Revision) agiert, und/oder bei denen (noch) kein Zusammenhang zu einem staatlichen Verfahren besteht, nicht um „internal investigations". Im deutschen Recht sind mit dem Begriff der „internal investigation" aber keinerlei rechtliche Folgen verbunden, sodass auch von investigation gesprochen werden könnte, wenn die drei Kriterien nicht erfüllt sind. Der Einfachheit halber sei aber im Folgenden von „internen Ermittlungen" die Rede. Im Unterschied zu den in Kap. 2 erläuterten Maßnahmen setzen die im Folgenden vorgestellten Grundsätze voraus, dass bereits ein konkreter Verdacht besteht, dass eine rechtswidrige Tat begangen worden ist.

Die Vorteile für den Arbeitgeber, Ermittlungen selbst zu führen, liegen auf der Hand: Sie sind zwar unter Umständen zeit- und kostenintensiv, das Unternehmen kann sie aber selbst steuern, kennt sich besser mit eigenen Betriebsabläufen und Branchengepflogenheiten aus als eine Behörde und vermeidet die Unruhe im Unternehmen und in der Öffentlichkeit, die entsteht, wenn ein staatliches Verfahren in Gang gesetzt wird.

© Springer Fachmedien Wiesbaden GmbH, ein Teil von Springer Nature 2018
L. Rudkowski und A. Schreiber, *Aufklärung von Compliance-Verstößen*,
https://doi.org/10.1007/978-3-658-21494-4_3

3.1   Pflicht zur Information der Behörden oder Pflicht zu internen Ermittlungen?

Liegt die Vermutung nahe, dass ein Arbeitnehmer einen Rechtsverstoß begangen hat, kann der Arbeitgeber zwar grundsätzlich entscheiden, inwieweit er selbst ermittelt, und nach Abschluss seiner Ermittlungen noch einmal prüfen, ob er die Ergebnisse einer Behörde zur Kenntnis bringen will. Dieser Grundsatz wird jedoch teilweise von Anzeige- und Ermittlungspflichten des Straf- und des Aufsichtsrechts überlagert.

3.1.1   Strafrechtliche Pflichten

In Deutschland gibt es keine allgemeine Pflicht, Straftaten bei den Strafverfolgungsbehörden anzuzeigen, und auch keine allgemeine Pflicht, Straftaten anderer abzustellen oder sie auszuermitteln.

3.1.1.1   Pflicht zur Information von Strafverfolgungsbehörden

Anzeigepflichten finden sich in verschiedenen Spezialgesetzen: Der strafrechtliche § 138 StGB verpflichtet zur Meldung etwa von bevorstehenden Kapitalverbrechen. § 43 Abs. 1 GwG verpflichtet zur Meldung geldwäscheverdächtiger Transaktionen an die Zentralstelle für Finanztransaktionsuntersuchungen.

Zu unterscheiden von der bloßen Nichtanzeige, die i. Ü. grundsätzlich straflos ist, ist die strafbare Strafvereitelung. Gem. § 258 StGB wird bestraft, wer absichtlich oder wissentlich ganz oder zum Teil vereitelt, dass ein anderer wegen einer rechtswidrigen Tat (notwendig eine Straftat, nicht nur eine reine Vertragsverletzung) bestraft wird. Abzugrenzen ist strafloses Untätigbleiben von aktiven Vereitelungsmaßnahmen (etwa: eine Falschaussage gegenüber der bereits auf den Fall aufmerksam gewordenen Staatsanwaltschaft, um die Tat zu „vertuschen").

3.1.1.2   Pflicht zur internen Ermittlung/zum Abstellen des Rechtsverstoßes

Eine Pflicht zur internen Ermittlung besteht grundsätzlich nicht, sie kann sich lediglich für den Betriebsinhaber ergeben, mittelbar aus § 130 Abs. 1 OWiG.[1] Eine Pflicht, den Rechtsverstoß abzustellen, begründet für den Betriebsinhaber grundsätzlich ebenfalls (mittelbar) § 130 Abs. 1 OWiG.

Unternehmensangehörige, die von der Straftat eines anderen Unternehmensangehörigen wissen, aber gegen sie nicht einschreiten, können sich zudem aufgrund ihres Unterlassens strafbar machen (s. § 13 Abs. 1 StGB).[2] Voraussetzung ist, dass sie „Garanten"

---

[1] *Latzel*, in: Compliance, S. 121, 129.
[2] BGH NJW 2009, 3173.

sind, ein bestimmtes Rechtsgut (etwa das Eigentum des Arbeitgebers) zu schützen oder das Verhalten bestimmter Personen (etwa ihrer Untergebenen) zu überwachen haben. Der Garant ist damit letztlich verpflichtet, die Straftat – gleich mit welchen rechtlich zulässigen Mitteln – abzustellen, den Eintritt des rechtlich missbilligten Erfolgs zu verhindern.[3] Ergeben kann sich eine solche Pflicht aus Ingerenz, d. h. aus einem eigenen gefährdenden Vorverhalten, oder aus der tatsächlichen Übernahme eines Pflichtenkreises (Übernahme der Verantwortung für eine bestimmte Gefahrenquelle).[4]

3.1.2   Aufsichtsrechtliche Pflichten

Pflichten zur Information staatlicher Stellen entstehen häufig durch spezielles Wirtschaftsaufsichtsrecht (z. B. gem. KWG, VAG, WpHG). So haben etwa Wertpapierdienstleistungsunternehmen Beschwerden über ihre Anlageberater gem. § 87 Abs. 1 S. 4 WpHG der BaFin anzuzeigen.

Auch eine Ermittlungspflicht kann aufsichtsrechtlich begründet werden: So folgt aus der bankenaufsichtsrechtlichen Pflicht zur Installation eines internen Whistleblowingsystems gem. § 25a Abs. 1 S. 6 Nr. 3 KWG die Pflicht, den in diesem System eingegangenen Hinweisen auch nachzugehen. Die Behörde kann im Einzelfall auch interne Ermittlungen anregen oder verfügen.

Unabhängig von der Frage, ob eine Pflicht zur Anzeige oder eigenen Ermittlung besteht, kann es in regulierten Branchen geboten sein, frühzeitig mit der zuständigen Aufsichtsbehörde in Kontakt zu treten, um aufsichtsrechtliche Folgen des Verstoßes zu vermeiden und zu signalisieren, dass die Lage unter Kontrolle und ein Eingreifen der Aufsichtsbehörde nicht erforderlich ist.

3.1.3   Gesellschaftsrechtliche Pflichten

Von den straf- oder aufsichtsrechtlichen Pflichten sind zivil-, insbesondere gesellschaftsrechtliche Pflichten zur Anzeige gegenüber Behörden und zur Ermittlung zu unterscheiden.

Organe oder Organmitglieder einer Gesellschaft, etwa der Geschäftsführer einer GmbH, können aufgrund ihrer Organstellung zur Anzeige verpflichtet sein, wenn ihnen eine Pflichtverletzung eines Unternehmensangehörigen bekannt wird.[5] Sie können auch

---

[3]Im vom BGH entschiedenen Fall: der Leiter der Innenrevision hat eine fehlerhafte Tarifberechnung bei der von seinem Arbeitgeber, einer Anstalt des öffentlichen Rechts, betriebenen Abfallentsorgung zu beanstanden, BGH NJW 2009, 3173.
[4]Ausf. BGH NJW 2009, 3173, 3174 f.
[5]*Latzel*, in: Compliance, S. 121, 129.

verpflichtet sein, einem Verdacht nachzugehen, Details zu ermitteln, wenn sie von ihm erfahren.

Unterlassen die Organmitglieder das gebotene Verhalten, haften sie der Gesellschaft für etwaig entstehende Schäden auf Schadensersatz (z. B. nach § 93 Abs. 1 S. 2 AktG; § 43 Abs. 2 GmbHG).

Die Information externer Dritter steht zwar in einem Spannungsverhältnis zur organschaftlichen Schweigepflicht (§ 116 S. 2 AktG) Besteht jedoch eine aufsichts- oder strafrechtliche Pflicht zur Anzeige, ist stets auch zivilrechtlich die Anzeige zulässig. Im Übrigen ist die Pflicht zur Anzeige abhängig von der Schwere des im Raume stehenden Verstoßes. Verhält sich das Organ selbst rechtswidrig, ist es aus Gründen der Selbstbelastungsfreiheit nicht zur Anzeige verpflichtet.[6]

Eine Pflicht, die Verstöße anderer abzustellen, besteht für Organmitglieder insbesondere untereinander.[7] Zur Pflicht der Unternehmensleitung, für die Rechtstreue des Unternehmens zu sorgen, s. Abschn. 1.3.

Unter welchen Voraussetzungen eine Pflicht zur Ermittlung entsteht, insbesondere zur Einholung weiterer Informationen, ist allerdings schwer zu umschreiben, nicht anders als die Reichweite der Überwachungspflichten der Organmitglieder gegenüber Dritten und untereinander.[8] Die genaue Reichweite der Überwachungs- und Ermittlungspflichten wird meistens im Nachhinein vom Gericht festgelegt. Jedenfalls darf das Organmitglied stets dann tätig werden, wenn dies nach seiner Einschätzung erforderlich ist, um seinen Kontrollaufgaben mit der gebotenen Sorgfalt nachzukommen.[9]

3.2   Allgemeine Anforderungen an das Verfahren

Ein gesetzlich festgelegtes Verfahren, wie interne Ermittlungen ablaufen müssen, um rechtmäßig zu sein und zugleich zum Erfolg zu führen, gibt es nicht, und auch nicht einmal eine „Best practice". Dafür sind die Verstöße, die als „Compliance-Verstöße" bezeichnet werden, zu unterschiedlich und zu vielfältig, reichen vom einfachen Griff in die Kasse oder dem Diebstahl im Lager bis hin zu komplexen Kartell- oder Vermögensdelikten. Einige grundlegende Anforderungen sind jedoch stets für den Erfolg der internen Ermittlungen wesentlich.

---

[6]*Spindler*, in: MünchKomm-AktG, § 93 Rn. 77 m. N.

[7]*Habersack*, in: MünchKomm-AktG, § 116 Rn. 35.

[8]*Habersack*, WM 2005, 2360, 2362.

[9]*Habersack*, in: MünchKomm-AktG, § 111 Rn. 66a.

3.2.1   Geeignete Ermittlungsinstanz

Von besonderer Bedeutung für den Ermittlungserfolg ist, dass das Verfahren von einer geeigneten Person oder Instanz geführt wird.

Die Geeignetheit der Ermittlungsinstanz bestimmt sich in Abhängigkeit von Art, Aufbau und Kapazitäten des Betriebs und der Art und Schwere des im Raume stehenden Rechtsverstoßes. So ist bei komplexen Sachverhalten eine auf die Ermittlung spezialisierte, mit der Art des Verstoßes vertraute Instanz (z. B. die Innenrevision oder ein spezielles Investigation Committee) einzuschalten, die Arbeitskraft und Knowhow mehrerer sachkundiger Personen bündelt. Umgekehrt genügen regelmäßig für die Aufklärung eines einfachen Eigentumsdelikts zulasten des Arbeitgebers Maßnahmen des unmittelbaren Vorgesetzten des verdächtigen Arbeitnehmers allein.

Die Personen, welche die Ermittlungen übernehmen, müssen über die zur Durchführung der Aufgabe erforderliche Sachkunde verfügen und selbst zuverlässig sein. Dies erinnert etwas an einzelne Wirtschaftsaufsichtsgesetze wie etwa KWG oder VAG, die für bestimmte Personen Sachkunde und Zuverlässigkeit einfordern. Es werden hier aber nicht Anforderungen spezieller Aufsichtsrechte auf das „normale" Unternehmen übertragen, sondern es geht um eine faktische Notwendigkeit.

Die Zuverlässigkeit mag mitunter schwer einzuschätzen sein, ein Teilaspekt der Zuverlässigkeit, die Verschwiegenheit, lässt sich allerdings durch vertragliche Abrede einfordern.

Die Sachkunde hingegen lässt sich einigermaßen gut feststellen und auf die zu führenden Ermittlungen abstimmen: Liegen die Ermittlungen in der Hand einer Einzelperson, muss sie über Unternehmenskenntnis und juristisches Grundlagenwissen verfügen oder sich dieses hinzuziehen. Teams können hingegen so zusammengestellt werden, dass jede Person eine bestimmte Qualifikationen „verkörpert" (Arbeitsrechtler, Aufsichtsrechtler, Person mit besonderer Kenntnis der fraglichen Unternehmensbereiche, Person mit Kenntnis der Unternehmens-IT etc.).

3.2.2   Vertraulichkeit

Oberstes Prinzip des Verfahrens ist die Vertraulichkeit. Erfährt der Verdächtige vom Verfahren, könnte er belastendes Beweismaterial verschwinden lassen oder Einfluss auf Zeugen nehmen und so den Ermittlungserfolg gefährden. Zugleich hat die Vertraulichkeit zum Ziel, die im Verfahren überprüften Arbeitnehmer zu schützen: Wurde ein Arbeitnehmer in die Ermittlungen einbezogen und wird dies publik, ist er ggf. im Anschluss zu Unrecht als unredlich stigmatisiert.

Zur Vertraulichkeit gehört deshalb die Verschwiegenheit der ermittelnden Instanz, die durch entsprechende vertragliche Abreden sichergestellt sein sollte, aber auch die Vertraulichkeit der Ermittlungsmaßnahmen selbst. Es gilt, erst dann einen etwaigen Hinweisgeber zu befragen, Beweise offen zu sichern oder neue zu beschaffen, Verdächtige und Zeugen zu informieren und zu befragen, wenn der Ermittlungserfolg hierdurch nicht mehr gefährdet werden kann.

3.2.3   Maßnahmen der Schadensminderung

Neben der zügigen Aufklärung des Verdachts auf einen Compliance-Verstoß ist auch eine rasche Schadensminderung gefragt, soweit diese nach der Art des Pflichtenverstoßes möglich und nach dem Stand der Ermittlungen zweckmäßig ist. Zu den Maßnahmen der Schadensminderung bereits in einem frühen Stadium und trotz Vertraulichkeit der Ermittlungen kann etwa die Vermögenssicherung gehören, um bei Vermögensdelikten zulasten des Unternehmens zu verhindern, dass der Verdächtige das Vermögen des Unternehmens weiter zu dessen Lasten verschiebt, etwa ins Ausland.

3.3   Vorbemerkungen zu den Ermittlungsmaßnahmen

Auf die Notwendigkeit, Ermittlungen vertraulich zu gestalten, ist bereits soeben (Abschn. 3.2.2) hingewiesen worden. Daher werden die Ermittlungsmaßnahmen üblicherweise nur verdeckt erfolgen, was Folgen hat für ihre rechtlichen Grundlagen:

3.3.1   Rechtsgrundlage: Einwilligung

Die Einwilligung des Betroffenen als Rechtsgrundlage von Ermittlungsmaßnahmen (vgl. § 26 Abs. 2 BDSG) scheidet bereits angesichts der Vertraulichkeit der Ermittlungen regelmäßig aus.

3.3.2   Rechtsgrundlage: Rahmenbetriebsvereinbarung und Betriebsvereinbarung im Einzelfall

Rechtsgrundlage für die einzelnen Ermittlungsmaßnahmen, die mit einer Erhebung persönlicher Daten verbunden sind, können Betriebsvereinbarungen für den konkreten Einzelfall oder allgemeine Rahmenbetriebsvereinbarungen über die Aufklärung von Compliance-Verstößen sein.

Die rechtswissenschaftliche Literatur empfiehlt teilweise, das Vorgehen bei internen Ermittlungen in einer Rahmenbetriebsvereinbarung zu regeln.[10] Eine solche Betriebsvereinbarung ist, abhängig von ihrer konkreten Ausgestaltung, als Rechtsgrundlage für

---

[10]Zur Ausgestaltung einer solchen Vereinbarung *Wybitul/Böhm*, RdA 2011, 362, 366 f.

einzelne, in der Zukunft liegende und noch unbestimmte Ermittlungsmaßnahmen geeignet und erspart die Einschaltung des Betriebsrats vor der konkreten Ermittlung. Damit sie als Rechtsgrundlage i. S. d. § 26 Abs. 1 BDSG geeignet ist, muss die Betriebsvereinbarung die Voraussetzungen nennen, unter welchen die Einleitung interner Ermittlungen zulässig ist, außerdem zulässige Ermittlungsmaßnahmen aufzählen oder zumindest Grundsätze aufstellen, nach denen der Arbeitgeber die Ermittlungen führen muss. Die Rahmenbetriebsvereinbarung kann nur, wenn Ermittlungen erforderlich werden, insoweit Rechtsgrundlage sein, als sie die konkret ergriffenen Maßnahmen auch abdeckt: Ist etwa der Einsatz von Ortungssystemen nicht in der Rahmenbetriebsvereinbarung geregelt, sollen zugleich aber nur die in der Rahmenbetriebsvereinbarung geregelten Maßnahmen zulässig sein, muss daraus der Schluss gezogen werden, der Einsatz von Ortungssystemen ist unzulässig bzw. unterliegt weiterhin der Mitbestimmung. Die relativ hohe Detailliertheit der Betriebsvereinbarung, die mithin erforderlich ist, lässt sich dadurch absenken, dass die konkrete Ausgestaltung der einzelnen Ermittlungsverfahren von der Betriebsvereinbarung dem Arbeitgeber überlassen wird.

Zu bedenken sind jedoch die Grenzen, die einer solchen Rahmenbetriebsvereinbarung durch das geltende Recht gezogen sind:

Die Betriebsvereinbarung darf zwar vom (ohnehin sehr unbestimmten) § 26 BDSG abweichen. Mit einer Betriebsvereinbarung darf der Betriebsrat aber nicht auf den Kern der ihm obliegenden Mitbestimmung verzichten, und sein Mitbestimmungsrecht darf nicht in seiner Substanz beeinträchtigt werden (beides ist problematisch, wenn die Ausgestaltung der einzelnen Ermittlungsverfahren dem Arbeitgeber überlassen wird). Des Weiteren darf die Betriebsvereinbarung zwar den Arbeitnehmern Pflichten auferlegen, hat aber ihr allgemeines Persönlichkeitsrecht zu respektieren (s. § 75 Abs. 2 BetrVG). Wie jede Betriebsvereinbarung unterliegt auch eine Rahmenbetriebsvereinbarung über interne Ermittlungen der vollen gerichtlichen Kontrolle, mit dem Risiko, dass eine zu weitgehende Betriebsvereinbarung als etwa gegen § 75 BetrVG verstoßend einzuordnen ist und damit als Rechtsgrundlage für die Ermittlungsmaßnahmen entfällt.

Vom Abschluss einer Rahmenbetriebsvereinbarung zu unterscheiden ist der Abschluss einer Betriebsvereinbarung konkret mit Blick auf einen bestimmten im Raume stehenden Rechtsverstoß und die seiner Aufklärung dienenden Maßnahmen.

In einer solchen Betriebsvereinbarung werden bereits der Rechtsverstoß umrissen, die anstehenden Ermittlungsmaßnahmen genannt und die von ihnen betroffenen Mitarbeiter eingegrenzt.

Im Vergleich zur Rahmenbetriebsvereinbarung hat die anlassbezogene Betriebsvereinbarung den Vorteil, dass sie auf den konkret aufzuklärenden Tatverdacht bereits detailliert abgestimmt werden kann (welche Ermittlungsmaßnahmen sind erforderlich und werden vom Betriebsrat gebilligt?). Es müssen nicht viele verschiedene Ermittlungsmaßnahmen geregelt werden, unabhängig davon, ob diese jemals zum Einsatz kommen, sondern es kann bereits genau festgelegt werden, welche Maßnahmen benötigt werden. Durch diese höhere Genauigkeit sind die Mitbestimmungsrechte des Betriebsrats besser gewahrt, was das Risiko der Unwirksamkeit der Betriebsvereinbarung senkt. Allerdings ist die konkrete

Betriebsvereinbarung mit einem Verlust an Flexibilität verbunden. Sie auszuhandeln erfordert u. U. einen erheblichen Aufwand in einem Zeitpunkt, in dem schnelles Handeln gefragt ist und die notwendige Detailliertheit noch nicht erreicht werden kann, weil der Rechtsverstoß und die verdächtigen Personen noch nicht genau feststehen. Zugleich bringt sie die Gefahr mit sich, dass der von den Ermittlungen betroffene Personenkreis informiert wird, noch bevor die Ermittlungen begonnen haben.[11]

3.3.3   Rechtsgrundlage: § 26 Abs. 1 S. 1, 2 BDSG

Gesetzliche Rechtsgrundlage für Maßnahmen, die den Zweck haben, Straftaten aufzuklären, ist § 26 Abs. 1 S. 2 BDSG. Rechtsgrundlage für die Aufklärung von im Arbeitsverhältnis begangenen Ordnungswidrigkeiten und sonstigen Pflichtverletzungen ist § 26 Abs. 1 S. 1 BDSG.[12] Die Unterschiede zwischen § 26 Abs. 1 S. 1 und 2 BDSG sind jedoch vor allem dogmatischer Natur und fallen praktisch kaum ins Gewicht (s. sogleich).

§ 26 Abs. 1 S. 2 BDSG setzt voraus, dass

1. (zu dokumentierende) tatsächliche Anhaltspunkte
2. den Verdacht begründen, dass der Arbeitnehmer im Beschäftigungsverhältnis eine Straftat begangen hat
3. und die Erhebung, Verarbeitung oder Nutzung der Daten zur Aufdeckung der Tat erforderlich ist
4. und das schutzwürdige Interesse des Beschäftigten an dem Ausschluss der Erhebung, Verarbeitung oder Nutzung nicht überwiegt, insbesondere Art und Ausmaß im Hinblick auf den Anlass nicht unverhältnismäßig sind.

Diese Voraussetzungen klingen recht hoch, da repressive Maßnahmen regelmäßig stärker in die Rechte des betroffenen Arbeitnehmers eingreifen als präventive Maßnahmen.[13] Der Arbeitnehmer ist hier schon verdächtig, er soll geschützt werden. Jedoch sind die zu erfüllenden Zulässigkeitsvoraussetzungen keineswegs so streng, wie es der Wortlaut des § 26 Abs. 1 S. 2 BDSG auf den ersten Blick nahelegt.

Dass die Taten im Beschäftigungsverhältnis begangen worden sein müssen, ist im Ergebnis keine Einschränkung, denn dass sie im Zusammenhang mit dem

---

[11]Zu weiteren Nachteilen einer Betriebsvereinbarung über interne Ermittlungen *Wisskirchen/Glaser*, DB 2011, 1392, 1393.
[12]BAG NJW 2017, 2853 zur Vorgängervorschrift § 32 BDSG a. F.
[13]BT-Drs. 16/13657, S. 21.

Beschäftigungsverhältnis begangen worden sind, genügt.[14] So ist etwa der klassische Fall der Bestechung erfasst: Nimmt der Arbeitnehmer außerhalb seiner Arbeit Geschenke an, die ihn in den Entscheidungen, die er für seinen Arbeitgeber zu treffen hat, beeinflussen sollen, fallen aufgrund des Bezugs zum Arbeitsverhältnis Aufklärungsmaßnahmen unter § 26 Abs. 1 S. 2 BDSG.

Deutlichster Unterschied des § 26 Abs. 1 S. 2 BDSG zu § 26 Abs. 1 S. 1 BDSG sind die zu dokumentierenden tatsächlichen Anhaltspunkte für eine Straftat oder Vertragsverletzung, die § 26 Abs. 1 S. 2 BDSG voraussetzt.

Tatsächliche Anhaltspunkte liegen vor, wenn die dem Arbeitgeber bekannten Tatsachen zwar nicht einen Straftatbestand erfüllen, wohl aber Indizien für eine Straftat darstellen. Ein einfacher Anfangsverdacht, der über vage Mutmaßungen hinausgeht, genügt.[15] Für die Aufklärung von sonstigen Pflichtverletzungen ist nach dem Wortlaut des § 26 Abs. 1 S. 1 BDSG zwar kein Anfangsverdacht erforderlich; typischerweise wird dieser aber vorliegen und Auslöser der Ermittlungsmaßnahmen sein. Nicht erforderlich ist jedenfalls, dass bereits ein hinreichender Tatverdacht besteht. Oft wird es schließlich erst durch die auf § 26 Abs. 1 BDSG gestützte Maßnahme möglich sein, einen Verdächtigen genau zu bestimmen und unschuldige Personen zu entlasten.

Die tatsächlichen Anhaltspunkte nach § 26 Abs. 1 S. 2 BDSG müssen dokumentiert werden, d. h. die Anhaltspunkte und die im Raume stehende Tat, der Schaden, der aus ihr resultiert (soweit absehbar), verdächtige/überwachte Personen und Gründe/Indizien, warum diese Personen überwacht werden, müssen festgehalten werden. Für die Aufklärung von sonstigen Vertragsverletzungen besteht gem. § 26 Abs. 1 S. 1 BDSG eine vergleichbare Dokumentationspflicht nicht. Im Regelfall wird jedoch ein umsichtiger Arbeitgeber auch die nach § 26 Abs. 1 S. 1 BDSG ergriffenen Maßnahmen dokumentieren; praktisch ist der Unterschied zwischen Satz 1 und 2 mithin gering.

Zusätzlich zur Erforderlichkeit der Maßnahme verlangt § 26 Abs. 1 S. 2 BDSG eine Verhältnismäßigkeitsprüfung, der Erwägung folgend, dass Ermittlungsmaßnahmen oft für den Arbeitnehmer belastender sein werden als präventive Überwachung.[16] Die Maßnahme muss zur Aufklärung des Compliance-Verstoßes angemessen sein. Für sonstige Vertragsverletzungen besteht nach § 26 Abs. 1 S. 1 BDSG ein Erfordernis der Angemessenheit nicht; allerdings ist die Erforderlichkeitsprüfung regelmäßig offen für Wertungen und der Angemessenheitsprüfung vergleichbare Erwägungen, sodass praktisch auch hier kein wesentlicher Unterschied besteht.

---

[14]Der Gesetzgeber spricht zwar in der Begründung davon, dass die Taten im Beschäftigungsverhältnis begangen worden sein müssen, nennt aber Korruption als ein Beispiel und macht damit deutlich, dass nicht nur Taten am Arbeitsplatz und/oder während der Arbeitszeit erfasst sind, BT-Drs. 16/13657, S. 21.

[15]BAG NJW 2017, 1193.

[16]BT-Drs. 16/13657, S. 21.

Die anzustellende Interessenabwägung wird insbesondere maßgeblich vom Verdachtsgrad bestimmt, der gegen den Arbeitnehmer besteht, von der Art der Maßnahme und
von der Schwere der im Raume stehenden Pflichtverletzung: Je schwerwiegender die
Pflichtverletzung, je wahrscheinlicher, dass der Arbeitnehmer sie auch begangen hat, und
je weniger eingriffsintensiv die Maßnahme, desto eher ist die Maßnahme gerechtfertigt.
Das heißt umgekehrt, je geringer der Verdachtsgrad ist (etwa: weil die Gruppe der potenziell als Täter in Betracht kommenden Arbeitnehmer sehr groß ist und erst mithilfe der
Maßnahme eingegrenzt werden soll), desto stärker hat der Arbeitgeber sich bei der Datenerhebung und -auswertung zurückzuhalten. Bei der Art der Maßnahme ist insbesondere
zu berücksichtigen, dass ihre Verdecktheit die Eingriffsintensität steigert.

Ist die Maßnahme in dem Zeitpunkt zulässig, in dem sie angeordnet und durchgeführt
wird, schadet nicht, wenn sich nach Durchführung der Maßnahme der Verdacht als unzutreffend erweist. Sobald dies der Fall ist, ist die Maßnahme allerdings zu beenden.

3.3.4 Zweckänderung

Nach Art. 5 Abs. 1 lit. b EU-DSGVO müssen die Zwecke der Verarbeitung vor dieser
eindeutig bestimmt sein. Wird der Zweck der Datenerhebung nachträglich abgeändert,
ist eine erneute Prüfung erforderlich, ob die Auswertung rechtlich zulässig ist, d. h. auf
einer entsprechenden Rechtsgrundlage beruht.

Eine Zweckänderung ist stets zulässig, wenn die Verarbeitung noch mit den ursprünglichen Erhebungszwecken vereinbar ist (s. ErwGr 50 Abs. 1 S. 2 EU-DSGVO).[17] Dies
ist insbesondere der Fall, wenn sich bei der Ermittlung gegen einen bestimmten Arbeitnehmer sog. Zufallsfunde ergeben, d. h. offenbar wird, dass die Pflichtverletzung von
einem anderen als vom verdächtigen Arbeitnehmer begangen wurde oder Pflichtverletzungen anderer Arbeitnehmer vorliegen, die ggf. mit dem zu ermittelnden Verstoß nicht
in Zusammenhang stehen. Die Zufallsfunde sind verwertbar.[18]

3.3.5 Zulässigkeit verdeckter Überwachung

Verdeckte Überwachung zur Ermittlung von Compliance-Verstößen ist – anders als die
verdeckte präventive Überwachung (Abschn. 2.2.5) – unter der EU-DSGVO regelmäßig zulässig, auch wenn angesichts der in der EU-DSGVO enthaltenen Pflichten zur

---

[17]Näher *Franzen*, EuZA 2017, 313, 327.

[18]BAG NZA 2017, 112 (Nachweis der Pflichtverletzung durch einen anderen als den verdächtigen
Arbeitnehmer unter Geltung des BDSG a. F.).

Information der von der Datenverarbeitung betroffenen Person (Art. 13, 14 EU-DS-GVO) teilweise wohl Gegenteiliges angenommen wird.[19]

Auch der deutsche Gesetzgeber geht von der Zulässigkeit verdeckter Überwachung zur Aufdeckung von Straftaten aus,[20] und es widerspräche dem in Art. 88 EU-DSGVO zum Ausdruck kommenden Gedanken der Abwägung von Arbeitgeber- und Arbeitnehmerinteressen, wenn selbst zur Aufklärung von Straftaten verdeckte Überwachung nicht zulässig wäre.[21]

Bei der Aufklärung von Compliance-Verstößen sind zudem typischerweise gesetzlich vorgesehene Ausnahmen von der Informationspflicht einschlägig: § 32 Abs. 1 Nr. 4 BDSG lässt die Informationspflicht entfallen, wenn die Datenerhebung beim Betroffenen erfolgt, seine Information die Geltendmachung, Ausübung oder Verteidigung rechtlicher Ansprüche beeinträchtigen und wenn die Interessen des Verantwortlichen an der Nichterteilung der Information die Interessen der betroffenen Person überwiegen. Dies ist regelmäßig bei der Ermittlung von Compliance-Verstößen der Fall.

Eine Ausnahme von der Informationspflicht ist auch gegeben, wenn die Daten bei Dritten erhoben wurden und die Erfüllung der Informationspflicht voraussichtlich die Verwirklichung der Ziele dieser Verarbeitung unmöglich macht oder ernsthaft beeinträchtigt (Art. 14 Abs. 5 lit. b EU-DSGVO).

In beiden Fällen ist bei Wegfallen des Geheimhaltungsinteresses die Information zu erteilen (s. § 32 Abs. 3 BDSG, Art. 14 Abs. 5 EU-DSGVO, „soweit").

3.3.6 Beteiligung des Betriebsrats

Die Durchführung interner Ermittlungen, die Entscheidung, ob sie eingeleitet werden, ist nicht mitbestimmungspflichtig; anders als teilweise die im Folgenden vorgestellten einzelnen Ermittlungsmaßnahmen. Sie unterliegen grundsätzlich der Mitbestimmung durch den Betriebsrat, meist geht es um § 87 Abs. 1 Nr. 1 BetrVG (Überwachung des Ordnungsverhaltens) oder § 87 Abs. 1 Nr. 6 BetrVG (Überwachung mithilfe technischer Einrichtungen).

Die Mitbestimmung nach § 87 Abs. 1 Nr. 1, 6 BetrVG ist ausgeschlossen bei Maßnahmen, die keinen kollektiven Bezug aufweisen, d. h. die nicht abstrakt für den ganzen Betrieb oder eine Gruppe von Arbeitnehmern greifen, sondern sich nur auf einen Arbeitnehmer persönlich beziehen (weil konkret gegen ihn der Verdacht besteht, dass er eine Straftat oder schwere Vertragsverletzung begangen hat). Ob eine Maßnahme des Arbeitgebers einen

---

[19]Bedenken bei *Maschmann* DB 2016, 2480, 2485; ausf. *Byers/Wenzel*, BB 2017, 2036, 2039 (speziell zur verdeckten Videoüberwachung).

[20]BT-Drs. 16/13657 S. 21.

[21]I. Erg. ebenso *Gola* BB 2017, 1462, 146; a. A. wohl *Maschmann* DB 2016, 2480, 2485; ausf. *Byers/Wenzel*, BB 2017, 2036, 2039 (speziell zur verdeckten Videoüberwachung).

„kollektiven Bezug" hat, richtet sich zwar nicht nach der Zahl der betroffenen Arbeitnehmer, sie kann nur Indiz sein.[22] Es kommt vielmehr darauf an, ob eine Maßnahme individuellen Besonderheiten des Arbeitsvertrags/des Arbeitnehmers Rechnung tragen und sich in
ihren Auswirkungen auf den Arbeitnehmer beschränken soll.[23] Betrifft eine Maßnahme aber
ein Verhalten eines einzelnen Arbeitnehmers und sein Verhältnis zum Arbeitgeber, ist die
Mitbestimmung ausgeschlossen.

Sobald der Betriebsrat mitzubestimmen hat oder Anhaltspunkte dafür vorliegen, dass
ein Beteiligungsrecht in Betracht kommt,[24] entsteht auch das Informationsrecht gem.
§ 80 Abs. 2 BetrVG. Der Arbeitgeber hat dem Betriebsrat alle Informationen zur Verfügung zu stellen, die der Betriebsrat zur Ausübung seiner Tätigkeit braucht. Inwieweit
daraus folgt, dass der Betriebsrat auch über die Einleitung interner Ermittlungen informiert werden muss, hatte die Rechtsprechung noch nicht zu entscheiden. Richtigerweise
kann ein solches Informationsrecht nicht gegeben sein, da der Arbeitgeber auch mitbestimmungsfrei entscheiden kann, ob er Ermittlungen einleiten will. Erst soweit eine
Einzelmaßnahme im Raume steht, kommen auch die Rechte des Betriebsrats gem. § 80
Abs. 2 BetrVG wieder zum Tragen.

Zu den Rechtsfolgen, die ein Verstoß gegen die Mitbestimmungsvorschriften hat,
s. schon Abschn. 2.2.6.4.

3.3.7 Löschung der Daten

Art. 17 Abs. 1 lit. a EU-DSGVO gibt dem von der Datenverarbeitung Betroffenen das
Recht, die Löschung personenbezogener Daten zu verlangen, sobald sie für die Erfüllung des Zwecks ihrer Speicherung nicht mehr notwendig sind. Eine explizite Verpflichtung des Arbeitgebers zur Löschung ohne besondere Aufforderung, wie sie noch im alten
Recht enthalten war, findet sich im neuen Recht nur noch in § 4 Abs. 5 BDSG. Wie bei
der präventiven Kontrolle (Abschn. 2.2.8) gilt jedoch auch hier, dass bei Vorliegen der in
Art. 17 EU-DSGVO genannten Voraussetzungen die Löschung der Daten auch unabhängig vom Verlangen des Betroffenen vorzunehmen ist.[25]

---

[22]BAG NZA 1992, 749, 756.

[23]BAG NZA 1992, 749, 756.

[24]Das BAG formuliert umgekehrt, um die Bedeutung des § 80 Abs. 2 BetrVG zu unterstreichen:
Die Grenzen des Auskunftsanspruchs liegen dort, „wo offensichtlich" ein Beteiligungsrecht „nicht
in Betracht kommt", BAG NZA 2011, 527.

[25]*Franzen*, EuZA 2017, 313, 333 f.

3.3.8 Folgen unzulässiger Überwachung

Unzulässige Überwachungsmaßnahmen können Beseitigungs-, Unterlassungs- und Schadensersatzansprüchen des Arbeitnehmers auslösen (aus dem Unionsrecht maßgebliche Grundlage: Art. 82 EU-DSGVO). Daneben ziehen sie ggf. das Risiko der Strafbarkeit etwa nach §§ 201 ff. StGB oder in Ausnahmefällen auch § 42 BDSG nach sich.

Ein Verwertungsverbot der durch eine fehlerhafte Überwachung erlangten Informationen in einem sich anschließenden Zivilprozess besteht – mit Blick auf das von Art. 20 Abs. 3 GG geschützte Interesse an einer funktionsfähigen Zivilrechtspflege – jedoch grundsätzlich nicht:[26] Vielmehr kommt ein Verwertungsverbot nur in Betracht, wenn dieses aufgrund einer verfassungsrechtlich geschützten Position einer Prozesspartei zwingend geboten ist, etwa weil die Verwertung einen Eingriff in das allgemeine Persönlichkeitsrecht des überwachten Arbeitnehmers darstellt. Umfassende Rechtsprechung besteht hier zur rechtswidrigen Videoüberwachung; die Grundsätze sind auf sonstige Überwachungsmaßnahmen übertragbar. So ist ein Verwertungsverbot nicht gegeben, wenn eine eigentlich angekündigte zeitliche Befristung der Überwachung überschritten wird[27] oder wenn die Überwachung unter Verstoß gegen das Mitbestimmungsrecht des Betriebsrats aus § 87 Abs. 1 Nr. 6 BetrVG erfolgt ist.[28] Kein Beweisverwertungsverbot ist außerdem anzunehmen, wenn die nach § 26 Abs. 1 S. 2 BDSG vorzunehmende Dokumentation nicht ausreichend ist.[29]

3.3.9 Einbindung des Datenschutzbeauftragten

Ist im Betrieb ein Datenschutzbeauftragter vorhanden, ist dieser für die Überwachung des Datenschutzes verantwortlich und daher zur Erfüllung der ihm nach Art. 39 EU-DSGVO zukommenden Aufgaben in die Kontrollmaßnahmen „frühzeitig" einzubinden (Art. 38 Abs. 1 EU-DSGVO). Nähere Aussagen zur Einbindung enthält die EU-DSGVO nicht.

3.4 Videoüberwachung

Die Videoüberwachung zu repressiven Zwecken findet typischerweise verdeckt statt, um dem Täter eine (wiederholte) Tatbegehung nachzuweisen. Dies ist grundsätzlich nicht zu beanstanden. Der Arbeitgeber darf versuchen, die Tat aufzuklären, statt sich auf

---

[26]BAG NZA 2014, 243.

[27]BAG NJW 2017, 1193.

[28]BAG NJW 2017, 1193; NZA 2017, 112.

[29]BAG NJW 2017, 1193, 1195.

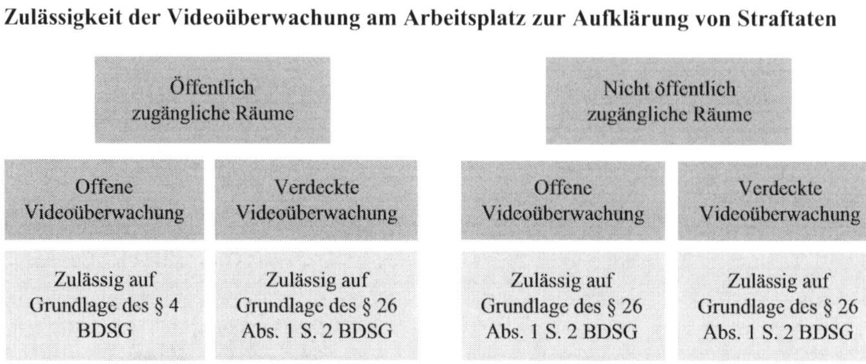

Zulässigkeit der Videoüberwachung am Arbeitsplatz zur Aufklärung von Straftaten

Abb. 3.1 Zulässigkeit der Videoüberwachung bei Verdacht einer Straftat

Abschreckung durch offene Videoüberwachung zu beschränken.[30] Wie bei der präventiven Videoüberwachung ist auch bei der Videoüberwachung zu repressiven Zwecken danach zu differenzieren, ob ein öffentlich oder ein nicht öffentlich zugänglicher Raum betroffen ist (Überblick s. Abb. 3.1).

3.4.1 Überwachung öffentlich zugänglicher Räume

Der verdeckten Überwachung öffentlich zugänglicher Räume (wie Verkaufsräume oder Schalterhallen) steht eigentlich § 4 Abs. 2 BDSG entgegen, nach dem die Überwachung kenntlich zu machen ist.

Das BAG bewertet diese Vorschrift allerdings als formale Ordnungsvorschrift und geht davon aus, dass bei Vorliegen eines konkreten Verdachts einer strafbaren Handlung oder einer anderen schweren Verfehlung des Arbeitnehmers zulasten des Arbeitgebers verdeckte Videoüberwachung zulässig ist, wenn es praktisch keine weiteren Aufklärungsmittel gibt und die Überwachung insgesamt nicht unverhältnismäßig ist.[31] Rechtsgrundlage muss der für die Aufklärung von Straftaten speziellere § 26 Abs. 1 S. 2 BDSG sein.

3.4.2 Überwachung nicht öffentlich zugänglicher Räume

Die verdeckte Videoüberwachung in nicht öffentlich zugänglichen Räumen ist vom BDSG nicht ausdrücklich geregelt, sodass auf § 26 Abs. 1 S. 2 BDSG zurückzugreifen ist.

---

[30]So nicht ausdrücklich, aber im Ergebnis BAG NZA 2003, 1193.
[31]BAG NZA 2003, 1193.

Da § 26 BDSG im Wesentlichen dem § 32 BDSG a. F. nachempfunden ist, der wiederum auf den von der Rechtsprechung gefundenen Grundsätzen zur Zulässigkeit von Videoüberwachung basiert,[32] kann die vor Inkrafttreten des § 26 BDSG ergangene Rechtsprechung zur verdeckten Videoüberwachung noch unproblematisch angewendet werden. Die verdeckte Videoüberwachung in nicht öffentlich zugänglichen ist danach ebenso zulässig wie die Videoüberwachung in öffentlich zugänglichen Räumen (soeben Abschn. 3.4.1). Die unter Abschn. 2.3.2 genannten Abwägungskriterien sind lediglich anzupassen an den Umstand, dass die Maßnahme eine repressive Zielrichtung hat. So steigert es etwa die Eingriffsintensität, wenn viele Arbeitnehmer in die Überwachung mit einbezogen werden, obgleich sie von vornherein als Täter ausscheiden.[33]

Zu weiteren Kriterien zur Prüfung der Verhältnismäßigkeit s. Abschn. 2.3.2.

3.4.3 Absolute Überwachungsverbote

An den unter Abschn. 2.3.3 genannten absoluten Überwachungsverboten ändert sich auch dann nichts, wenn die Überwachung der Aufklärung von Straftaten dient. Eingriffe in die Intimsphäre (durch Überwachung etwa in Sanitärräumen) oder eine „Totalüberwachung", die den Arbeitnehmer zum Objekt degradiert, überschreiten eine absolute, durch das allgemeine Persönlichkeitsrecht gezogene Grenze und sind stets unverhältnismäßig.

3.4.4 Folgen rechtswidriger Maßnahmen

Zu den Rechtsfolgen rechtswidriger Überwachungsmaßnahmen, insbesondere zur Verwertbarkeit der Informationen in einem Kündigungsschutzprozess, s. bereits Abschn. 3.3.8.

3.4.5 Mitbestimmung durch den Betriebsrat

Der Einsatz verdeckter Videoüberwachung zur Aufklärung von Straftaten oder sonstigen Pflichtverletzungen ist mitbestimmungspflichtig gem. § 87 Abs. 1 Nr. 6 BetrVG.[34]

---

[32]BT-Drs. 16/13657, S. 21.

[33]BAG NZA 2004, 1278.

[34]BAG NZA 2003, 1193.

3.5 Überwachung der Telekommunikation

Bei der Überwachung der Telekommunikation (Telefon- und Faxverbindungsdaten und -inhalte sowie Online-Kommunikation wie Verbindungsdaten und Inhalte von E-Mails, Chats oder Instant Messages) ist Art. 10 Abs. 1 GG zu berücksichtigen. Er gewährleistet das Fernmeldegeheimnis und vermittelt dem Arbeitnehmer Schutz zusätzlich zum allgemeinen Persönlichkeitsrecht, mittelbar auch im Verhältnis von Privaten, von Arbeitgeber und Arbeitnehmer.[35]

Zu etwaigen Änderungen durch die ePrivacy-Verordnung s. bereits Abschn. 2.4.

3.5.1 Zugriff auf Telefonverbindungsdaten und Gesprächsinhalte

Wie bei der präventiven Kontrolle ist auch hier zu differenzieren zwischen dem Zugriff auf Gesprächsdaten und dem Zugriff auf -inhalte. Außerdem ist von Bedeutung, ob der Arbeitgeber auch die Privatnutzung gestattet hat (zu den Voraussetzungen, unter denen eine Gestattung vorliegt, s. Abschn. 2.4.1; Überblick über die Zulässigkeitsvoraussetzungen Abb. 3.2).

3.5.1.1 Privatnutzung ist gestattet

Hat der Arbeitgeber seinen Arbeitnehmern die private Nutzung der betrieblichen Telefoninfrastruktur gestattet, ist zu prüfen, ob er damit zum Diensteanbieter im Sinne des TKG wird. Dies hätte zur Folge, dass ihm der Zugriff auf Verbindungsdaten nur im Rahmen des § 100 TKG gestattet, der Zugriff auf Inhalte aber gänzlich versagt ist, und dies selbst dann, wenn Ziel des Zugriffs die Aufklärung von Straftaten ist. § 100 Abs. 3 TKG erlaubt zwar den Zugriff auf Verbindungsdaten, jedoch nur zur Sicherung der Entgeltansprüche des Diensteanbieters in Fällen der rechtswidrigen Inanspruchnahme des Telekommunikationsnetzes oder -dienstes.

Geht man mit der hier vertretenen Auffassung (s. Abschn. 2.4.2) davon aus, dass der Arbeitgeber nicht Diensteanbieter ist – die Interessenlage im Arbeitsvertrag ist eine andere als zwischen Telekommunikationsdiensteanbietern und Kunden –, greift jedoch § 32 Abs. 1 S. 2 BDSG, der den Zugriff auf Verbindungsdaten grundsätzlich zulässt.

Der Inhalt ist in jedem Fall dem Zugriff entzogen, allenfalls ist eine Rechtfertigung wegen Notwehr/Notstands (§§ 32, 34 StGB) möglich (s. sogleich noch Abschn. 3.5.1.1.2).

---

[35]Zur mittelbaren Drittwirkung der Grundrechte BVerfGE 7, 198, 205 („Lüth"); zu den Pflichten des Gesetzgebers zum Schutz des Art. 10 GG im Verhältnis von Privaten BVerfG NJW 2002, 3619, 3620.

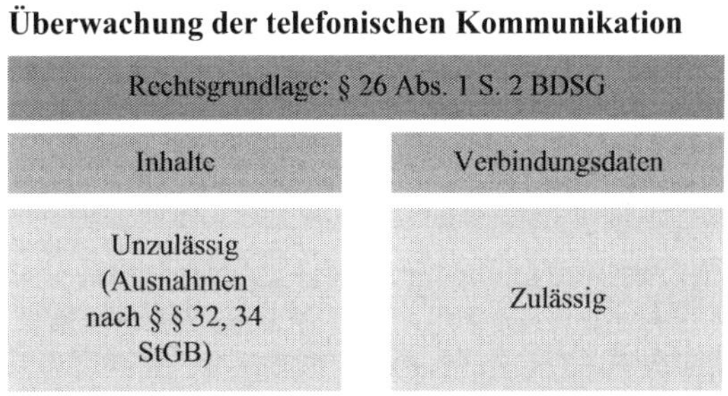

Abb. 3.2 Zulässigkeit der Überwachung der telefonischen Kommunikation bei Verdacht einer Straftat

Überwachung der telefonischen Kommunikation

Rechtsgrundlage: § 26 Abs. 1 S. 2 BDSG	
Inhalte	Verbindungsdaten
Unzulässig (Ausnahmen nach § § 32, 34 StGB)	Zulässig

3.5.1.1.1 Zugriff auf Verbindungsdaten

Legt man der Ermittlungsmaßnahme § 26 Abs. 1 S. 2 BDSG zugrunde, ist die Erfassung, Speicherung und Nutzung von Verbindungsdaten zur Aufklärung von Straftaten/ schweren Vertragsverletzungen zulässig. Sie wäre schließlich selbst aufgrund des § 100 TKG zulässig zur Bestimmung von Gebühreneinheiten (anhand von Datum, Uhrzeit, Gesprächsdauer, Länderkennung des Adressaten). Art. 10 Abs. 1 GG, der die Unverletzlichkeit von Post- und Fernmeldegeheimnis in den Rang eines Grundrechts erhebt, ist hier nicht einschlägig, da auf den Inhalt und die näheren Umstände des Telefonats nicht zugegriffen wird, und auch das Recht am eigenen Wort, Teilgewährleistung des allgemeinen Persönlichkeitsrechts des Arbeitnehmers, ist hier nicht tangiert, sondern lediglich sein Recht auf informationelle Selbstbestimmung.

Der Zugriff auf die gesamte Zielrufnummer ist hier, anders als zu präventiven Zwecken, ebenfalls zulässig. So hat die Rechtsprechung mitunter den Zugriff auf die gesamte Nummer zugelassen, um dem Arbeitnehmer die missbräuchliche Privatnutzung des Telefons (und damit einen vergleichsweise geringen Vertragsverstoß) nachzuweisen.[36] Da muss der Zugriff erst recht auch zulässig sein, wenn schwerere Vertragsverletzungen im Raum stehen.

3.5.1.1.2 Zugriff auf den Gesprächsinhalt

Der Zugriff auf den Gesprächsinhalt ist zu präventiven Zwecken unzulässig (s. Abschn. 2.4.2). Das Ergebnis ist, soweit es um die Ermittlung von Straftaten/schweren Vertragsverletzungen geht, kein grundsätzlich anderes. Zu bedenken ist stets, dass auch das Strafprozessrecht nicht ohne Weiteres und auch nicht zur Aufklärung jeder beliebigen Straftat den Zugriff auf Gesprächsinhalte zulässt (s. §§ 100a ff. StPO). Dürfen die Strafverfolgungsbehörden grundsätzlich nicht das gesprochene Wort erfassen, obgleich sie im öffentlichen Interesse tätig werden und einen staatlichen Strafanspruch durchsetzen sollen, kann erst recht einem Privaten, der hauptsächlich im Eigeninteresse

---

[36]BAG NZA 1986, 643, 646.

tätig wird, der Zugriff nicht erlaubt sein. Damit bleibt auch die grundsätzliche Strafbarkeit des Abhörens (gleich in welcher technischen Form) gem. § 201 StGB.

Nur soweit das Strafrecht das Abhören zulässt, kann auch das Zivilrecht es akzeptieren.[37]

Der Zugriff auf den Gesprächsinhalt erfüllt bereits den Tatbestand des § 201 StGB nicht, wenn er aufgrund einer Einwilligung des Abgehörten erfolgt. Diese Fallgruppe kommt bei repressiven Maßnahmen jedoch regelmäßig nicht in Betracht. Einwilligen kann schließlich nur, wer darüber informiert ist, dass und inwieweit er abgehört wird. Dafür müsste die Maßnahme gegenüber allen Gesprächsteilnehmern offenbart werden, ggf. sogar gegenüber dem verdächtigen Arbeitnehmer, was ihrem Zweck zuwiderläuft.

Der Zugriff auf den Gesprächsinhalt ohne Einwilligung der Gesprächsteilnehmer kann allerdings durch Notwehr/Notstand (§§ 32, 34 StGB) gerechtfertigt sein. Dies gilt unabhängig davon, ob man davon ausgeht, dass der Arbeitgeber Diensteanbieter i. S. d. TKG ist.

Für die Rechtfertigung gem. § 32 StGB muss eine Notwehrlage vorliegen, was der Fall ist, wenn der Arbeitgeber sich eines gegenwärtigen, rechtswidrigen Angriffs ausgesetzt sieht, den es durch einen Zugriff auf den Inhalt eines Telefongesprächs abzuwehren gilt. Ist es erforderlich, das Telefonat aufzuzeichnen, um den Angriff abzuwehren, entfällt die Strafbarkeit gem. § 201 StGB, ohne dass eine Interessenabwägung durchzuführen wäre.

Zu betonen ist allerdings das Erfordernis der „Gegenwärtigkeit" des Angriffs. Ist der Angriff im Zeitpunkt des Abhörens nicht (mehr) „gegenwärtig", d. h. dauert er nicht (mehr) an, ist der Zugriff unzulässig. Ist etwa davon auszugehen, dass ein Arbeitnehmer eine Untreue zulasten des Unternehmens begangen hat und möglicherweise auch wieder begehen wird, fehlt es an einem gegenwärtigen rechtswidrigen Angriff, sodass eine Notwehrlage nicht gegeben ist. Gegenbeispiel, in dem das Abhören unproblematisch zulässig ist, und zugleich Hauptbeispiel für die Rechtfertigung gem. § 32 StGB, ist der Zugriff auf den Gesprächsinhalt (gleich in welcher technischen Form), wenn ein Erpresser sich telefonisch meldet und mit erheblichen Straftaten gegen das Unternehmen oder seine Kunden droht. Selbst wenn der Anruf beendet ist, bleibt die Notwehrsituation (Erpressungslage),[38] und das Abhören ist regelmäßig einzig mögliches Mittel, dem Täter auf die Spur zu kommen.

Ein Notstand, der zur Rechtfertigung des Zugriffs auf den Gesprächsinhalt gem. § 34 StGB führt, liegt vor, wenn nur durch den Zugriff auf den Inhalt eine Gefahr für rechtlich geschützte Interessen des „Täters" (des Arbeitgebers) oder eines Dritten abgewendet werden kann. Anzustellen ist eine Interessenabwägung. In sie ist einzubeziehen, ob die Maßnahme mildestes Mittel zur Abwendung der Gefahr war. So ist etwa das Mithören eines Gesprächs mit dem Einverständnis eines Beteiligten durch eine dritte Person, die in

---

[37]A. A. *Dendorfer-Ditges*, in: Moll, § 35 Rn. 192: Zugriff auf den Gesprächsinhalt bei einem begründeten Verdacht einer Straftat des Arbeitnehmers zulässig.

[38]Es handelt sich nicht um eine Dauergefahr, sondern um einen Dauerzustand; bei der Dauergefahr wäre § 34 StGB heranzuziehen, Lackner/*Kühl*, § 32 StGB Rn. 4.

einem Prozess als Zeuge vernommen werden kann, weniger eingriffsintensiv als die Aufzeichnung des Gesprächs durch einen der Beteiligten. In die Interessenabwägung sind ferner der Grad der Vertraulichkeit des Gesprächs und der Lebensbereich, dem dieses zugeordnet wird (Intimsphäre/Privatsphäre/Sozialsphäre), sowie die Schwere der aufzuklärenden Straftat einzubeziehen.

Die Verletzung des § 201 StGB führt grundsätzlich zu einem zivilprozessualen Beweisverwertungsverbot. Selbst wenn nur das Abhören/Aufzeichnen des Gesprächs den Beweis bestimmter Umstände im Prozess ermöglicht, etwa den Arbeitgeber in die Lage versetzt, die von ihm ausgesprochene Kündigung zu begründen und im Kündigungsschutzprozess zu halten, ist das Abhören rechtswidrig. Das allgemeine Persönlichkeitsrecht ist zwar nicht schrankenlos gewährleistet, und auch im Zivilprozess kann es „Situationen geben, in denen dem Interesse an der Beweiserhebung – über das stets bestehende ,schlichte' Beweisinteresse hinaus – besondere Bedeutung für die Rechtsverwirklichung einer Partei zukommt". Es handelt sich jedoch um Ausnahmen, in denen regelmäßig bereits der Verstoß gegen § 201 StGB wegen §§ 32, 34 StGB gerechtfertigt ist. Das allgemeine Interesse, sich ein Beweismittel zu sichern, reicht hingegen nicht aus, um die Verwertung zu rechtfertigen.[39]

Private Inhalte müssen von jedem Zugriff stets ausgenommen sein, was die Ermittlung erschwert, wenn den Arbeitnehmern Privatgespräche gestattet sind: Ob ein Privatgespräch stattfindet, lässt sich von außen, d. h. ohne Zugriff auf den Gesprächsinhalt, allenfalls anhand der angerufenen Nummer erkennen.

3.5.1.2 Privatnutzung ist nicht gestattet

Ist den Arbeitnehmern ausschließlich die dienstliche Nutzung des Telefons gestattet, bemisst sich die Zulässigkeit des verdeckten Zugriffs auf Gesprächsdaten und -inhalte unbestritten nach § 26 Abs. 1 S. 2 BDSG.

In der hier anzustellenden Verhältnismäßigkeitsprüfung ist zu berücksichtigen, dass der Arbeitnehmer weniger schutzwürdig ist, als wenn auch private Nutzung des Telefons gestattet ist. Zwar mag man auch mit Geschäftspartnern oder Kollegen ggf. private Informationen austauschen im Rahmen des „Smalltalks", es hat aber bei dienstlicher Nutzung der dienstliche Charakter des Gesprächs zu überwiegen. Hält sich der Arbeitnehmer nicht an das Verbot der Privatnutzung, ist er nicht schutzwürdig.

Der Zugriff auf die Verbindungsdaten zu repressiven Zwecken (einschließlich der gesamten Zielrufnummer) ist selbst dann zulässig, wenn der Arbeitgeber die Privatnutzung gestattet hat (s. soeben Abschn. 3.5.1.1.1), und muss daher erst recht auch dann zulässig sein, wenn ausschließlich die dienstliche Nutzung des Telefons gestattet ist.

Der Zugriff auf die Gesprächsinhalte ist aber, obwohl die Interessen des Arbeitnehmers bei dienstlicher Nutzung regelmäßig weniger schutzwürdig sind, als wenn auch

---

[39]BVerfG NJW 2002, 3619, 3624.

die Privatnutzung gestattet ist, ebenfalls grundsätzlich unzulässig, mit den soeben geschilderten Ausnahmen in Notwehrsituationen und Notstandslagen (§§ 32, 34 StGB). In der im Fall des § 34 StGB anzustellenden Interessenabwägung (bei § 32 StGB ist hingegen keine Interessenabwägung vorgesehen, s. Abschn. 3.5.1.1.2) sind die Interessen des Arbeitnehmers allerdings geringer zu gewichten, als wenn auch die private Nutzung des Telefons gestattet ist. Es besteht eine klare Zweckbindung des Telefons (dienstliche Nutzung). Das heißt allerdings nicht, dass (verbotene) Privatgespräche durch Zugriff auf ihren Inhalt überwacht werden dürften. Insbesondere die strafrechtliche Lage (grundsätzliche Strafbarkeit gem. § 201 StGB) bleibt.

3.5.1.3 Besonderheiten bei Callcentern

Besonderheiten für Mitarbeiter in Callcentern oder für sonstige Mitarbeiter, bei denen das Telefonieren wesentlicher Teil der geschuldeten Arbeitsleistung ist, gibt es hier nicht.

3.5.2 Zugriff auf den Telefaxverkehr

Soweit der Arbeitgeber auf Telefaxe zugreifen will (auf bei ihm eingegangene oder auf die Originale der ausgehenden) greifen die Grundsätze zum Zugriff auf Dokumente (s. noch 3.6).

Der Zugriff auf die Verbindungsdaten ist, gestützt auf § 26 Abs. 1 S. 2 BDSG, nach den gleichen Grundsätzen zulässig wie bei der Telefonüberwachung.

3.5.3 Online-Kommunikation

Die Kontrolle der bilateralen Online-Kommunikation umfasst hier und im Folgenden insbesondere die Überprüfung von Inhalt und Verbindungsdaten von Instantmessages, Chatprotokollen, Nachrichten in sozialen Netzwerken und E-Mails, bei diesen jedoch nur online („webmail") oder im Account. Soweit die Nachricht den Account verlässt, etwa auf der Festplatte abgespeichert oder ausgedruckt wird, greifen die Grundsätze zum Zugriff auf die IT (3.7) bzw. auf Dokumente (3.6). Ist der Übertragungsvorgang beendet, endet auch der Schutz der Online-Kommunikation. Nicht erfasst ist hier die „Kommunikation" im Web 2.0, d. h. über social media, soweit sie sich nicht im Hin und Her mit einem einzigen Adressaten vollzieht (z. B. Tweets, Forenbeiträge).

Von welcher Hardware der Arbeitnehmer kommuniziert (stationärer Rechner, mobile devices), ist unerheblich, es wird auf die Hardware selbst nicht zugegriffen, sondern nur auf die über sie versandten Informationen.

Zur Auswertung der Online-Kommunikation gehört der Zugriff auf Verbindungsdaten und -inhalte, gleich wie er sich technisch im Einzelnen vollzieht. Rechtsgrundlage ist § 26 Abs. 1 S. 2 BDSG (Überblick s. Abb. 3.3). Anderes gilt nur, wenn man mit einer in der rechtswissenschaftlichen Literatur geäußerten, hier bereits referierten Auffassung

Überprüfung der Online-Kommunikation

Rechtsgrundlage: § 26 Abs. 1 S. 2 BDSG	
Verbindungsdaten	Inhalte
Kontrolle zulässig	Private Inhalte: Kontrolle ausgeschlossen, es sei denn Zusammenhang zum Compliance-Verstoß / Dienstliche Inhalte: Kontrolle zulässig

Abb. 3.3 Zulässigkeit der Überprüfung der Online-Kommunikation bei Verdacht eines Compliance-Verstoßes

(Abschn. 2.4.2), davon ausgehen will, Arbeitgeber, die die private Nutzung der Online-Kommunikationsmedien erlauben, seien Diensteanbieter i. S. d. § 3 Nr. 6 TKG. Dann wäre der Zugriff sowohl auf Inhalt als auch Verbindungsdaten der Online-Kommunikation nur anhand des TKG möglich (s. schon oben Abschn. 2.4.2).

Soweit auch Dritte, Kommunikationspartner verdächtiger Arbeitnehmer, von der Maßnahme betroffen sind, ist dies in der Interessenabwägung gem. § 26 Abs. 1 S. 2 BDSG zu berücksichtigen.

Für die Auswertung der Dokumente sind grundsätzlich keine Besonderheiten zu bedenken. Befinden sich unter den aufgefundenen Informationen jedoch personenbezogene Daten anderer Beschäftigter des Arbeitgebers, ist ihre weitere Verwertung nur nach § 26 Abs. 1 S. 1 BDSG zulässig oder gem. § 26 Abs. 1 S. 2 BDSG, wenn die Arbeitnehmer verdächtig sind, sich an der Straftat des kontrollierten Arbeitnehmers beteiligt zu haben. Beziehen sich die personenbezogenen Daten auf andere Personen als Beschäftigte des Arbeitgebers (z. B. Lieferanten, Kunden, Wettbewerber), dürfen diese Daten nur nach Art. 6 EU-DSGVO verarbeitet werden; regelmäßig ist die Rechtsgrundlage Art. 6 Abs. 1 lit. f EU-DSGVO, da die Aufklärung eines Compliance-Verstoßes im berechtigten Interesse des Arbeitgebers liegt.

Wie bei der präventiven Kontrolle ist die gem. § 26 Abs. 1 S. 2 BDSG anzustellende Interessenabwägung abhängig davon, ob der Arbeitgeber die Privatnutzung gestattet hat (zu den Voraussetzungen der Gestattung Abschn. 2.4.1).

3.5.3.1 Privatnutzung ist gestattet

Ist die private Nutzung der Online-Kommunikationsmittel gestattet, ist nach hier vertretener Auffassung der Arbeitgeber zwar nicht beschränkt durch die Vorgaben des TKG. Er muss aber bei einem Zugriff Vorkehrungen treffen für den Fall, dass er auf private Inhalte stößt. Die Möglichkeit, dass er auf private Inhalte stoßen könnte, beeinflusst zugleich die anzustellende Interessenabwägung im Zweifel zugunsten des Arbeitnehmers. Im Einzelnen ist zu differenzieren:

Wenn sie schon zulässig ist zu präventiven Zwecken (Abschn. 2.4.4.1), muss die Auswertung von Protokolldateien und einer etwaigen Betreffzeile dem Arbeitgeber auch auf Grundlage des § 26 Abs. 1 S. 2 BDSG möglich sein, unabhängig davon, ob es sich um private oder geschäftliche Nachrichten handelt.

Der Zugriff auf den Inhalt der E-Mail oder sonstigen Kommunikation ist danach zu beurteilen, ob es sich um private oder geschäftliche Inhalte handelt (üblicherweise ohne Weiteres zu erkennen an der Betreffzeile, am Kommunikationspartner).

Der Zugriff auf die dienstliche Kommunikation ist schon zu präventiven Zwecken zulässig, und deshalb erst recht auch zu repressiven: E-Mails oder andere private Online-Nachrichten sind mit Schriftstücken vergleichbar. Es ist möglich, sich das geschriebene Wort vorher gut zu überlegen, anders als möglicherweise das gesprochene Wort im Telefonat, und ausgedruckt handelt es sich letztlich um ein Schriftstück. Warum aber das online verfasste Schriftstück anders behandelt werden sollte als das analoge, leuchtet nicht ein.[40]

Private Äußerungen müssen hingegen dem Zugriff zur Kontrolle grundsätzlich entzogen sein, hier überwiegt das allgemeine Persönlichkeitsrecht des Arbeitnehmers das Kontrollinteresse des Arbeitgebers. Hier kommt dem Grundsatz der Erforderlichkeit besondere Bedeutung zu: Stellt der Arbeitgeber beim „Anlesen" fest, dass die vermeintlich dienstliche E-Mail privat ist, ist die Auswertung abzubrechen.

Ausnahmen sind jedoch dann gerechtfertigt, wenn die private Äußerung zugleich im Zusammenhang mit der im Raume stehenden Pflichtverletzung steht (z. B.: Verrat von Insiderwissen an Verwandten per E-Mail). In die Interessenabwägung ist auch mit einzubeziehen, ob der Arbeitgeber sich bei Einräumung der Privatnutzungserlaubnis ausdrücklich vorbehalten hat, zu dienstlichen Zwecken auf die Online-Kommunikation zuzugreifen. Selbst ein allgemeiner Hinweis im Rahmen der Weisungen zur Internetnutzung sensibilisiert den Arbeitnehmer dafür, dass keine absolute Vertraulichkeit gegenüber dem Arbeitgeber zu erwarten ist. Voraussetzung für die Rechtmäßigkeit des Zugriffs auf die Inhalte der Kommunikation ist ein solcher Hinweis jedoch nicht.

3.5.3.2 Privatnutzung ist nicht gestattet

Wie bei der Nutzung des Telefons darf der Arbeitgeber, der die Privatnutzung der Online-Kommunikationswege dem Arbeitnehmer nicht gestattet hat, erwarten, dass der Arbeitnehmer sich vertragstreu verhält und die Privatnutzung unterlässt.

Die Interessen des Arbeitgebers sind daher in der gem. § 26 Abs. 1 S. 2 BDSG anzustellenden Abwägung grundsätzlich höher zu bewerten als die des Arbeitnehmers.

---

[40]Im Ergebnis ebenso *Lindemann/Simon*, BB 2001, 1950, 1952; *Mengel*, BB 2004, 2014, 2017.

Der Arbeitgeber hat dem Arbeitnehmer hier keine „Privatsphäre" eingeräumt, die er schützen müsste.

Dementsprechend nimmt die rechtswissenschaftliche Literatur an, dass der Zugriff auf den Inhalt der E-Mails und sonstigen Nachrichten in dieser Konstellation regelmäßig zulässig ist.[41] Der Arbeitgeber darf davon ausgehen, dass alle Inhalte dienstlich sind. Dienstliche digitale Dokumente aber sind nicht anders zu behandeln als dienstliche Schriftstücke (s. 2.6). Der Arbeitgeber kann sie ohne Weiteres einsehen.

Die hier beschriebene Interessenlage führt außerdem dazu, dass nach wohl unbestrittener Auffassung des rechtswissenschaftlichen Schrifttums erst recht die Protokolldateien uneingeschränkt kontrolliert, d. h. sowohl gespeichert als auch ausgewertet, werden dürfen.[42]

Setzt sich der Arbeitnehmer über das Verbot der Privatnutzung hinweg, berechtigt dies den Arbeitgeber zwar nicht, auf die Inhalte der privaten Kommunikation zuzugreifen. Stehen jedoch private E-Mails im Zusammenhang mit der Pflichtverletzung, muss ihre Auswertung zulässig sein, soweit, als sich daraus Hinweise zur Sachverhaltsaufklärung ergeben. Für das Interesse des Arbeitgebers an Aufklärung spricht hier einmal mehr, dass der Arbeitnehmer sich schon dadurch vertragswidrig verhält, dass er privat kommuniziert.

3.5.3.3 Eingrenzung der Arbeitnehmer

Unabhängig davon, ob die Privatnutzung gestattet ist oder nicht, gehört es zu einer ordnungsgemäßen Interessenabwägung, die betroffenen Arbeitnehmer und die zu überwachende Kommunikation einzugrenzen: Besteht der Verdacht, dass der Arbeitnehmer im kollusiven Zusammenwirken mit einer weiteren Person den Pflichtverstoß begangen hat, ist erst die Kommunikation mit dieser Person auszuwerten, bevor geprüft werden kann, ob Hinweise dafür vorliegen, dass weitere Personen in den Pflichtverstoß involviert sind und mit dem Arbeitnehmer auch in Kontakt standen. Die zu prüfenden Nachrichten sind mithin (abhängig von ihrer Art im Einzelfall) anhand von Adressat und weiteren Umständen zur Auswertung vorzuselektieren (geschrieben an verdächtigen Personenkreis, mit verdächtiger Betreffzeile oder im zeitlichen Zusammenhang mit der Pflichtverletzung).

3.5.3.4 Besondere Arbeitnehmergruppen

Bei der Überprüfung von Arbeitnehmern, deren Aufgabe zu einem wesentlichen Teil ist, online zu kommunizieren, gelten hier, anders als bei der präventiven Kontrolle (Abschn. 2.4.3), keine Besonderheiten.

---

[41]*Dann/Gastell*, NJW 2008, 2945, 2947; *Dendorfer-Ditges*, in: Moll, § 35 Rn. 201; *Gola*, MMR 1999, 322, 326; *Mengel*, BB 2004, 2014, 2017; diff. *Ernst*, NZA 2002, 585, 588.

[42]*Dann/Gastell*, NJW 2008, 2945, 2947; *Gola*, MMR 1999, 322, 326 f.; *Mengel*, BB 2004, 2014, 2016.

3.5.4   Mitbestimmung durch den Betriebsrat

Einsatz und Anwendung der technischen Einrichtungen, die zur Überwachung bestimmt sind, sind gem. § 87 Abs. 1 Nr. 6 BetrVG mitbestimmungspflichtig. Die Anwendung umfasst die Art und Weise, in welcher die Einrichtung tatsächlich zur Überwachung verwendet wird, etwa die Einsatzzeiten und die Auswahl der zu überwachenden Arbeitnehmer.[43]

Insbesondere die Erfassung von Telefondaten ist gem. § 87 Abs. 1 Nr. 6 BetrVG mitbestimmungspflichtig, einschließlich der Frage, welche Verhaltens- und Leistungsdaten erfasst und zu welchen Aussagen über Verhalten und Leistung verarbeitet werden.[44] Gleiches gilt für die elektronische Auswertung von Online-Kommunikation (etwa für E-Mail-Screenings).[45]

Trifft die Maßnahme nur einen Arbeitnehmer, der sich konkret verdächtig gemacht hat, muss die Mitbestimmungspflicht hingegen ausscheiden. Die Auswertung von Texten, die nur der Kontrolle des Arbeitsverhaltens dient, ist ferner ebenso mitbestimmungsfrei wie die Auswertung von Dokumenten (sogleich Abschn. 3.6.6).

3.6   Überprüfung von Dokumenten

Die Überprüfung von „Dokumenten" betrifft nicht nur papierne Schriftstücke oder Briefe auf dem Postweg, sondern alle Dokumente, die unabhängig von ihrer Form (schriftlich, elektronisch) oder ihrem Bearbeitungszustand (Entwurf, Brief) am Arbeitsplatz des Arbeitnehmers oder auf IT-Infrastruktur des Arbeitgebers (auch mobiler, etwa Tablets, Smartphones) vorliegen. Es könnte auch von „Schriftverkehr" gesprochen werden, aber mit der Einschränkung, dass es nicht auf Schriftzeichen ankommt, sondern darauf, dass der Arbeitgeber Dokumente in irgendeiner Form (mit oder ohne technische Hilfsmittel) „wahrnehmen" kann: Die hier folgenden Grundsätze gelten insbesondere für Dateien jeden Formats (.docx, .ppt, .jpg. …). Sie gelten auch für die am Arbeitsplatz oder auf Hardware des Arbeitgebers abgelegten Ergebnisse eines Kommunikationsvorgangs (abgespeicherte oder ausgedruckte E-Mails, Chat-Protokolle).

Maßgeblich für die Zulässigkeit der Überwachung ist hier die Unterscheidung, ob es sich bei dem Dokument um ein privates, ein dienstliches oder ein gemischt dienstlich-privates Dokument geht (s. Abb. 3.4). Für die Einteilung in eine dieser Kategorien ist bei elektronischen Dokumenten stets zu klären, ob den Arbeitnehmern die Privatnutzung der IT-Infrastruktur gestattet war oder nicht (zur Gestattung s. Abschn. 2.4.1). Ist sie nicht gestattet, kann der Arbeitgeber grundsätzlich davon ausgehen, der Arbeitnehmer

---

[43]ErfK/*Kania*, § 87 BetrVG Rn. 58 f.
[44]BAG NZA 1986, 643, 644.
[45]*Sittard*, in: Compliance, S. 89, 97 f.

Überprüfung von Dokumenten

Dienstliche Dokumente	Private Dokumente	Gemischte Dokumente
Zugriff unbegrenzt zulässig	Zugriff unzulässig (Ausnahme: Dokument steht im Zusammenhang mit dem Compliance-Verstoß)	wie private Dokumente

Abb. 3.4 Überprüfung von Dokumenten bei Verdacht einer Straftat

werde sich vertragskonform verhalten und keine privaten Informationen auf dienstlicher Infrastruktur vorhalten. Ist sie gestattet, hat der Arbeitgeber Vorkehrungen zu treffen, um private Dokumente zu filtern (etwa die Anweisung an den Arbeitnehmer bereits bei Gestattung der Privatnutzung, private Dokumente separat aufzubewahren).

3.6.1 Zugriff auf dienstliche Dokumente

Dienstliche Dokumente kann der Arbeitgeber jederzeit uneingeschränkt einsehen. Eine Abwägung seiner Interessen mit denen des Arbeitnehmers erfolgt nicht, es geht um Kontrolle in engem Zusammenhang mit dem Weisungsrecht gem. § 106 GewO.

3.6.2 Zugriff auf private Dokumente des Arbeitnehmers

Private Dokumente des Arbeitnehmers, die dieser am Arbeitsplatz verwahrt, sind hingegen auch zu repressiven Zwecken dem Zugriff des Arbeitgebers für Routinekontrollen entzogen. Hier steht das allgemeine Persönlichkeitsrecht des Arbeitnehmers einer Einsichtnahme entgegen.

3.6.3 Zugriff auf geschäftlich-private Dokumente

Handelt es sich um ein „gemischtes" Dokument, in dem sich geschäftliche und private Informationen finden (etwa: Terminkalender des Arbeitnehmers mit privaten und geschäftlichen Verabredungen), gilt dieses Dokument im Rahmen von präventiven Maßnahmen als privat. Ein einzelnes privates Element entzieht grundsätzlich das Dokument der Kontrolle durch den Arbeitgeber.

Für die repressive Ermittlung kann dies allerdings uneingeschränkt nicht gelten. Zu groß wäre die Missbrauchsgefahr – ein kleines privates Element entzöge vorwiegend dienstliche Information dem Zugriff des Arbeitgebers. Zu verfahren ist daher hier wie bei der Überwachung der Online-Kommunikation: Steht das private Dokument im Zusammenhang mit dem dem Arbeitnehmer vorgeworfenen Pflichtverstoß, etwa weil es Aufzeichnungen über den Verstoß enthält, muss es grundsätzlich auch der Auswertung zugänglich sein. Grenze ist die Intimsphäre des Arbeitnehmers, die der Arbeitgeber zu respektieren hat (keine Auswertung von Tagebucheinträgen).

3.6.4 Zugriffsrecht zur Feststellung der Privatheit

Der Arbeitgeber muss ferner private Dokumente auch insoweit einsehen können, als dies erforderlich ist, um festzustellen, ob es sich um ein privates oder ein dienstliches Dokument handelt (wenn dies nicht bereits aus den Umständen offensichtlich ist, etwa bei einem Tagebuch). Anderenfalls bestünde ein zu hohes Missbrauchspotenzial, der Arbeitnehmer könnte dienstliche, inkriminierende Dokumente im Ordner „privat" abspeichern, um dem Arbeitgeber den Zugriff zu entziehen. Erkennt der Arbeitgeber, dass es sich um ein privates Dokument handelt, hat er die weitere Auswertung zu unterlassen. Bei der Prüfung, welche Dokumente wie zuzuordnen sind, muss der Arbeitnehmer grundsätzlich zugegen sein oder zumindest zugegen sein dürfen: Hat der Arbeitgeber erst Zugriff auf die Dokumente, sind sie dem Zugriff des Arbeitnehmers entzogen, kann er Beweise sichern. Die Anwesenheit des Arbeitnehmers beeinträchtigt die Aufklärung nicht, wenn der Arbeitgeber erst Zugriff auf die Dokumente hat. Anderes gilt nur, wenn der Ermittlungserfolg gefährdet würde, wenn der Arbeitnehmer von der Maßnahme in Kenntnis gesetzt wird, etwa, weil zu befürchten steht, dass er Mittäter warnen oder andere Beweise unterdrücken wird.

3.6.5 Auswertung personenbezogener Daten Dritter

Befinden sich unter den aufgefundenen Informationen jedoch personenbezogene Daten anderer Beschäftigter des Arbeitgebers, ist ihre weitere Verwertung nur nach § 26 Abs. 1 S. 1 BDSG zulässig und gem. § 26 Abs. 1 S. 2 BDSG, wenn die Arbeitnehmer verdächtig sind, sich an dem Rechtsverstoß des kontrollierten Arbeitnehmers beteiligt zu haben. Beziehen sich die personenbezogenen Daten auf andere Personen als Beschäftigte des Arbeitgebers (z. B. Lieferanten, Kunden, Wettbewerber), dürfen diese Daten nur gem. Art. 6 EU-DSGVO verarbeitet werden; regelmäßig ist die Rechtsgrundlage Art. 6 Abs. 1 lit. f EU-DSGVO, da die Verarbeitung der Daten zur Aufklärung eines Compliance-Verstoßes die Datenverarbeitung zur Wahrung der berechtigten Interessen des Arbeitgebers erforderlich macht.

3.6.6   Mitbestimmung durch den Betriebsrat

Herausgabeverlangen und Auswertung von dienstlichen Dokumenten im Rahmen interner Ermittlungen zur Kontrolle des Arbeitsverhaltens sind mitbestimmungsfrei.[46]

3.7   Überwachung der IT-Nutzung

Die Überwachung des IT-Nutzungsverhaltens weist gewisse Bezüge und Schnittstellen zur Überwachung der Online-Kommunikation auf: Das Verhalten im Web 2.0 (hier unter Abschn. 3.7.2) lässt sich auch als eine Form der Online-Kommunikation einstufen, allerdings mit einem unbestimmten Personenkreis. Ein Zugriff auf die Hardware (hier Abschn. 3.7.1) kann ebenfalls Rückschlüsse auf die Online-Kommunikation zulassen. Soweit mit dem Zugriff auf die IT-Hardware ein Zugriff auf Dokumente verbunden ist, s. bereits Abschn. 3.6.

3.7.1   Überwachung der IT-Hardware

Die Überwachung der Hardware des Arbeitnehmers bezieht sich nicht auf die von ihm auf betrieblicher Infrastruktur gelagerten Dateien und Dokumente, sondern auf das Nachverfolgen des Arbeitsverhaltens. Dieses hat in den internen Untersuchungen regelmäßig weitaus weniger Bedeutung als der Zugriff auf Festplatteninhalte. Es geht um Dokumentenmanagementsysteme, Prüfung des Internetnutzungsverhaltens abseits der Kommunikation, Shadowing, das den Rechner des Arbeitnehmers unter die Kontrolle des die Maßnahme durchführenden stellt, oder Spiegeln, bei dem ein exaktes Abbild des Rechners des Arbeitnehmers auf einem fremden Rechner angelegt wird.

Auf die Art der Hardware kommt es für die rechtliche Beurteilung nicht an. Erfasst sind mobile Infrastruktur wie Diensthandys, Smartphones, Laptops und Tablets ebenso wie stationäre Infrastruktur. Die folgenden Grundsätze gelten jedoch nur für dienstliche Infrastruktur, d. h. für solche Hardware, die aus der Sphäre des Arbeitgebers stammt.

Wie bei der Kontrolle der Telekommunikation ist auch beim Zugriff auf Daten zum IT-Nutzungsverhalten allgemein zu prüfen, ob der Arbeitgeber neben der beruflichen auch die private Nutzung gestattet hat (dazu s. Abschn. 2.4.1).

3.7.1.1 Überwachung kommunikationsnetzgestützten Verhaltens

Unter kommunikationsnetzgestütztes Verhalten fällt insbesondere die Überwachung der Internet- und der Intranetnutzung, soweit sie nicht E-Mails oder sonstige bilaterale

---

[46]*Göpfert/Merten/Siegrist*, NJW 2008, 1703, 1708; *Mengel/Ullrich*, NZA 2006, 240, 244.

Kommunikation betrifft. Es geht etwa um „Webtracking-Tools", die es gestatten, zu kontrollieren, welche Internetseiten besucht wurden oder werden, sei es durch spezielle Programme oder durch Auswertung der ohnehin vom Browser oder Rechner gespeicherten Daten (Cookies, Cache, History). Ziel kann sein, eine grundsätzlich verbotene private Internetnutzung, eine zu extensive private Internetnutzung oder illegale Onlineaktivitäten nachzuweisen.

Geht man davon aus, dass der Arbeitgeber durch Gestattung der privaten Nutzung nicht zum Diensteanbieter i. S. d. TKG wird (s. Abschn. 2.4.2), richtet sich die Zulässigkeit repressiver Maßnahmen – sei es die Erhebung neuer Daten oder die Auswertung ohnehin vorliegender Daten (z. B. aus Cookies) – stets nach § 26 Abs. 1 S. 2 BDSG. Ob der Arbeitgeber die private Nutzung erlaubt hat, ist dennoch zu bedenken: Zwar ist es für die Rechtsgrundlage ohne Bedeutung; der Arbeitnehmer aber ist, wenn die Privatnutzung nicht gestattet wurde, weniger schutzbedürftig als bei gestatteter Privatnutzung, bei der schließlich stets die Gefahr besteht, dass der Arbeitgeber auf Daten aus dem persönlichen Lebensbereich des Arbeitnehmers Zugriff erhält.

Sieht man es schon zu präventiven Zwecken als zulässig an, dass der Arbeitgeber IP-Adresse, Art des genutzten Dienstes, Zeitpunkt, Dauer und Umfang des Datenverkehrs speichert (s. Abschn. 2.6.1), kann für repressive Zwecke nichts anderes gelten.

Auch auf die Inhalte der Verbindung, etwa auf den Inhalt heruntergeladener Dateien, muss der Arbeitgeber zu repressiven Zwecken gestützt auf § 26 Abs. 1 S. 2 BDSG zugreifen können. Voraussetzung hierfür ist jedoch insbesondere die Erforderlichkeit des Zugriffs, was bedeutet, dass der Zugriff auf Inhalte ausgeschlossen ist, wenn der Nachweis rechtswidrigen oder sonst vertragsverletzenden Verhaltens schon aufgrund der Verbindungsdaten oder des bloßen Umstands, dass überhaupt eine Verbindung zustande gekommen ist, geführt werden kann (Abb. 3.5).

3.7.1.2 Kontrolle sonstigen IT-Nutzungsverhaltens

Neben der Kontrolle des kommunikationsnetzgestützten Verhaltens kann es im Rahmen interner Ermittlungen notwendig werden, auf den Rechner des Arbeitnehmers zuzugreifen und zu verfolgen, wie sein Nutzungsverhalten „offline" aussieht. Im Vordergrund steht aber nicht der Zugriff auf Dokumente, sondern die Verfolgung von Prozessen.

Hierher gehören etwa Programme, die in bestimmten Zeitabständen (ohne Wissen des Arbeitnehmers) Screenshots vom aktuellen Screen des Arbeitnehmerrechners anfertigen (sodass der Ermittler an seinem Rechner sehen kann, was der Arbeitnehmer sieht).

§ 26 Abs. 1 S. 2 BDSG gestattet die Kontrolle bei Vorliegen tatsächlicher Anhaltspunkte für eine Straftat oder schwere Vertragsverletzung. Einschränkungen ergeben sich aus dem Verhältnismäßigkeitsgrundsatz: Die Überwachung des Arbeitnehmerverhaltens „offline" ist ein besonders schwerer Eingriff in das allgemeine Persönlichkeitsrecht des Arbeitnehmers, insbesondere wenn sie (wie zur Aufklärung von Compliance-Verstößen meist notwendig) verdeckt erfolgt. Der Arbeitnehmer rechnet mit ihr weniger als wenn er online ist.

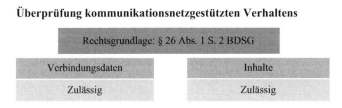

Überprüfung kommunikationsnetzgestützten Verhaltens

Abb. 3.5 Überprüfung kommunikationsnetzgestützten Verhaltens bei Verdacht einer Straftat

Die Maßnahme ist daher insbesondere zeitlich zu begrenzen. Wird innerhalb eines bestimmten Zeitraums (dessen Dauer variiert abhängig von der Art und Schwere des aufzuklärenden Rechtsverstoßes) kein Fehlverhalten des Arbeitnehmers aufgrund der Maßnahme offenbar, ist sie abzubrechen. Eine totale Überwachung, bei welcher der Arbeitnehmer lückenlos und unbemerkt über einen längeren Zeitraum hinweg beobachtet wird, ist stets unverhältnismäßig.

Im Übrigen muss auch hier der Zugriff auf privates Nutzungsverhalten ausgeschlossen sein. Abhängig von der Art der Kontrolle, die der Arbeitgeber plant, kann dies problematisch werden: Nutzt der Arbeitnehmer dienstliche Geräte auch privat, vermischen sich dienstliche und private Aktivitäten. Überprüft der Arbeitgeber nur das Verhalten des Arbeitnehmers bei Ausführung bestimmter Programme, die regelmäßig nur aus dienstlichen Gründen verwendet werden (z. B. Aktenbearbeitung mit elektronischem Dokumentenmanagementsystem), muss er zwar keine Vorkehrungen zum Schutz privater Informationen treffen.

Eine klare Trennung ist aber bei anderen Maßnahmen, wie etwa automatischen Screenshots, nicht möglich. Der Arbeitgeber weiß nie, ob der Arbeitnehmer nicht gerade die Hardware privat nutzt. § 26 Abs. 1 S. 2 BDSG muss dazu führen, dass die Datenerhebung sofort abzubrechen ist, sobald private Inhalte und Aktivitäten erfasst werden. Die bereits erhobenen Daten dürfen auch nicht ausgewertet werden. Ist dies technisch nicht möglich, ist die Maßnahme im Ganzen unzulässig.

Damit werden großzügige Arbeitgeber zwar schlechter gestellt als solche, die eine Privatnutzung dienstlicher Hardware verbieten (Letzteren genügt der bloße Umstand, dass der Arbeitnehmer sie weisungswidrig privat nutzt, um Sanktionen zu rechtfertigen). Die Privatsphäre des Arbeitnehmers ist jedoch absolute Grenze für den Arbeitgeber.

3.7.1.3 Kontrolle des Verhaltens im „Web 2.0"

Erhofft sich der Arbeitgeber Erkenntnisse über Straftaten durch die Aktivitäten eines Arbeitnehmers im Web 2.0, d. h. auf Plattformen wie Facebook, Twitter oder LinkedIn, ohne dass das Nutzungsverhalten auf Übermaß, sondern vielmehr der Inhalt der Beiträge des Arbeitnehmers überprüft werden soll (sonst Abschn. 3.7.1), ist zu unterscheiden (s. Abb. 3.6).

Überwachung des Arbeitnehmers im Web 2.0

	Öffentlich zugängliche Inhalte	Private Inhalte	Inhalte unter Zugangsbeschränkung
Gesetzliche Grundlage	§ 26 Abs. 1 S. 2 BDSG		
Ziel der Kontrolle:	- Nachweis unzulässiger privater Nutzung - Nachweis extensiver privater Nutzung - Nachweis illegaler Onlineaktivitäten - Nachweis unangemessener oder strafbarer Äußerungen über den Arbeitgeber - Nachweis sonstiger schwerer Vertragsverletzungen		
Zulässigkeit des Zugriffs	zulässig	ausgeschlossen	kein „Einschleichen" in private Netzwerke (unter falscher Identität), i.Ü. zulässig

Abb. 3.6 Zulässigkeit der Überwachung des Arbeitnehmers im Web 2.0 bei Verdacht einer Straftat

Auf die Inhalte und Nutzungsdaten von Arbeitgeberaccounts hat der Arbeitgeber selbst stets vollen Zugriff, er kann jederzeit dem Arbeitnehmer auch die Zuständigkeit für den Account entziehen, das Passwort ändern etc.

Die Inhalte von Arbeitnehmeraccounts, die der Arbeitnehmer auf Veranlassung des Arbeitgebers unterhält, müssen ebenfalls als Arbeitgeberaccounts gelten.

Accounts, die der Arbeitnehmer zwar in beruflichem Zusammenhang unterhält, dies aber nicht auf Veranlassung des Arbeitgebers, wenn auch vielleicht mit dessen Wissen oder gar Billigung (etwa: private Accounts bei Karrierenetzwerken wie LinkedIn oder Xing), sind im Ergebnis private Accounts. Erst recht gilt dies bei offensichtlich überwiegend aus persönlichen Gründen angelegten Accounts, etwa bei Facebook. Der Zugriff auf private Accounts ist auch im Rahmen interner Ermittlungen unzulässig, insbesondere darf der Arbeitgeber nicht private Accounts des Arbeitnehmers „hacken".

Hat der Arbeitgeber Anhaltspunkte, dass ein Arbeitnehmer sich bei seinem Verhalten im Web 2.0 vertragswidrig verhalten hat, und will er nicht auf den Account, sondern auf die Inhalte (etwa: negative Äußerungen über den Arbeitgeber; Kontaktaufnahme zu Wettbewerbern) zugreifen, ist Rechtsgrundlage hierfür § 26 Abs. 1 S. 2 BDSG. Für die Interessenabwägung ist maßgebend, ob die Inhalte allgemein zugänglich sind oder ob sie Zugangsbeschränkungen unterliegen.

Zu allgemein zugänglichen Inhalten (etwa bei Youtube) kann der Arbeitgeber sich selbst Zugang verschaffen und auf Inhalte in halb-öffentlichen Communities (soziale Netzwerke, Foren, Blogs, bei denen der Zugriff allenfalls durch für grds. jeden mögliche Registrierung beschränkt ist) selbst zugreifen. Der Zugriff hier wiegt nicht besonders schwer. Wer sich in frei zugänglichen Bereichen des Internets äußert, muss damit rechnen, dass seine Äußerungen publik werden. Oft ist der Arbeitnehmer auch deshalb nicht schutzwürdig, weil die Daten, auf die aufgrund des § 26 Abs. 1 S. 2 BDSG zugegriffen wird, zugleich auch die Verletzung arbeitsvertraglicher Pflichten darstellen, etwa die Straftatbestände der Beleidigung, üblen Nachrede oder Verleumdung (§§ 185 ff. StGB) erfüllen.

Vom Zugriff des Arbeitgebers ausgeschlossen sind hingegen rein private Webseiten und Anwendungen des Arbeitnehmers, und solche, die nur einem eingegrenzten Personenkreis zugänglich sind. Praktisch kann die Zugangsbeschränkung etwa durch Passwortschutz vollzogen sein, in Form einer Zugangskontrolle durch die Mitglieder („Freunde" bei Facebook) oder durch Merkmale, die nicht jeder erfüllen kann („Abschlussklasse 2000"). Zum Passwortschutz hinzukommen muss die Abrede unter den Beteiligten, das Passwort nicht weiterzugeben. Äußert sich der Arbeitnehmer in einer so geschützten Web-Umgebung, etwa in einem privaten Blog, das nur seinen Familienmitgliedern und engsten Freunden zugänglich ist, und fällt in diesem Zusammenhang eine unangemessene Äußerung, liegt schon keine Vertragsverletzung/Straftat vor: Jeder hat das Recht, sich in seinem engsten Lebensbereich, in kleinem Kreise, „auszusprechen".

Keine zulässige Datenerhebung liegt vor, wenn der Arbeitgeber sich in den Bereich des eingeschränkten Zugangs „einschleicht", etwa sich bei Facebook unter Vorspiegelung einer falschen Identität zu den „Freunden" des Arbeitnehmers hinzufügen lässt. Anders liegt der Fall, wenn ein „echter" online-„Freund" des verdächtigen Arbeitnehmers auf Wunsch des Arbeitgebers hin Informationen offenbart oder den verdächtigen Arbeitnehmer dazu verleitet, Informationen preiszugeben. Hier ist der Zugriff unbeschränkt zulässig: Die dritte Person, häufig Kollege des Arbeitnehmers, kommt nur seinen eigenen arbeitsvertraglichen Pflichten nach, täuscht dabei aber den Arbeitnehmer nicht über seine Identität. Mit dem Risiko, dass einer der Kollegen Informationen, die er für sich behalten sollte, an den Arbeitgeber weiterträgt, muss der Arbeitnehmer leben.

3.7.2   Mitbestimmung durch den Betriebsrat

Da das Internet die Überwachung des Arbeitnehmers ermöglicht, hat der Betriebsrat ein Mitbestimmungsrecht bei den Modalitäten der Einführung und Anwendung gem. § 87 Abs. 1 Nr. 6 BetrVG.[47]

3.8   Verwendung biometrischer Daten

Die Verwendung biometrischer Daten ist gem. Art. 9 Abs. 1 EU-DSGVO dem Arbeitgeber grundsätzlich versagt.

§ 26 Abs. 3 BDSG erklärt zwar die Verwendung biometrischer Daten im Beschäftigungskontext für zulässig, wenn sie zur Ausübung von Rechten oder zur Erfüllung rechtlicher

---

[47]*Lindemann/Simon*, BB 2001, 1950, 1954; *Weißnicht*, MMR 2003, 448, 452.

Pflichten aus dem Arbeitsrecht erforderlich ist. Regelmäßig ist dies aber bei der Aufklärung von Compliance-Verstößen nicht der Fall, da andere Mittel v. a. zu Identifizierung, insbesondere zur Zugangskontrolle oder zum Nachweis eines Zutritts, zur Verfügung stehen, die weniger intensiv in die Rechte des Arbeitnehmers eingreifen, etwa die Vergabe von Passwörtern oder die Konsultation von Dienstplänen.

Ist ausnahmsweise die Verwendung biometrischer Daten zu präventiven Zwecken zulässig (s. 2.7), etwa zur Zugangskontrolle für im öffentlichen Interesse geheim zu haltende Informationen, muss jedoch auch ihre Auswertung zur Aufklärung eines Compliance-Verstoßes zulässig sein.

Die Installation einer Anlage, welche biometrische Daten der Arbeitnehmer erhebt und/oder auswertet, unterliegt der zwingenden Mitbestimmung durch den Betriebsrat gem. § 87 Abs. 1 Nr. 6 BetrVG.[48] Der Einsatz der Anlage und die Verwertung der Daten im Einzelfall ist nicht mitbestimmungspflichtig, solange nur die Daten eines einzelnen Arbeitnehmers, der sich verdächtig gemacht hat, betroffen sind.

3.9   Verwendung von Standortdaten

Die Verwendung von Standortdaten eignet sich zum Nachweis, wann sich ein Arbeitnehmer an welchem Ort aufgehalten hat, und kann daher im Zusammenhang mit anderen Informationen (Tatbegehung an einem bestimmten Ort) zur Ermittlung des Täters führen.

3.9.1   Zulässigkeit der Ortung

§ 26 Abs. 1 S. 2 BDSG gestattet die Ortung, wenn zu dokumentierende tatsächliche Anhaltspunkte den Verdacht begründen, dass der betroffene Arbeitnehmer im Beschäftigungsverhältnis eine Straftat begangen hat und die Maßnahme nicht unverhältnismäßig ist. Nach in der Literatur vertretener Auffassung soll jedoch ein heimlicher Einsatz der Ortungssysteme (zumindest in Form bestimmter technischer Mittel wie GPS) ausgeschlossen sein.[49]

Dem ist insoweit zuzustimmen, als die Bestimmung des Bewegungsprofils und des Aufenthaltsortes des Arbeitnehmers ein besonders weitreichender Eingriff in dessen allgemeines Persönlichkeitsrecht ist. Der heimliche Einsatz eines Ortungssystems zur Aufklärung von Straftaten oder sonstigen Pflichtverletzungen muss daher im Grundsatz ausgeschlossen sein.

Anderes muss jedoch gelten, wenn der Arbeitnehmer weiß, dass seine Arbeitsmaterialien oder dass er selbst mit einer Vorrichtung zur Ortung ausgestattet ist. Davon kann der

---

[48]BAG NZA 2004, 556.

[49]*Gola*, NZA 2007, 1139, 1143, zudem ergebe sich ein Verwertungsverbot (für die Handyortung).

Arbeitgeber ausgehen, wenn er den Arbeitnehmer auf die Ortungsvorrichtung hingewiesen hat. Entbehrlich ist der Hinweis, wenn einem Arbeitsgerät die Möglichkeit der Ortung immanent und allgemein bekannt ist. So muss der Arbeitgeber, um zulässigerweise verdeckt Standortdaten auswerten zu können, bei einem Kleidungsstück auf das Ortungssystem hinweisen; bei einem Mobilfunkgerät hingegen nicht. Dass der Arbeitnehmer weiß, dass und wann er konkret geortet wird, ist nicht erforderlich – wenn er um die bloße Möglichkeit des Geortetwerdens weiß, genügt dies, um zu repressiven Zwecken auch die verdeckte die Ortung und die Verwertung ihrer Ergebnisse zulässig zu machen.

3.9.2 Ortung beweglicher Sachen

Die Ortung beweglicher Sachen ist, soweit sie nicht im Zusammenhang mit personenbezogenen Daten steht, unbeschränkt zulässig. So können Ortungssysteme etwa eingesetzt werden, um gestohlenes Arbeitsmaterial oder Fahrzeuge aus der Fahrzeugflotte des Arbeitgebers wiederzuerlangen.

Die Zulässigkeit der Ortung richtet sich jedoch wieder nach § 26 BDSG, soweit mit ihr Beschäftigtendaten erhoben werden (zu ihr soeben Abschn. 3.9.1).

Problematisch sind „Zufallsfunde": Der Arbeitgeber ortet ein verschwundenes Arbeitsgerät und stellt dabei fest, dass es sich im Besitz eines seiner Arbeitnehmer befindet. Durfte der Arbeitgeber davon ausgehen, dass der Arbeitnehmer die Sache nicht benutzt (etwa: der Arbeitnehmer, der sie benutzen sollte, erstattet ausdrücklich Fehlanzeige), muss die Verwertung der Daten, selbst wenn ihre Erhebung § 26 BDSG nicht entspricht, zulässig sein.

3.9.3 Mitbestimmung durch den Betriebsrat

Die Einführung und Anwendung von Ortungssystemen ist gem. § 87 Abs. 1 Nr. 6 BetrVG als technische Einrichtung mitbestimmungspflichtig.[50] Anderes kann nur gelten, wenn ein Arbeitnehmer aufgrund eines konkreten Verdachts im Einzelfall geortet wird.

3.10 Datenabgleich

Der Datenabgleich hat neben dem präventiven auch einen repressiven Anwendungsbereich: Ist eine Straftat oder sonstige Vertragsverletzung, etwa Korruption eines Arbeitnehmers, aufgedeckt worden, kann es sinnvoll sein, mithilfe eines elektronischen

---

[50]ArbG Kaiserslautern, Beschl. v. 27.8.2008, 1 BVGa 5/08; *Oberwetter*, NZA 2008, 609, 612; *Thüsing/Forst*, in: Thüsing (Hrsg.), § 12 Rn. 36.

Abgleichs seiner Daten mit denen von Lieferanten oder Kunden weitere Anomalien zu suchen. Soweit keine Transaktionen mit Personenbezug oder Arbeitnehmerdaten unmittelbar, sondern E-Mails, Internet- oder Telefonverbindungsdaten abgeglichen werden, s. Abschn. 3.5.1, 3.5.3 und 3.6.

Rechtsgrundlage des Screenings ist § 26 Abs. 1 S. 2 BDSG. Legitimer Zweck der Maßnahme ist die Aufdeckung einer Straftat oder einer sonstigen schweren Pflichtverletzung meist die Aufklärung von Korruptionsfällen oder von sonstigen Vermögensdelikten zulasten des Arbeitgebers.

Das Prinzip der Erforderlichkeit verpflichtet dazu, zunächst nur den verdächtigen Arbeitnehmer einzubeziehen oder solche Arbeitnehmer, die nach ihrer Stellung im Unternehmen den konkret aufzuklärenden Compliance-Verstoß verwirklichen können.

Die sodann anzustellende Interessenabwägung wird bestimmt durch die Schwere des aufzuklärenden Rechtsbruchs und die Sensibilität der abgeglichenen Daten (Kontodaten; Adressdaten; Pseudonymisierung). Wenn tatsächliche Anhaltspunkte für eine Straftat/schwere Vertragsverletzung vorliegen und das Screening nur noch dazu dient, den Verantwortlichen zu identifizieren, muss die Interessenabwägung zugunsten des Arbeitgebers ausgehen.[51]

Der Einsatz von Programmen zum Datenabgleich ist, ebenso wie der konkrete Datenabgleich (hinsichtlich der zur Überprüfung herangezogenen Arbeitnehmergruppen) gem. § 87 Abs. 1 Nr. 6 BetrVG mitbestimmungspflichtig.[52] Umstritten ist, ob ein Mitbestimmungsrecht des Betriebsrats auch aus § 87 Abs. 1 Nr. 1 BetrVG folgt.[53]

3.11 Befragung von Arbeitnehmern („Interviews")

Im Verlauf der Ermittlungen kann es zweckmäßig werden, Arbeitnehmer zu der aufzuklärenden Tat zu befragen – den verdächtigen Arbeitnehmer selbst oder etwaige Zeugen (Checkliste s. Abb. 3.7). Meist wird die Befragung eher am Ende der Ermittlungen stehen, wenn alle Beweise gesichert sind. Ist der Sachverhalt relativ einfach zu erfassen (z. B. einfacher Diebstahl), kann eine Konfrontation des verdächtigen Arbeitnehmers aber auch sehr zeitnah erforderlich werden.

3.11.1 Gespräch mit dem verdächtigen Arbeitnehmer

Anders als die Anhörung vor Ausspruch einer Verdachtskündigung, bei der es mitunter nur noch darum geht, die Voraussetzungen für die Wirksamkeit der Kündigung zu

---

[51]So wohl auch *Mähner*, MMR 2010, 379, 381.

[52]Ausdiff., für den Fall des pseudonymisierten/anonymisierten Abgleichs, *Kock/Franke*, NZA 2009, 646, 649. Näher *Diller*, BB 2009, 438.

[53]Dagegen *Diller*, BB 2009, 438; dafür *Steinkühler*, BB 2009, 1294.

Durchführung von Interviews

Ziel	Sachverhaltsaufklärung
Teilnehmer	- Teilnahmepflicht des Arbeitnehmers - Vorzugsweise zwei Interviewer auf Seiten des Arbeitgebers
Aufzeichnung	- Protokollierung stets zulässig - Aufzeichnung des Gesprächs nur mit Einwilligung aller Beteiligten (einschließlich des interviewten Arbeitnehmers)
Gesprächsinhalt	- Anforderungen an die Gesprächsführung nur bei Vorbereitung einer Verdachtskündigung - Grds. aber dennoch: Arbeitnehmer muss Möglichkeit haben, Entlastendes vorzutragen
Hinzuziehung externer Dritter (Anwälte)	- kein Recht des Arbeitnehmers, Dritte hinzuziehen - Ausnahme: Arbeitgeber zieht Dritte zur eigenen Unterstützung hinzu
Beteiligung des Betriebsrats	Allenfalls nach § 82 Abs. 2 S. 2 BetrVG: Arbeitnehmer kann ein Mitglied des Betriebsrats hinzuziehen, wenn die Beurteilung seiner Leistungen/ seine berufliche Entwicklung im Betrieb erörtert wird

Abb. 3.7 Durchführung von Interviews

schaffen,[54] dient das „Interview" mit dem verdächtigen Arbeitnehmer der Aufklärung eines Sachverhalts.

3.11.1.1 Teilnahmepflicht des Arbeitnehmers

Dass der Arbeitnehmer an dem Interview teilnehmen muss, ergibt sich aus der Natur des Arbeitsverhältnisses,[55] aus § 106 GewO. Der Arbeitgeber kann die sich nur dem Rahmen nach aus dem Arbeitsvertrag ergebende Arbeitspflicht näher konkretisieren, auch bezüglich Ordnung und Verhalten im Betrieb und im Hinblick auf so genannte leistungssichernde Verhaltenspflichten.[56] Sollen diesbezüglich Weisungen erteilt oder soll die Nichteinhaltung von Weisungen beanstandet werden, ist der Arbeitgeber berechtigt, den Arbeitnehmer zur Teilnahme an Gesprächen zu verpflichten.

3.11.1.2 Anforderungen an das Gespräch

Bei der Ausgestaltung des Gesprächs ist der Arbeitgeber formell und grundsätzlich auch inhaltlich frei.[57] So bedarf es insbesondere keiner „Belehrung" des Arbeitnehmers, etwa

---

[54]Zur Verdachtskündigung s. 4.1.3.4.

[55]Zur Teilnahmepflicht bereits *Rudkowski*, NZA 2011, 612.

[56]BAG NZA 2009, 1011.

[57]Zu den Anforderungen an das Gespräch bereits *Rudkowski*, NZA 2011, 612 f.

darüber, dass ihm eine bestimmte Pflichtverletzung zur Last gelegt wird oder dass etwaige im Gespräch gemachte Angaben auch strafprozessual verwertet werden könnten.[58] Derartige Vorgaben wären dem Strafprozessrecht entlehnt, das im Verhältnis von Arbeitgeber zu Arbeitnehmer keine Anwendung findet.

Soll allerdings das Interview ausnahmsweise mit der Anhörung für eine spätere Verdachtskündigung verbunden werden, sind die vom BAG für diese Anhörung aufgestellten Anforderungen zu beachten.[59] Dann hat das (nur noch vermeintliche) „Interview" sich auf einen greifbaren Sachverhalt zu beziehen. Dem Arbeitnehmer ist die Möglichkeit zu geben, bestimmte Tatsachen zu bestreiten oder Entlastendes zu bezeichnen.

Letzteres muss allerdings auch beim „klassischen" Interview gelten, aus Rücksicht auf den Arbeitnehmer. Lediglich die Einschränkung, dass die Anhörung einen „greifbaren Sachverhalt" betreffen muss, ist vom Recht der Verdachtskündigung nicht auf Interviews zu übertragen. Zwar wird es praktisch erforderlich sein, bestimmte Vorkommnisse anzusprechen, schon, weil der Arbeitnehmer sich zu ihnen äußern soll. Zu einer Schilderung eines „greifbaren Sachverhalts" und damit konkreter Vorgänge im Einzelnen wird der Arbeitgeber aber oft noch nicht in der Lage sein: Bei der Verdachtskündigung besteht nur noch eine Ungewissheit, ob der Arbeitnehmer eine bereits genau bestimmte Pflichtverletzung auch wirklich begangen hat. Bei einem Interview dagegen können die Einzelheiten der Pflichtverletzung noch völlig im Dunkeln liegen. Daneben hätte die Verpflichtung, dem Arbeitnehmer einen „greifbaren Sachverhalt" und damit einen konkreten Verdacht zum Tathergang vorzutragen, die ungünstige Nebenwirkung, dass der Arbeitgeber gegenüber dem Arbeitnehmer aufdecken müsste, was er bereits weiß oder sich „zusammengereimt" hat. Das könnte dem Arbeitnehmer die Verschleierung des Geschehens erleichtern.

Obgleich keine formellen Anforderungen bestehen, empfiehlt es sich, mindestens zwei Interviewer einzusetzen, um die Aussagen des Arbeitnehmers besser aufnehmen und verwerten und ggf. in einen Prozess besser einbringen zu können.

Heimliches Mithörenlassen von Gesprächen zwischen Arbeitnehmer und Arbeitgeber/ Vorgesetztem ist hingegen im Grundsatz unzulässig und das erlangte Wissen im Regelfall nicht im gerichtlichen Verfahren verwertbar.[60] Das Aufzeichnen des Gesprächs ist zulässig, wenn der Arbeitnehmer sich hiermit im Voraus einverstanden erklärt hat, ist allerdings mit dem Risiko behaftet, dass der Arbeitnehmer diese Einwilligung während des Gesprächs widerruft, aufgrund des Mitschnitts sein Aussageverhalten ändert oder sich die Einwilligung aufgrund eines unangemessenen Drucks zu ihrer Erteilung als unwirksam herausstellt.

---

[58]Da diese Anforderungen nicht einmal vor der Anhörung zu einer Verdachtskündigung bei einem Auszubildenden bestehen (BAG NZA 2015, 741), kann beim Interview eines Arbeitnehmers erst recht nichts anderes gelten.

[59]BAG NZA 2008, 809, 810.

[60]BAG NZA 1998, 307, 308.

3.11.1.3 Auskunftsverweigerungsrecht des Arbeitnehmers

Der Arbeitnehmer hat wahrheitsgemäß über das ihm vorgehaltene Geschehen Auskunft zu erteilen, mit einem Schweigerecht allerdings, soweit er sich selbst belasten müsste.[61]

Anerkannt ist zwar, dass der Arbeitnehmer nicht generell dem Arbeitgeber für Auskünfte zur Verfügung stehen muss.[62] Der Arbeitgeber darf den Arbeitnehmer aber anweisen, wahrheitsgemäß und vollständig Auskunft zu erteilen über Art und Umfang der eigenen Leistung, über den eigenen Arbeitsbereich insgesamt sowie über Wahrnehmungen im Zusammenhang mit der Arbeitsleistung.[63]

Zur Offenbarung von Umständen, die kündigungsrechtlich verwertet werden können, ist der Arbeitnehmer aber nicht verpflichtet.[64]

Muss er sich selbst belasten, ist ihm die wahrheitsgemäße Auskunft unzumutbar.[65] In einer Abwägung des Aufklärungsinteresses des Arbeitgebers mit dem allgemeinen Persönlichkeitsrecht des Arbeitnehmers überwiegt Letzteres. Das gilt vor allem, weil die Interessen des Arbeitgebers weitaus weniger stark ins Gewicht fallen, als man auf den ersten Blick annehmen könnte: Das Interesse an einer Leistungs- und Verhaltenskontrolle wird nicht durch ein Schweigerecht beeinträchtigt. Dem Arbeitgeber stehen im Arbeitsverhältnis diverse andere Möglichkeiten zur Verfügung, Compliance-Verstöße aufzudecken, von der Zeugenbefragung bis hin zu den hier bereits vorgestellten Ermittlungsmaßnahmen. Ein Interesse an der zweifelsfreien Feststellung des Sachverhaltes wie in einem staatlichen Strafverfahren, an einem „Nachweis" der Tat, hat der Arbeitgeber nicht. Er kann vielmehr verdächtige Arbeitnehmer durch eine Verdachtskündigung aus dem Betrieb entfernen und so weitere Rechtsverletzungen vermeiden.

3.11.2 Gespräch mit dem Zeugen-Arbeitnehmer

Soweit der Arbeitnehmer Informationen mitteilen soll über Fehlverhalten anderer Arbeitnehmer, kann er sich ebenfalls grundsätzlich auf sein allgemeines Persönlichkeitsrecht berufen. Er hat ein Interesse daran, vor seinen Kollegen nicht als „Verräter" dazustehen. Allerdings ist die Interessenlage aufseiten des Arbeitgebers regelmäßig eine andere.[66]

Ist dem Arbeitnehmer die Überwachung und Kontrolle eines anderen, sich (möglicherweise) arbeitsvertragswidrig verhaltenden Arbeitnehmers übertragen, vertraut der Arbeitgeber darauf, dass der Arbeitnehmer die Kontrolle auch ausüben und damit ggf.

---

[61]Zum Auskunftsverweigerungsrecht des Arbeitnehmers s. bereits *Rudkowski*, NZA 2011, 612, 613.

[62]BAG NZA 1996, 637, 640.

[63]BAG NZA 1996, 637, 638.

[64]BAG NZA 1996, 637, 640.

[65]Ebenso *Mengel*, Kap. 4 Rn. 21.

[66]S. bereits *Rudkowski*, NZA 2011, 612, 614.

etwaiges Fehlverhalten abstellen und offenbaren wird. Den Arbeitnehmer müssen daher Anzeige-[67] und als *minus* dazu auch Auskunftspflichten gegenüber dem Arbeitgeber treffen.[68] Dabei kann nicht erforderlich sein, dass der sich vertragswidrig verhaltende Arbeitnehmer dem Anzeigepflichtigen selbst untergeordnet ist im Sinne eines Vorgesetztenverhältnisses, solange sich nur die schädigende Handlung im Aufgabenbereich des zur Kontrolle berufenen Arbeitnehmers abspielt.[69] Der Arbeitnehmer nimmt letztlich in beiden Fällen eingeschränkt Arbeitgeberfunktionen wahr.

Richtigerweise besteht auch dann eine Auskunftspflicht, wenn der Arbeitnehmer zwar keine Kontrollfunktion gegenüber seinem Kollegen ausübt, sich die schädigende Handlung aber in seinem Arbeitsbereich abspielt oder abgespielt hat. Der Arbeitnehmer hat die Interessen seines Arbeitgebers zu wahren, auch gegenüber seinen Kollegen. Der Arbeitgeber darf sich darauf grundsätzlich verlassen. Das unterstreichen Wertungen des Strafrechts: Unrecht verhält sich, wer verhindert, dass Straftäter bestraft werden (s. § 258 StGB). Dies muss entsprechend für Personen gelten, die sogar bei Pflichtenbindung gegenüber dem Geschädigten verhindern, dass jemand aufgrund eines Fehlverhaltens einer Sanktion ausgesetzt wird. Demgegenüber fällt das Interesse des Arbeitnehmers, nicht seine Kollegen dem Arbeitgeber melden zu müssen, nicht ins Gewicht.

Bei schädigenden Handlungen von Kollegen außerhalb des Arbeitsbereichs des Arbeitnehmers ist hingegen die Interessenabwägung strenger zu handhaben, um die Pflichten des Arbeitnehmers, der sich nicht als „Detektiv" seines Arbeitgebers betätigen und allzeit wachsam muss, nicht zu überspannen. Zugleich aber kann die Verpflichtung des Arbeitnehmers, die Rechtsgüter seines Arbeitgebers zu schützen, nicht bedeutungslos sein. Wenn ein nicht nur unerheblicher Schaden droht oder eingetreten ist, muss die Auskunft dem Arbeitnehmer in jedem Fall, auch außerhalb seines Aufgabenbereichs,[70] zumutbar sein.[71]

3.11.3 Hinzuziehung eines Rechtsanwalts durch den Arbeitnehmer

Ein Recht auf Hinzuziehung eines Anwalts hat der Arbeitnehmer nicht. Das Interview ist grundsätzlich eine rein interne Angelegenheit[72] Nur wenn der Arbeitgeber diese

---

[67]S. schon BAGE 6, 82, 83 ff.

[68]So schon *Rudkowski*, NZA 2011, 612, 614.

[69]S. z. B. den Sachverhalt bei BAG NJW 1970, 1861: Anzeigepflicht des für die Abrechnung zuständigen Arbeitnehmers, wenn der mit dem Inkasso betraute Arbeitnehmer kassierte Gelder unterschlägt.

[70]Vom BAG offen gelassen, BAG NZA 2004, 427, unter Bezugnahme auf BGH NJW-RR 1989, 614.

[71]S. schon *Rudkowski*, NZA 2011, 611, 614.

[72]LAG Hamm MDR 2001, 1361

„interne" Sphäre verlässt und seinerseits Rechtsanwälte hinzuzieht oder ihnen die Ermittlungen gleich ganz überlässt, muss auch der Arbeitnehmer zur Hinzuziehung eines Anwalts berechtigt sein. Ein Arbeitnehmer, der sich ihm unbekannten rechtskundigen Ermittlern gegenübersieht, dürfte die Situation eher als bedrohlich empfinden und damit in seiner freien Willensbildung eher beeinträchtigt werden als ein Arbeitnehmer, der sich mit anderen Mitarbeitern seines Arbeitgebers oder nur mit diesem selbst auseinandersetzen muss.[73]

3.11.4 Hinzuziehung externer Ermittler

Diese Grundsätze gelten unabhängig davon, wer auf der Arbeitgeberseite die Befragung durchführt – der Arbeitgeber selbst, der direkte Vorgesetzte des verdächtigen Arbeitnehmers, interne Ermittler etwa aus der Personal- oder Complianceabteilung oder vom Arbeitgeber beauftragte Rechtsanwälte.

Solange der externe Ermittler auch für den Arbeitgeber auftritt (und nicht etwa ausschließlich für die Behörde), handelt es sich um eine Ermittlungsmaßnahme des Arbeitgebers, bei der die oben dargestellten Grundsätze gelten. Die Interessen des Arbeitnehmers werden durch sein Schweigerecht und die Möglichkeit, seinerseits einen Rechtsanwalt hinzuzuziehen, hinreichend geschützt.[74]

3.11.5 Beteiligung des Betriebsrats

Ein Recht des Arbeitnehmers auf Hinzuziehung des Betriebsrats gibt das BetrVG nur gem. § 82 Abs. 2 S. 2 BetrVG, wenn im Gespräch Leistungsbeurteilungen und berufliche Entwicklung des Arbeitnehmers erörtert werden.[75]

Die Durchführung des Interviews unterliegt auch nicht gem. § 87 Abs. 1 Nr. 1 BetrVG der Mitbestimmung über das Ordnungsverhalten im Betrieb. Der mögliche Compliance-Verstoß betrifft allein das Verhältnis zwischen Arbeitgeber und Arbeitnehmer (nicht aber das Verhältnis der Arbeitnehmer untereinander) und bezieht sich außerdem nur auf den einzelnen Compliance-Verstoß und Personen, die damit zu tun gehabt haben könnten. Lediglich die systematische Durchführung, nicht aber das Gespräch wegen Verdachts einer konkreten Pflichtverletzung im Einzelfall, lässt die Mitbestimmungsrechte des Betriebsrats eingreifen.[76]

---

[73]S. bereits *Rudkowski*, NZA 2011, 612, 614.

[74]*Rudkowski*, NZA 2011, 612, 615.

[75]Hierzu bereits *Rudkowski*, NZA 2011, 612, 615.

[76]Ebenso *Wybitul/Böhm*, RdA 2011, 362, 364. Einschränkend *Mengel/Ullrich*, NZA 2006, 240, 244 f.

Der Betriebsrat ist nicht gem. § 80 Abs. 2 BetrVG über einzelne Erkenntnisse zu informieren, die das Interview ergeben hat. Etwaige weitere Ermittlungsmaßnahmen, die aufgrund der durch das Interview gewonnenen Erkenntnisse erforderlich werden, sind dann wieder gesondert auf die Mitbestimmungspflicht hin zu prüfen.

Durch Betriebsvereinbarung kann ein Teilnahmerecht des Betriebsrats implementiert werden, allerdings mit Blick auf das informationelle Selbstbestimmungsrecht des von der Maßnahme betroffenen Arbeitnehmers nur, wenn dieser die Teilnahme des Betriebsrats ablehnen kann.[77]

3.11.6 Protokollierung

Es empfiehlt sich, die Durchführung des Interviews wahrheitsgemäß (d. h. einschließlich aller Auslassungen, Lücken, Verworrenheiten) zu protokollieren, wenn die Protokollierung auch mit dem Risiko behaftet ist, dass staatliche Stellen auf sie zugreifen.[78]

Das Protokoll dient als Erinnerungshilfe für die Beteiligten des Interviews, es hat keine rechtliche Wirkung. Es ist daher nicht erforderlich, den Befragten um eine Unterschrift unter das Protokoll zu bitten, und er ist zur Unterschriftsleistung auch nicht verpflichtet.

3.12   Weitere Ermittlungsmaßnahmen

Die weiteren Maßnahmen, die im Rahmen der Ermittlung ergriffen werden können, unterscheiden sich deutlich von denen bei der präventiven Ermittlung: „Testkunden" finden sich üblicherweise nicht mehr; dafür gewinnt die Durchsuchung des Arbeitnehmers, seiner Aufenthaltsräume und etwaiger mitgeführter Behältnisse an Bedeutung, ebenso wie seine Observierung durch externe Dritte (Detekteien).

3.12.1 „Lockvogeleinsatz" und Ehrlichkeitskontrollen

Ist ein Arbeitnehmer bereits verdächtig, eine Straftat oder schwere Vertragsverletzung begangen zu haben, kann die Tat ihm aber nicht nachgewiesen werden, wird mit der Ehrlichkeitskontrolle ein neuer Grund zur Kündigung (nicht wegen der „alten" Tat, sondern wegen des Versagens in der Ehrlichkeitskontrolle) geschaffen. Zugespitzt wird die Ehrlichkeitskontrolle durch den Einsatz eines „Lockvogels", einer dritten Person, die den Arbeitnehmer zum Rechts-/Vertragsbruch animieren soll.

---

[77]LAG Düsseldorf NZA-RR 2017, 196.
[78]S. LG Hamburg NJW 2011, 942; LG Mannheim WM 2013, 616.

Allerdings handelt es sich bei der Ehrlichkeitskontrolle letztlich um eine präventive Maßnahme: Die Tat, welcher der Arbeitnehmer eigentlich verdächtig ist, kann mithilfe der Ehrlichkeitskontrolle nicht nachgewiesen werden. Allenfalls lässt sich aus einem Versagen in der Ehrlichkeitskontrolle der Schluss ziehen, dass der Arbeitnehmer generell unzuverlässig ist und zu rechtswidrigem Verhalten neigt (ein Misstrauen, dass aber durch den Verdacht der Straftatbegehung ohnehin schon besteht).

Das Versagen in der Ehrlichkeitskontrolle kann außerdem zum Anlass genommen werden, dem Arbeitnehmer vorzuhalten, er habe auch Vortaten begangen, in der Hoffnung, der Arbeitnehmer werde die Begehung der noch aufzuklärenden Vortat gestehen.

Die Ehrlichkeitskontrolle erlaubt aber keinen Schluss auf die Täterschaft des Arbeitnehmers bei einer Vortat. Sie ist daher nur zu präventiven Zwecken geeignet. s. Abschn. 2.10.1.

3.12.2 Durchsuchung bei Torkontrollen

Beim Verlassen des Betriebsgeländes kann der Arbeitgeber präventive Torkontrollen durchführen lassen (oben 2.10.2). Werden alle Arbeitnehmer stets von der Kontrolle erfasst oder die zu kontrollierenden Arbeitnehmer nur stichprobenartig nach einem bestimmten, vorgegebenen Muster ausgewählt, handelt es sich um präventive Kontrollen.

Abweichungen von einem solchen Muster aufgrund individueller Besonderheiten (auffälliges Verhalten des Arbeitnehmers, Nervosität, Ausweichversuche) fallen hingegen unter die repressive Kontrolle.

Ist Rechtsgrundlage für die Torkontrolle eine Betriebsvereinbarung, richtet sich nach dieser, wie mit Arbeitnehmern zu verfahren ist, die aufgrund ihres Verhaltens Anlass zur Kontrolle bieten. Ein Rückgriff auf § 26 Abs. 1 S. 2 BDSG, um verdächtige Arbeitnehmer abweichend vom festgelegten Kontrollrhythmus doch zur Kontrolle heranzuziehen, scheidet aus, soweit die Betriebsvereinbarung nach dem Willen der Betriebsparteien eine Sperrwirkung entfalten soll.

Liegt keine Betriebsvereinbarung vor, die entweder die Kontrolle in abweichenden Fällen näher regelt oder sie ausschließt, kann auf § 26 Abs. 1 S. 2 BDSG zurückgegriffen werden. Tatsächlicher Anhaltspunkt für das Vorliegen einer Straftat/schweren Vertragsverletzung kann aber nur ein besonders auffälliges Verhalten des Arbeitnehmers sein, das auch dem äußeren Anschein nach mit der Torkontrolle in Zusammenhang steht. Hier ist vor allem zu erwägen, ob das auffällige Verhalten nicht vielleicht einen anderen Grund haben kann. So kann der gehetzt wirkende Arbeitnehmer schlicht wirklich in Eile sein. Umgekehrt kann auffälliges Verhalten dadurch Gewicht erlangen, dass der auffällige Arbeitnehmer in der Vergangenheit sich bereits öfters einer vergleichbaren Straftat (bei Torkontrollen regelmäßig: des Diebstahls/der Unterschlagung) verdächtig gemacht hat oder er einem für Straftaten dieser Art besonders sensiblen und in der Vergangenheit bereits mehrfach geschädigten Unternehmensbereich angehört (z. B. Zentrallager, Kassenbereich).

3.12.3 Durchsuchung persönlicher Gegenstände des Arbeitnehmers

Von der repressiven Kontrolle bei Verlassen des Betriebsgeländes (3.12.2) zu unterscheiden ist die individuelle Taschenkontrolle im Einzelfall, gestützt auf § 26 Abs. 1 S. 2 BDSG. Der Kontrollanlass bereitet hier weniger Schwierigkeiten als das Abweichen von Kontrollroutinen bei der allgemeinen Torkontrolle: Die Taschenkontrolle im Einzelfall wird nur dann vorgenommen, wenn es Hinweise (etwa durch Kollegen) darauf gibt, dass der Arbeitnehmer in den Taschen seiner Kleidung oder in mitgebrachten Behältnissen (z. B. Koffern, Rucksäcken, Kartons) etwas mitführt, was dorthin nicht gehört.

Rechtsprechung zur Zulässigkeit der Taschenkontrolle im Einzelfall gibt es keine, allerdings lassen sich Schlüsse aus den BAG-Entscheidungen zur Tor-[79] und Schrankkontrolle[80] ziehen.

So ist der Arbeitnehmer so unauffällig wie möglich zur Taschenkontrolle zu bitten, um seine Stigmatisierung möglichst zu vermeiden; ein Durchsuchen seiner Taschen durch vom Arbeitgeber eingesetzte Personen (seien sie auch extern, etwa einer Sicherheitsfirma angehörig) ist zulässig; körpernahe Taschen (Hosen-, Blusentaschen) hat der Arbeitnehmer grundsätzlich selbst auszuleeren; anschließendes Protokollieren ist unproblematisch zulässig; die Durchsuchung von Behältnissen und Manteltaschen darf nur in Gegenwart des Arbeitnehmers erfolgen.

3.12.4 Durchsuchung von Betriebsräumen und Inventar

Das Betreten und Inaugenscheinnehmen der Betriebsräume ist dem Arbeitgeber – es handelt sich um seine eigenen Räume, er hat das Hausrecht inne – grundsätzlich vollumfänglich gestattet. Auf die Kenntnis oder Zustimmung des Arbeitnehmers kommt es nicht an.[81] Dies gilt auch für Räume, die der Arbeitgeber üblicherweise nicht betritt und in denen sich das Personal zurückziehen und ungestört entfalten kann, etwa Personalaufenthaltsräume. Sie sind insbesondere nicht „Wohnung" i. S. d. Art. 13 GG.

Auch das bloße Aufsuchen des Arbeitnehmers am Arbeitsplatz ist arbeitsrechtlich unproblematisch zulässig.

Unbedenklich ist ferner das Öffnen und Einsehen von im Büro befindlichen unverschlossenen Gegenständen und Behältnissen (Schubladen in Rollcontainern, Ablagefächer etc.), wenn sie dem Arbeitgeber gehören oder sonst seiner Sphäre zugeordnet werden (als Leasingobjekte o. ä.), jedenfalls aber nicht im Eigentum des Arbeitnehmers stehen.

---

[79]BAG NZA 2013, 1433.
[80]BAG NZA 2014, 143.
[81]*Klengel/Mückenberger,* CCZ 2009, 81, 85.

Das BAG sieht in der Durchsuchung eines dem Arbeitnehmer zur Verwahrung seiner persönlichen Gegenstände überlassenen Spindes – und für andere dem Arbeitnehmer überlassene Behältnisse kann nichts anderes gelten – eine Datenerhebung i. S. d. § 26 BDSG.[82]

Liegt der Verdacht auf eine Straftat vor, kann eine verdeckte Durchsuchung zulässig sein. Grundsätzlich ist zur Durchsuchung jedoch der betroffene Arbeitnehmer herbeizuziehen.[83] Die Hinzuziehung des Betriebsrats vermag die Abwesenheit des betroffenen Arbeitnehmers nicht auszugleichen. Die offene Durchsuchung, in Anwesenheit des Arbeitnehmers, ist stets milderes Mittel gegenüber einer verdeckten Durchsuchung. Ebenfalls milderes Mittel ist, zunächst den Arbeitnehmer zur Herausgabe jener Sachen aufzufordern, die nicht in das Behältnis gehören.

Speziell in Fällen, in denen es um den Nachweis von zulasten des Arbeitgebers gehender Eigentumsdelikte durch Auffinden des Tatobjekts geht, kann zudem die Personenkontrolle bei Verlassen des Betriebsgeländes milderes Mittel sein: Verlässt der Arbeitnehmer mit einer Sache des Arbeitgebers das Betriebsgelände, ist dieses Verhalten zum Nachweis eines Diebstahls/einer Unterschlagung besser geeignet als das bloße Verbringen einer dem Arbeitgeber gehörenden Sache in einen Spind oder abgeschlossenen Schrank. Anderes gilt aber, wenn bereits das Verbringen in den Schrank als Diebstahl gewertet werden kann, aufgrund der Betriebsabläufe oder weil es durch den Arbeitgeber verboten ist. Beanstandet wird vom BAG insbesondere, wenn die Spindkontrolle nur der Vorbereitung der Taschenkontrolle am Ausgang dienen und dem Arbeitgeber vermitteln soll, wonach er bei der Taschenkontrolle zu suchen hat.[84]

Inwieweit die Durchsuchung mitbestimmungspflichtig ist, konnte das BAG bisher offen lassen.[85] Richtigerweise kann es hier keine Mitbestimmungspflicht geben. In Betracht kommt allein § 87 Abs. 1 Nr. 1 BetrVG. Hier mag es auch, wie § 87 Abs. 1 Nr. 1 BetrVG erfordert, um das Ordnungsverhalten des Arbeitnehmers gehen (welche Dinge gehören in den Spind?). Allerdings handelt es sich bei der Durchsuchung aufgrund eines Verdachts im Einzelfall nicht um eine kollektive Maßnahme; anders wäre es, wenn systematisch private Behältnisse/Schränke der Arbeitnehmer durchsucht würden.

Die Durchsuchung privater Wohnungen des Arbeitnehmers (etwa eines Arbeitnehmers in Telearbeit) oder dort befindlicher Gegenstände (seien es auch solche des Arbeitgebers) ist ausgeschlossen. Hier geht der Schutz der Wohnung vor Betreten durch Außenstehende, grundrechtlich verbürgt durch Art. 13 GG, den Interessen des Arbeitgebers stets vor (Abb. 3.8).

---

[82]BAG NZA 2014, 143.

[83]BAG NZA 2014, 143.

[84]BAG NZA 2014, 143.

[85]BAG NZA 2014, 143.

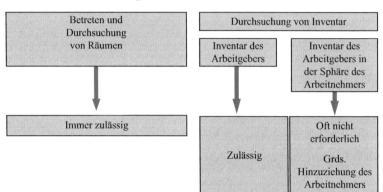

Abb. 3.8 Durchsuchung von Betriebsräumen und Inventar bei Verdacht einer Straftat

3.12.5 Überwachung des Arbeitnehmers durch Dritte

Der Arbeitgeber kann – auf welcher Rechtsgrundlage, hatte das BAG bisher nicht zu entscheiden – auch externe Ermittler (Detekteien) einschalten, die den Arbeitnehmer außerhalb der Arbeitszeit observieren.

Richtigerweise ist hier ebenfalls § 26 Abs. 1 S. 2 BDSG heranzuziehen, da es nicht
darauf ankommt, ob die Erhebung persönlicher Daten maschinell oder durch einen Menschen erfolgt.[86] Dementsprechend hat auch der BGH (wenn auch in einer Strafsache)
entschieden, dass Handlungen privater Ermittler nicht an den strengen Vorgaben des
Strafprozessrechts zu messen sind.[87] Vielmehr sind die Grenzen des rechtlich Zulässigen
in einer Abwägung von Interessen des Auftraggebers (hier: des Arbeitgebers) und des
von ihm eingeschalteten Detektivs zu ermitteln.[88] Problematisch ist die Erforderlichkeit
der Maßnahme, die oft daran scheitern wird, dass bereits durch Auswertung des Verhaltens, das der Arbeitnehmer im Betrieb an den Tag legt/gelegt hat, der Compliance-Verstoß nachgewiesen kann. Regelmäßig kommt der Detektiv daher beim „Krankfeiern"
oder „Blaumachen" zum Einsatz, um dem abwesenden Arbeitnehmer nachzuweisen,
dass in seiner Abwesenheit vom Betrieb eine Vertragsverletzung liegt.

Bei der Verhältnismäßigkeit der Maßnahme ist insbesondere die Dauer der Überwachung ins Verhältnis zum zu ermittelnden Rechtsverstoß zu setzen, ferner ist zu prüfen, ob sich die Observation grundsätzlich auf das Verhalten des Arbeitnehmers in der

[86]BAG NZA 2014, 143.

[87]BGH NJW 2013, 2530.

[88]BGH NJW 2013, 2530.

Öffentlichkeit oder den der Öffentlichkeit zugewandten Bereichen (Sozialsphäre) oder auch auf seine Privatsphäre erstreckt.

Die Zulässigkeit der Maßnahme nach § 26 Abs. 1 S. 2 BDSG vorausgesetzt, kann der Detektiv in einem etwaigen Kündigungsschutzprozess als Zeuge vernommen, seine Aussage kann verwertet werden.[89] Er kann insbesondere Zeugnis ablegen über Gespräche, die der Arbeitnehmer während der Observation geführt hat, allerdings nur, wenn die Worte von einer unbestimmten Anzahl von Menschen gehört werden konnten und daher kein Abhören vorliegt.[90]

Der Arbeitnehmer hat die durch das Tätigwerden eines Detektivs entstandenen notwendigen Kosten zu ersetzen, wenn der Arbeitgeber die Überwachung aufgrund eines konkreten Tatverdachts in Auftrag gibt und der Arbeitnehmer einer vorsätzlichen Vertragspflichtverletzung überführt wird.[91] Der Einsatz des Detektivs ist, weil es sich um eine Maßnahme im Einzelfall handelt, die ihre Ursache in der Person des Arbeitnehmers hat (Verdacht einer Straftat oder Vertragsverletzung), nicht mitbestimmt.[92]

3.13 Abschluss der Ermittlungen

Am Ende der Ermittlungen steht, zumindest wenn es sich um umfangreichere Ermittlungen handelt, die nicht nur sehr einfach gelagerte Fälle betreffen, ein Abschlussbericht („investigation report").[93]

Die ohnehin stets zu bedenkende Frage, ob nunmehr die Einschaltung der Behörden erforderlich ist, ist nach dem Abschluss der Ermittlungen, nach dem Zusammentragen der Ergebnisse, noch einmal neu zu stellen.

Über die Ergebnisse der Ermittlungen muss der Betriebsrat unterrichtet werden (§ 80 Abs. 2 BetrVG), dies jedoch nur soweit, als die Informationen in Zusammenhang mit seinen Mitbestimmungsrechten stehen (etwa: Ergebnis einer Videoüberwachung).[94] Einen Anspruch, das „Gesamtergebnis" zu kennen, einschließlich etwaig in Erwägung gezogener Konsequenzen, hat der Betriebsrat nicht. Er wird regelmäßig dennoch zumindest ausgewählte Einzelheiten erfahren: Die Konsequenzen, die aus dem Vorfall gezogen werden, können für ihn Mitbestimmungsrechte auslösen (und sei es nur anlässlich der Entlassung des bei den Ermittlungen identifizierten, vertragsbrüchigen Arbeitnehmers gem. § 102 BetrVG).

---

[89]So im (nicht arbeitsrechtlichen) Fall OLG Zweibrücken NJW-RR 2005, 1119.

[90]BVerfG NJW 2002, 3619, 3621.

[91]Zur Höhe BAG NZA 1998, 1334. S. i. Ü. noch 4.2.2.

[92]BAG NZA 1991, 729.

[93]Zu dessen Aufbau *Glaser/Wisskirchen*, DB 2011, 1447, 1451.

[94]Im Ergebnis ebenso *Sittard*, in: Compliance, S. 89, 102.

In Unternehmen, die über einen Wirtschaftsausschuss (§ 106 BetrVG) verfügen, ist, soweit es um schwerere Delikte der Wirtschaftskriminalität geht, ferner zu prüfen, inwieweit der Ausschuss zu informieren ist. Denn gem. § 106 Abs. 2 S. 1 BetrVG ist der Wirtschaftsausschuss rechtzeitig und umfassend über die wesentlichen wirtschaftlichen Angelegenheiten des Unternehmens zu unterrichten, insbesondere über die wirtschaftliche Lage des Unternehmens oder Vorgänge, die die Interessen der Arbeitnehmer des Unternehmens wesentlich berühren können. In Betracht kommt eine Unterrichtung vor allem, wenn die im Raume stehenden Vorwürfe für das Unternehmen bestandsgefährdend wirken können.

Daneben stellt sich nach Ausermittlung des Sachverhalts die Frage nach zivil- und arbeitsrechtlichen Konsequenzen für Fehlverhalten des rechtsbrüchigen Arbeitnehmers und/oder für Fehlverhalten der ermittelnden Arbeitnehmer. Dazu 4.

Literatur

Byers, Philipp/ *Wenzel*, Kathrin, Videoüberwachung am Arbeitsplatz nach dem neuen Datenschutzrecht, BB 2017, 2036–2040;

Dann, Matthias/*Gastell*, Roland, Geheime Mitarbeiterkontrollen: Straf- und arbeitsrechtliche Risiken bei unternehmensinterner Aufklärung, NJW 2008, 2945–2949;

Diller, Martin, „Konten-Ausspäh-Skandal" bei der Deutschen Bahn: Wo ist das Problem?, BB 2009, 438–440;

Erfurter Kommentar zum Arbeitsrecht, herausgegeben von Rudi Müller-Glöge, Ulrich Preis, Ingrid Schmidt, 18. Auflage, München 2018, zit.: ErfK/*Bearbeiter*;

Ernst, Stefan, Der Arbeitgeber, die E-Mail und das Internet, NZA 2002, 585–591;

Franzen, Martin, Datenschutz-Grundverordnung und Arbeitsrecht, EuZA 2017, 313–351;

Giesen, Richard/*Junker*, Abbo/*Rieble*, Volker (Hrsg.), Compliance im kollektiven Arbeitsrecht, München 2013, zit.: *Bearbeiter*, in: Compliance;

Gola, Peter, Neuer Tele-Datenschutz für Arbeitnehmer, MMR 1999, 322–330;

Ders., Datenschutz bei der Kontrolle „mobiler" Arbeitnehmer – Zulässigkeit und Transparenz, NZA 2007, 1139–1144;

Göpfert, Burkard/*Merten*, Frank/*Siegrist*, Carolin, Mitarbeiter als Wissensträger, NJW 2008, 1703–1709;

Habersack, Mathias, Gesteigerte Überwachungspflichten des Leiters eines sachnahen Vorstandsressorts?, WM 2005, 2360–2364;

Klengel, Jürgen Detlef/*Mückenberger*, Ole, Internal Investigations – typische Rechts- und Praxisprobleme unternehmensinterner Ermittlungen, CCZ 2009, 81–87;

Lackner/Kühl, herausgegeben von Kristian Kühl und Martin Heger, Strafgesetzbuch, 28. Auflage 2014, zit.: Lackner/Kühl;

Lindemann, Achim/*Simon*, Oliver, Betriebsvereinbarungen zur E-Mail-, Internet- und Intranetnutzung, BB 2001, 1950–1956.

Mähner, Nicolas, Neuregelung des § 32 BDSG zur Nutzung personenbezogener Mitarbeiterdaten, MMR 2010, 379–382;

Maschmann, Frank, Datenschutzgrundverordnung: Quo vadis Beschäftigtendatenschutz?, DB 2016, 2480–2486;

Maunz, Theodor/*Dürig*, Günter (Begr.), Grundgesetz – Kommentar, München 2013;

Mengel, Anja, Compliance und Arbeitsrecht, München 2009;

Dies., Kontrolle der E-mail- und Internetkommunikation am Arbeitsplatz, BB 2004, 2014–2021;

Dies./Ullrich, Thilo, Arbeitsrechtliche Aspekte unternehmensinterner Investigations, NZA 2006, 240–246;

Moll, Wilhelm (Hrsg.), Münchener Anwaltshandbuch Arbeitsrecht, 4. Auflage, München 2017, zit.: *Bearbeiter*, in: Moll (Hrsg.);

Münchener Kommentar zum Aktiengesetz, herausgegeben von Wulf Goette, Mathias Habersack, 4. Auflage, München 2017, zit.: *Bearbeiter*, in: MünchKomm-AktG;

Oberwetter, Christian, Arbeitnehmerrechte bei Aldi, Lidl & Co., NZA 2008, 609–613;

Rudkowski, Lena, Die Aufklärung von Compliance-Verstößen durch „Interviews", NZA 2011, 612–615;

Steinkühler, Bernhard, BB-Forum: Kein Datenproblem bei der Deutschen Bahn AG? Mitnichten!, BB 2009, 1294–1295;

Thüsing, Gregor (Hrsg.), Beschäftigtendatenschutz und Compliance, 2. Auflage, München 2014, zit.: *Bearbeiter*, in: Thüsing (Hrsg.);

Weißnicht, Elmar, Die Nutzung des Internet am Arbeitsplatz, MMR 2003, 448–453;

Wisskirchen, Gerlind/*Glaser*, Julia, Unternehmensinterne Untersuchung (Teil I), DB 2011, 1392–1395;

Wybitul, Tim/*Böhm*, Wolf-Tassilo, Beteiligung des Betriebsrats bei Ermittlungen durch Unternehmen, RdA 2011, 362–367.

Folgen des Compliance-Verstoßes

4

Nach der Feststellung eines Compliance-Verstoßes liegt es nahe, sich von denjenigen Arbeitnehmern zu trennen, die den Verstoß zu verantworten haben. Darin erschöpfen sich die Folgen des Compliance-Verstoßes aber nicht. So ist zu klären, ob der Arbeitnehmer die durch den Rechtsverstoß entstandenen Schäden ersetzen muss, und welche Schlüsse der Arbeitgeber aus dem Verstoß für sich selbst zieht: War der Pflichtverstoß Produkt individuellen Fehlverhaltens im Einzelfall oder können in der Zukunft weitere Verstöße drohen, weil die Organisation des Betriebs Rechtsbrüche dieser Art begünstigt? Ggf. gilt es dann, im Betrieb entsprechend neu zu strukturieren.

4.1 Abmahnung des Arbeitnehmers und Beendigung des Arbeitsvertrags

Ist ein Compliance-Verstoß festgestellt, müssen zunächst die Konsequenzen für den Arbeitsvertrag desjenigen Arbeitnehmers geprüft werden, der den Verstoß begangen hat (4.1.1, Überblick Abb. 4.1). In Betracht kommen die Abmahnung und verschiedene Formen der Kündigung, die im Folgenden überblicksartig und mit Fokus auf compliance-bedingte Besonderheiten dargestellt werden. Es ist aber auch über Folgen für Arbeitnehmer nachzudenken, die in pflichtwidriger Weise die Mitwirkung an der Aufklärung unterlassen haben (4.1.5).

© Springer Fachmedien Wiesbaden GmbH, ein Teil von Springer Nature 2018   121
L. Rudkowski und A. Schreiber, *Aufklärung von Compliance-Verstößen*,
https://doi.org/10.1007/978-3-658-21494-4_4

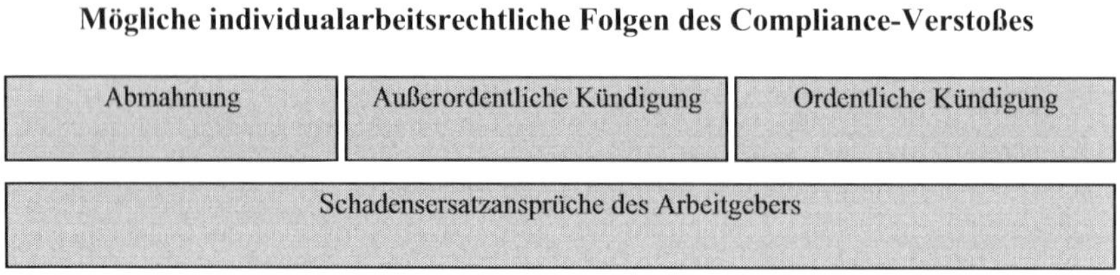

Mögliche individualarbeitsrechtliche Folgen des Compliance-Verstoßes

Abmahnung	Außerordentliche Kündigung	Ordentliche Kündigung

Schadensersatzansprüche des Arbeitgebers

Abb. 4.1 Individualarbeitsrechtliche Folgen des Compliance-Verstoßes

4.1.1 Absehen von Abmahnung und Beendigung des Arbeitsvertrags

Bevor eine Abmahnung oder Kündigung aufgrund des Compliance-Verstoßes ausgesprochen wird, ist zu prüfen, ob ausnahmsweise von der Sanktionierung abgesehen werden kann.

Ein Absehen von Abmahnung und Kündigung kommt in Betracht bei

- Bagatellverstößen, die für den Arbeitgeber keine oder nur geringe Folgen haben, sowie Verstößen gegen interne Richtlinien oder Selbstverpflichtungen des Arbeitgebers („soft compliance"),
- Verstößen, bei denen eine Wiederholungsgefahr nicht besteht,
- Arbeitnehmern, die sich bei der Aufklärung des Verstoßes hervorgetan haben („Amnestieregelungen", dazu noch 4.5).

Das Absehen von Abmahnung und Kündigung ist in diesen Fällen nicht notwendig „Gnadenakt" gegenüber dem betroffenen Arbeitnehmer, sondern kann auf Zweckmäßigkeitserwägungen beruhen. Es bietet sich an, wenn der betroffene Arbeitnehmer schwer zu ersetzen ist, keine Unruhe in den Betrieb gebracht werden soll oder die Abmahnung/ Kündigung für die Außendarstellung des Unternehmens ungünstig wäre – etwa beim Abstrafen von Bagatellverstößen oder pflichtwidrigem Whistleblowing.

4.1.2 Abmahnung wegen des Compliance-Verstoßes

Auch wenn die Arbeitnehmer sie regelmäßig als eine solche empfinden: Die Abmahnung ist keine Sanktion. Der Arbeitnehmer soll durch sie nicht bestraft, sondern an seine vertraglichen Pflichten erinnert werden. Verbunden mit der Abmahnung sind deshalb stets die Aufforderung, sich in der Zukunft vertragstreu zu verhalten, und die Warnung, dass bei weiterem Fehlverhalten negative Folgen für das Arbeitsverhältnis drohen (Checkliste s. Abb. 4.2).

1. Ausspruch durch weisungsbefugten Vorgesetzten	✓
2. Beanstandung eines bestimmten Fehlverhaltens	✓
3. Hinweis, dass im Wiederholungsfalle Inhalt/ Bestand des Arbeitsverhältnisses gefährdet ist	✓
4. Verhältnismäßigkeit	✓

Abb. 4.2   Checkliste: Wirksame Abmahnung

4.1.2.1 Überblick über die Voraussetzungen der Abmahnung

Die Abmahnung ist dann Mittel der Wahl, wenn das Fehlverhalten des Arbeitnehmers eine Kündigung nicht rechtfertigen würde. Sie beruht auf dem etwa in § 314 Abs. 2 BGB zum Ausdruck kommenden Gedanken, dass der Gläubiger bei einem Fehlverhalten des Schuldners diesem grundsätzlich erst einmal die Möglichkeit zu geben hat, sein Verhalten zu ändern. Die Kündigung ist das „letzte Mittel", vor ihrem Ausspruch muss grundsätzlich erst einmal abgemahnt werden.

Die Voraussetzungen, unter denen eine Abmahnung als wirksam angesehen wird, sind stets die gleichen, unabhängig davon, ob die Abmahnung wegen eines Verhaltens ausgesprochen wird, das als Compliance-Verstoß eingeordnet werden könnte (Überblick in Abb. 4.2).

Eine Abmahnung liegt vor, wenn der Arbeitgeber in einer für den Arbeitnehmer hinreichend deutlichen Art und Weise Leistungs- oder Verhaltensmängel beanstandet und mit der Beanstandung den Hinweis verbindet, im Wiederholungsfalle seien Inhalt oder Bestand des Arbeitsverhältnisses gefährdet.[1]

Die Abmahnung bedarf keiner Form, kann also auch mündlich erfolgen. Um ihre Eindringlichkeit zu erhöhen, aber auch, um in einem etwaig folgenden Kündigungsschutzprozess darlegen und beweisen zu können, dass es bereits eine einschlägige Abmahnung gegeben hat, wird sie allerdings regelmäßig schriftlich erteilt.

In der Abmahnung muss das Verhalten des Arbeitnehmers, das der Arbeitgeber beanstandet, klar umrissen werden (sog. Bestimmtheitserfordernis). Hier ist die Abmahnung besonders fehleranfällig. Der Arbeitgeber muss dem Arbeitnehmer die Pflichtverletzung so konkret vor Augen führen, dass der Arbeitnehmer weiß, welches Verhalten missbilligt wird. Nur so kann der Arbeitnehmer sein Verhalten für die Zukunft ändern und die Abmahnung ihre Zwecke erfüllen. Ein allgemeines „wie Sie wissen, haben Sie sich falsch verhalten", oder „Ihr Verhalten am (Datum) war unangemessen" genügt nicht.

Die Abmahnung muss außerdem „verhältnismäßig",[2] muss also das Ergebnis einer Interessenabwägung im Einzelfall sein. Es kommt nicht darauf an, dass das abgemahnte

---

[1]BAG VersR 1980, 1351.
[2]BAG NZA 1997, 145; NZA 1992, 690.

Verhalten eine besonders schwere Pflichtverletzung darstellt, sodass es eine Kündigung rechtfertigen könnte.[3] Allenfalls wenn ein ganz geringfügiger Anlass abgemahnt wird (wo hier die Grenze liegt, ist allerdings fraglich), kann die Abmahnung unwirksam sein.[4]

Die Abmahnung kann von jedem beliebigen Vorgesetzten ausgesprochen werden, der nach seiner Aufgabenstellung befugt ist, dem Arbeitnehmer Anweisungen hinsichtlich Ort, Zeit sowie Art und Weise der vertraglich geschuldeten Arbeitsleistung zu erteilen.[5] Nicht notwendig muss also die Personalabteilung oder eine sonst zur Kündigung berechtigte Person die Abmahnung aussprechen.[6]

Eine Pflicht, den Arbeitnehmer vor Ausspruch der Abmahnung anzuhören, besteht nicht, da es sich bei der Abmahnung gerade nicht um eine Sanktion handelt, sondern nur um eine Beanstandung und damit letztlich um eine Ausübung des Weisungsrechts des Arbeitgebers.[7] Deshalb unterliegt die Abmahnung auch nicht der Mitbestimmung durch den Betriebsrat.[8]

4.1.2.2 Entbehrlichkeit der Abmahnung bei Compliance-Richtlinien?

Besonderheiten bei der Abmahnung wegen eines Compliance-Verstoßes können sich dann ergeben, wenn der Arbeitgeber für seine Arbeitnehmer ein Regelwerk mit Verhaltensvorschriften aufgestellt hat, oft „Mission Statement", „Compliance-Kodex" oder „Ethik-Richtlinie" genannt. Es wird durch Arbeitsvertrag oder häufiger noch durch Betriebsvereinbarung ins Arbeitsverhältnis implementiert[9] und enthält mitunter eine generalisierte oder eine vorweggenommene Abmahnung.

4.1.2.2.1 Generalisierte Abmahnung

Findet sich am Ende des Regelwerks eine Klausel, nach der z. B. „jede Verletzung dieser Richtlinien zu arbeitsrechtlichen Sanktionen bis hin zur Kündigung" führt oder dass bei „Verstößen gegen das Regelwerk eine Abmahnung entbehrlich" sei und umgehend mit Kündigung reagiert werde, handelt es sich um eine generalisierte Abmahnung. Ob sie die Abmahnung im Einzelfall wirklich entbehrlich macht, hatte die Rechtsprechung bisher nicht zu entscheiden.[10]

---

[3]BAG NZA 1997, 145.

[4]*Mengel*, Kap. 5 Rn. 10.

[5]BAG NZA 1991, 667.

[6]BAG NZA 1991, 667.

[7]Schaub/*Linck*, § 132 Rn. 14 m. w. N.

[8]BAG NZA 1990, 193.

[9]Dazu etwa *Schreiber*, NZA-RR 2010, 617 ff.

[10]BAG NZA 2001, 893 betrifft eine „vorweggenommene" Abmahnung an einen bereits konkret bezeichneten Arbeitnehmer wegen eines bereits drohenden Pflichtenverstoßes und kann daher hier nicht herangezogen werden.

Berücksichtigt man aber den Zweck der Abmahnung, den Arbeitnehmer im Falle eines Pflichtverstoßes an seine Pflichten zu erinnern (s. 4.1.2.1), kann es nicht sein, dass eine generelle Abmahnung die Abmahnung im Einzelfall ersetzt.[11]

Der Arbeitgeber muss dem Arbeitnehmer ein bestimmtes Verhalten, die Verletzung einer bestimmten Pflicht, vorwerfen und gerade anlässlich dieses Verhaltens mit Sanktionen drohen. Eine generelle Sanktionsklausel erfüllt diese Voraussetzungen nicht. Sie mag mit Kündigung drohen. Aber sie kann dem Arbeitnehmer, eben weil sie generalisiert ist, kein konkretes Fehlverhalten vorwerfen.

4.1.2.2.2 Abmahnung „an den, den es angeht"

Verwandt mit der generalisierten Abmahnung ist die „Abmahnung an den, den es angeht". Sie bezieht sich, wie die generalisierte Abmahnung, nicht auf eine bestimmte, identifizierte Person. Anders als bei der generalisierten Abmahnung liegt aber bereits eine konkrete Pflichtverletzung vor. Die Abmahnung „an den es angeht" benennt die Pflichtverletzung und ist auch adressiert an einen bestimmten Arbeitnehmer (an den, der die Pflichtverletzung begangen hat), aber die Identität des Abgemahnten ist unbekannt. Klassischer Fall wäre etwa der Aushang am schwarzen Brett: „An den Arbeitnehmer, der im Lager Kupferkabel stiehlt:…".

Die Abmahnung an den, den es angeht, erfolgt meist im Zusammenhang mit weniger komplexen Compliance-Verstößen (Diebstahl, Unterschlagung), aber nicht in Compliance-Kodizes, sondern erst, wenn ein Verstoß bekannt geworden, der Täter aber nicht ermittelt ist. Sie ist unter den allgemeinen Voraussetzungen wirksam.[12]

4.1.2.2.3 Vorweggenommene Abmahnung

Von der „generalisierten" Abmahnung ist die „vorweggenommene" Abmahnung auf einen bestimmten Einzelfall zu unterscheiden.[13] Auch sie findet sich mitunter in unternehmenseigenen Verhaltensvorschriften: Nicht der Verstoß generell gegen sämtliche Vorschriften, sondern nur gegen eine bestimmte Verhaltensvorschrift wird mit der Sanktionsdrohung verbunden (z. B. „Wir nehmen von unseren Geschäftspartnern keine Geschenke an. Eine Verletzung dieser Bestimmung führt zur Kündigung."). Mitunter wird in der Klausel noch weiter ausdifferenziert: Nicht jeder Verstoß gegen die Pflicht wird missbilligt/bestimmte Verstöße werden als besonders schwerwiegend eingestuft.

Die Rechtsprechung hatte über die Zulässigkeitsvoraussetzungen derartiger Abmahnungen noch nicht zu entscheiden. Wendet man aber die allgemeinen Grundsätze an,

---

[11]*Dendorfer-Ditges*, in: Moll, § 35 Rn. 265.

[12]LAG Köln NZA-RR 2000, 24.

[13]Das BAG versteht unter einer „vorweggenommenen" Abmahnung allerdings eher die sich auf einen bereits konkret drohenden Pflichtenverstoß eines bereits identifizierten Arbeitnehmers bezogene Abmahnung, s. BAG NZA 2001, 893.

kann die vorweggenommene Abmahnung nur wirksam sein, wenn die betroffene Pflicht hinreichend bestimmt und die missbilligte Pflichtverletzung klar beschrieben ist.[14]

Regelmäßig steht der Wirksamkeit jedoch entgegen, dass die Abmahnung dem Arbeitnehmer einen konkreten Verstoß gegen seine vertraglichen Pflichten vorhalten muss. Die in Verhaltensvorschriften vorweggenommene Abmahnung bezieht sich zwar (anders als die generalisierte Abmahnung) auf eine konkrete Pflicht (z. B.: keine Annahme von Geschenken), nicht aber auf einen bestimmten Verstoß. Ein konkretes Fehlverhalten des Arbeitnehmers wird in der Abmahnung nicht bezeichnet. Um im Beispiel der unzulässigen Annahme von Geschenken zu bleiben: Statt „Sie nahmen am [Datum, Anlass] im Dienst Geschenke, nämlich [Bezeichnung des Geschenks] von [Person] an" lautet die Abmahnung auf „Sie haben ein Geschenk angenommen, das ist verboten", oder noch allgemeiner auf „Nehmen Sie keine Geschenke an". Die vorweggenommene Abmahnung erfüllt damit nicht die Anforderungen, die an eine Abmahnung zu stellen sind, und muss daher regelmäßig als unwirksam angesehen werden.[15]

4.1.2.2.4 Wirkungen für die Kündigung

Dennoch sind Sanktionsklauseln in unternehmenseigenen Verhaltensvorschriften, insbesondere vorweggenommene Abmahnungen („Verstöße gegen § X werden als besonders schwerwiegend eingestuft und können zur Kündigung führen…"), rechtlich nicht völlig bedeutungslos. Sie können im Gegenteil die Kündigung eines sich vertragswidrig verhaltenden Arbeitnehmers erleichtern: Sowohl die Wirksamkeit der außerordentlichen als auch der ordentlichen Kündigung hängt von einer Interessenabwägung ab (s. sogleich noch 4.1.3). In die Abwägung ist einerseits einzubeziehen, dass der Arbeitgeber ein besonderes Interesse an der Einhaltung einer bestimmten Verhaltensvorschrift hat und dies dadurch dokumentiert ist, dass er eine bestimmte Verhaltenspflicht mit einer vorweggenommenen Abmahnung versehen hat.

Andererseits ist in der Abwägung zu berücksichtigen, inwieweit dem Arbeitnehmer die Vertragswidrigkeit seines Verhaltens bewusst war/hätte bewusst sein müssen. Ein Verstoß gegen eine Bestimmung aus unternehmenseigenen Verhaltensvorschriften, die der Arbeitnehmer einzuhalten verpflichtet ist, kann ein Hinweis auf die besondere Verwerflichkeit seines Verhaltens sein, darauf, dass der Arbeitnehmer sich der Verwerflichkeit seines Handels bewusst war und sich trotzdem, in diesem Bewusstsein, zum Handeln entschlossen hat. Diese besondere Schwere der Pflichtverletzung kann wiederum eine Abmahnung entbehrlich machen, denn Abmahnungen können bei besonders schwerer Vertragsverletzung entbehrlich sein.[16]

---

[14]*Dendorfer-Ditges*, in: Moll, § 35 Rn. 265.

[15]Aufgrund des anderen Ausgangssachverhalts kein Widerspruch zu BAG NZA 2001, 893.

[16]BAG NZA 2013, 319; NZA 2006, 917, 921 f. S. zum Verstoß gegen das „Firmenkredo" LAG Schleswig-Holstein 29.8.2006, 6 Sa 72/06, juris.de.

4.1.3 Kündigung wegen des Compliance-Verstoßes

Das Kündigungsrecht ist ein eigener, sehr umfangreicher Teil des Arbeitsrechts. Im Folgenden geht es schwerpunktmäßig um die Besonderheiten, die bei Kündigungen wegen Compliance-Verstößen zu beachten sind.

4.1.3.1 Festlegung von Kündigungsgründen

In unternehmenseigenen Verhaltensvorschriften findet sich mitunter (als Erweiterung der generalisierten Abmahnung[17] die „Festlegung anerkannter Kündigungsgründe". Die Formulierung ist nicht immer gleich, im Ergebnis wird jedoch geregelt, dass ein bestimmter, näher bezeichneter Regelverstoß immer Grund für eine (außerordentliche) Kündigung ist. So soll die gerichtliche Überprüfung der Kündigung eingeschränkt werden.

Eine solche Festlegung von Kündigungsgründen führt jedoch nicht automatisch zur Wirksamkeit der wegen des Verstoßes ausgesprochenen Kündigung. Sie kann allenfalls als Hinweis verstanden werden, dass für die Arbeitsvertragsparteien bestimmte Pflichten besonders wichtig sein sollen. Die Wirksamkeit der Kündigung ist in jedem Fall nach den allgemeinen Grundsätzen (4.1.3.2, 4.1.3.3 und 4.1.3.4) zu bestimmen.

4.1.3.2 Außerordentliche Kündigung

§ 626 Abs. 1 BGB gestattet die außerordentliche Kündigung, d. h. die fristlose Kündigung aus wichtigem Grund, wenn Tatsachen vorliegen, auf Grund derer dem Kündigenden unter Berücksichtigung aller Umstände des Einzelfalls und unter Abwägung der Interessen beider Vertragteile die Fortsetzung des Dienstverhältnisses bis zum Ablauf der Kündigungsfrist oder bis zu der vereinbarten Beendigung des Dienstverhältnisses nicht zugemutet werden kann. Mit anderen Worten: Der Vertrauensverlust zwischen den Parteien ist so groß, dass er die sofortige Beendigung des Vertragsverhältnisses rechtfertigt. Bei Compliance-Verstößen geht es regelmäßig um verhaltensbedingte Kündigungen, d. h. um solche, die ihren Grund in einem schuldhaften Fehlverhalten des Arbeitnehmers haben.

Das BAG prüft die Wirksamkeit der außerordentliche Kündigung in zwei Stufen (Überblick in Abb. 4.3):[18] Zunächst müssen Tatsachen vorliegen, die „an sich geeignet" sind, einen wichtigen Grund darzustellen. Ein wichtiger Grund kann sowohl in der Verletzung der vertraglichen Haupt- wie der vertraglichen Nebenpflichten liegen. Er muss im Zeitpunkt des Ausspruchs der Kündigung objektiv vorgelegen haben. Ob der Arbeitnehmer bei der Begehung der Pflichtverletzung ggf. sogar mit Billigung des Arbeitgebers handelte, etwa Geschäftspartner zu Gunsten des Arbeitgebers bestochen hat, ohne eigenen Vorteil daraus zu ziehen, ist hier zunächst unerheblich. Es kommt lediglich auf den objektiven Rechtsverstoß an. Da die Kündigung keine Sanktion für vergangenes Verhalten ist, sondern dadurch gerechtfertigt wird, dass das Vertrauensverhältnis zwischen

---

[17]Zu ihr 4.1.2.2.1.
[18]St. Rsprg, s. etwa BAG NZA-RR 2010, 516, 517.

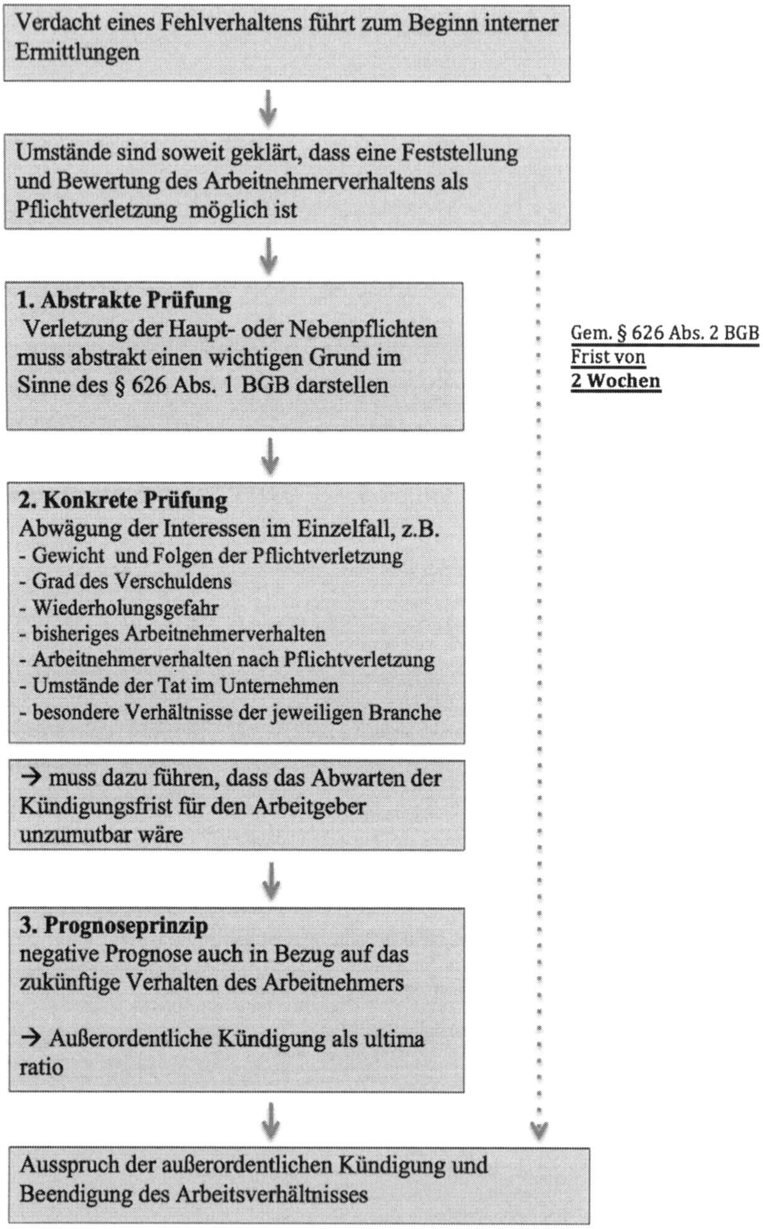

Verdacht eines Fehlverhaltens führt zum Beginn interner
Ermittlungen

↓

Umstände sind soweit geklärt, dass eine Feststellung
und Bewertung des Arbeitnehmerverhaltens als
Pflichtverletzung möglich ist

↓

1. Abstrakte Prüfung
 Verletzung der Haupt- oder Nebenpflichten
muss abstrakt einen wichtigen Grund im
Sinne des § 626 Abs. 1 BGB darstellen

Gem. § 626 Abs. 2 BGB
Frist von
2 Wochen

↓

2. Konkrete Prüfung
Abwägung der Interessen im Einzelfall, z.B.
- Gewicht und Folgen der Pflichtverletzung
- Grad des Verschuldens
- Wiederholungsgefahr
- bisheriges Arbeitnehmerverhalten
- Arbeitnehmerverhalten nach Pflichtverletzung
- Umstände der Tat im Unternehmen
- besondere Verhältnisse der jeweiligen Branche

→ muss dazu führen, dass das Abwarten der
Kündigungsfrist für den Arbeitgeber
unzumutbar wäre

↓

3. Prognoseprinzip
negative Prognose auch in Bezug auf das
zukünftige Verhalten des Arbeitnehmers

→ Außerordentliche Kündigung als ultima
ratio

↓

Ausspruch der außerordentlichen Kündigung und
Beendigung des Arbeitsverhältnisses

Abb. 4.3 Außerordentliche Kündigung nach internen Ermittlungen

den Vertragsparteien für die Zukunft gestört ist, müssen die konkrete Pflichtverletzung und die daraus resultierende Vertragsstörung den Schluss nahelegen, der Arbeitnehmer werde den Arbeitsvertrag auch nach einer Kündigungsandrohung erneut in gleicher oder ähnlicher Weise verletzen (sog. Prognoseprinzip).[19]

In einem zweiten Schritt wägt das BAG unter Einbeziehung aller Umstände des Einzelfalls ab, ob dem Arbeitgeber eine Fortsetzung des Arbeitsverhältnisses trotz der Pflichtverletzung des Arbeitnehmers zumindest bis zum Ablauf der Kündigungsfrist zumutbar ist.

In der Interessenabwägung zu berücksichtigen sind etwa die Schwere der Pflichtverletzung, ihre Folgen, der Grad des Verschuldens, welches den Arbeitnehmer trifft, die Wahrscheinlichkeit der Wiederholung sowie die bisherige Dauer und Störungsfreiheit des Arbeitsverhältnisses und etwaige Bemühungen des Arbeitnehmers, vor Ausspruch der Kündigung den Schaden wieder gut zu machen.[20] In der Interessenabwägung werden außerdem die Gepflogenheiten und Besonderheiten der jeweiligen Branche und des jeweiligen Unternehmens berücksichtigt: Eine Äußerung, die unter Bankangestellten als beleidigend empfunden wird, kann auf dem Bau zum gewöhnlichen Umgangston gehören. Um unternehmensinterne Gepflogenheiten zu bestimmen, können insbesondere unternehmenseigene Verhaltensvorschriften herangezogen werden.[21] Des Weiteren wird in die Interessenabwägung einbezogen, ob der Arbeitgeber das Verhalten des Arbeitnehmers (wirklich) missbilligt, oder nur plötzlich, etwa auf Druck von außen hin, „umschwenkt".[22] Einem Arbeitgeber, der das vermeintlich missbilligte Arbeitnehmerverhalten in Wirklichkeit gebilligt oder gar gefördert hat, kann die Kündigung verwehrt sein.[23]

Die außerordentliche Kündigung ist außerdem ultima ratio, es darf keine milderen Mittel geben, die Störung zukünftig zu vermeiden, etwa Abmahnung, ordentliche Kündigung oder Versetzung.[24] Dies gilt selbst dann, wenn der Arbeitnehmer eine Straftat begangen hat.[25]

Gem. § 626 Abs. 2 BGB muss die Kündigung innerhalb von zwei Wochen ab dem Zeitpunkt ausgesprochen werden, in dem der Kündigungsberechtigte von den für die Kündigung maßgebenden Tatsachen Kenntnis erlangt. Dies setzt interne Ermittlungen zur Aufklärung von Compliance-Verstößen jedoch nicht unter Zeitdruck: Die Frist beginnt erst zu laufen, wenn der Sachverhalt so weit aufgeklärt ist, dass der Kündigungsberechtigte die Pflichtverletzung des Arbeitnehmers feststellen und bewerten kann. § 626 Abs. 2 BGB liegt der Gedanke zugrunde, dass eine Pflichtverletzung, die nicht unverzüglich mit

---

[19]BAG NZA 2011, 1342.

[20]BAG NZA 2013, 319, 320.

[21]LAG Schleswig-Holstein 29.8.2006, 6 Sa 72/06, juris.de.

[22]So wohl der Fall ArbG Berlin 18.2.2010, 38 Ca 12879/09, juris.de.

[23]ArbG München NZA 2009, 265 (zur Siemens-Affäre).

[24]BAG NZA 2013, 319, 320.

[25]BAG NZA 2010, 1227, 1228.

der Kündigung geahndet wird, so schwer nicht gewesen sein kann – es genügt möglicherweise die ordentliche Kündigung oder die Abmahnung. Die Zeit, den Pflichtverstoß festzustellen, will § 626 Abs. 2 BGB dem Arbeitgeber aber nicht nehmen.

4.1.3.3 Ordentliche Kündigung

Die ordentliche Kündigung kommt bei im Vergleich zur außerordentlichen Kündigung weniger schwerwiegenden Vertragsverletzungen in Betracht. Sie führt nicht sogleich zur Beendigung des Arbeitsverhältnisses, sondern zur Beendigung erst nach Ablauf der Kündigungsfrist (zu ermitteln anhand § 622 BGB).

Bei Compliance-Verstößen geht es regelmäßig um eine verhaltensbedingte Kündigung. Sie wird aufgrund eines schuldhaften Fehlverhaltens des Arbeitnehmers ausgesprochen. Dem Arbeitnehmer wird vorgeworfen, dass er sich auch anders hätte verhalten können. Die Überprüfung der ordentlichen Kündigung auf ihre Wirksamkeit folgt dengleichen Grundsätzen wie bei der außerordentlichen Kündigung (s. Abb. 4.4). Es bedarf insbesondere einer vertraglichen Pflichtverletzung und einer Interessenabwägung.

Abb. 4.4 Ordentliche
Kündigung nach internen
Ermittlungen

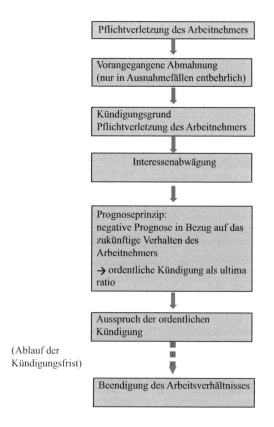

(Ablauf der
Kündigungsfrist)

Vor Ausspruch der Kündigung ist grundsätzlich eine Abmahnung erforderlich,[26] Ausdruck des Verhältnismäßigkeitsgrundsatzes. Sie ist nur dann entbehrlich, wenn im Einzelfall besondere Umstände vorliegen, aufgrund derer eine Abmahnung als nicht Erfolg versprechend angesehen werden muss. Das ist insbesondere dann der Fall, wenn erkennbar ist, dass der Arbeitnehmer nicht gewillt ist, sich vertragstreu zu verhalten. Besonders schwere Vorwürfe bedürfen keiner Abmahnung, wenn und weil der Arbeitnehmer bei ihnen von vornherein nicht mit einer Billigung seines Verhaltens rechnen kann.[27]

Auch hier gelten wieder Besonderheiten bei unternehmenseigenen Verhaltensvorschriften: Sie können nicht nur die Pflichten des Arbeitnehmers konkretisieren oder erweitern, sondern auch bei der Interessenabwägung bedeutsam werden, nämlich bei der Frage, ob dem Arbeitnehmer die Vertragswidrigkeit seines Verhaltens bewusst war/hätte bewusst sein müssen.

Zu einer etwaigen Entbehrlichkeit der Abmahnung aufgrund von Ethikrichtlinien s. 4.1.2.2.1 und 4.1.2.2.3.

4.1.3.4 Verdachtskündigung

Die Verdachtskündigung ist ein Sonderfall der außerordentlichen Kündigung mit besonderer Bedeutung für den Bereich der Compliance. Sie ermöglicht es, den Arbeitsvertrag zu beenden, obwohl nicht sicher ist, ob der Arbeitnehmer die ihm vorgeworfene Pflichtverletzung überhaupt begangen hat.

Die Verdachtskündigung ist insbesondere dann von Bedeutung, wenn man mit der hier vertretenen Auffassung (oben 3.11.1.3) davon ausgeht, dass der Arbeitnehmer die Mitwirkung an den unternehmensinternen Ermittlungen verweigern darf, wenn er sich selbst belasten müsste. Dann werden sich mitunter die gegen ihn erhobenen Vorwürfe nicht verifizieren lassen. Mit der Verdachtskündigung, letztlich eine personenbedingte Kündigung, wird dem Arbeitnehmer nicht vorgeworfen, eine bestimmte Tat (möglicherweise) begangen zu haben. Ihm haftet vielmehr ein Verdacht an, der sich nicht beseitigen und der die persönliche Eignung zur Vertragserfüllung entfallen lässt.[28]

Die Verdachtskündigung setzt voraus, dass bestimmte Tatsachen objektiv den dringenden Verdacht einer strafbaren Handlung oder einer sonstigen schwerwiegenden Verfehlung begründen (Überblick Abb. 4.5).

Der Verdacht muss sich stets auf ein Verhalten beziehen, welches als Grund zur fristlosen Kündigung ausreichen würde, wenn sich der Verdächtige des Verhaltens tatsächlich schuldig gemacht hätte,[29] und der Verdacht muss so schwer sein, dass er geeignet ist,

---

[26]Die Abmahnung muss nicht „einschlägig" sein, d. h. sich auf eine identische Pflichtverletzung beziehen, wohl aber müssen die Pflichtwidrigkeiten aus demselben Bereich stammen, BAG NZA 2011, 1342.

[27]BAG 28.1.1982, 2 AZR 776/79, juris.de.

[28]BAG NZA 2001, 837.

[29]BAG, NZA 2014, 143, 144; NZA 2001, 837, 838.

1. Verdacht einer Pflichtverletzung des Arbeitnehmers	✓
- gegründet auf Tatsachen - bezogen auf ein Verhalten, das als Grund zur fristlosen Kündigung ausreichen würde	
2. Dringlichkeit des Verdachts	✓
Große Wahrscheinlichkeit, dass der Arbeitnehmer die Pflichtverletzung begangen hat	
3. Unaufklärbarkeit des Sachverhalts	✓
Arbeitgeber hat alle zumutbaren Anstrengungen unternommen, den Sachverhalt aufzuklären, einschl. Anhörung des Arbeitnehmers	
4. Interessenabwägung	✓

Abb. 4.5 Checkliste: Verdachtskündigung nach internen Ermittlungen

das für die Fortsetzung des Arbeitsverhältnisses erforderliche Vertrauen zu zerstören.[30] Dringend ist der Verdacht, wenn er einen verständigen und gerecht abwägenden Arbeitgeber tatsächlich zum Ausspruch einer Kündigung veranlassen kann. Erforderlich ist die „große Wahrscheinlichkeit", dass der Arbeitnehmer die ihm vorgeworfene Pflichtverletzung oder Straftat begangen hat.[31] Für die Beurteilung dieser Frage ist aber der Ausgang behördlicher Ermittlungen[32] und auch der eines Strafprozesses unerheblich.[33] Ein Freispruch des Arbeitnehmers im Strafprozess schließt nicht die Verdachtskündigung aus. Umgekehrt rechtfertigt nicht allein die Einleitung staatlicher Ermittlungen den Ausspruch einer Verdachtskündigung (wohl aber die Erhebung der Anklage, weil der Arbeitgeber nicht kritischer sein muss als die Behörden).[34]

Der Arbeitgeber muss alle zumutbaren Anstrengungen unternommen haben, den Sachverhalt aufzuklären. Hierzu gehört zwingend eine Anhörung des Arbeitnehmers.[35] Sie ist zwar Datenerhebung i. S. d. BDSG, jedoch keine Überwachungsmaßnahme. § 26 Abs. 1 S. 2 BDSG n. F. ist daher nicht anwendbar.[36]

---

[30]BAG NZA 2001, 837, 838.

[31]BAG NZA 2014, 143, 144.

[32]BAG NZA 1997, 1340.

[33]Wobei, wenn es im Strafprozess zur Verurteilung kommt und der Arbeitgeber auf die Verurteilung gestützt kündigt, auch keine Verdachtskündigung mehr vorliegt, BAG NZA 1992, 1121, 1123.

[34]LAG Schleswig-Holstein NZA-RR 2004, 666.

[35]BAG NZA 1986, 674.

[36]Zum inhaltsgleichen § 32 Abs. 1 S. 2 BDSG: BAG NZA 2015, 741.

Der Umfang der Anhörung richtet sich nach den Umständen des Einzelfalls.[37] Sie muss sich auf einen greifbaren Sachverhalt beziehen, damit der Arbeitnehmer die Möglichkeit hat, bestimmte, zeitlich und räumlich eingegrenzte Tatsachen zu bestreiten oder den Verdacht entkräftende Tatsachen aufzuzeigen und so zur Aufhellung der für den Arbeitgeber im Dunkeln liegenden Geschehnisse beizutragen.[38] Der Arbeitgeber muss nicht ausdrücklich auf eine etwaige Kündigungsabsicht hinweisen,[39] aber alle erheblichen Umstände angeben, aus denen er den Verdacht herleitet.[40] Der Arbeitnehmer darf einen Rechtsanwalt hinzuziehen.[41] Eine Belehrung hierüber ist nicht erforderlich.[42] Entbehrlich ist die Anhörung, wenn sie tatsächlich nicht durchgeführt werden kann (etwa: Arbeitnehmer ist untergetaucht) oder der Arbeitnehmer von vornherein deutlich macht, dass er nicht zur Äußerung bereit ist.[43]

In der (wie bei der „gewöhnlichen" Kündigung) anzustellenden Interessenabwägung ist insbesondere zu prüfen, ob es dem Arbeitgeber unzumutbar ist, das Arbeitsverhältnis unter Berücksichtigung der konkreten Umstände des Einzelfalls bis zum Ablauf der Kündigungsfrist oder bis zu der vereinbarten Beendigung fortzusetzen.

Zu beachten ist auch hier die Frist des § 626 Abs. 2 BGB: Hält der Arbeitgeber einen bestimmten Kenntnisstand für ausreichend, eine fristlose Kündigung wegen Verdachts einer strafbaren Handlung oder wegen begangener Straftat auszusprechen, so muss er nach § 626 Abs. 2 BGB binnen zwei Wochen nach Erlangung dieses Kenntnisstandes kündigen. Die Frist kann frühestens beginnen, wenn der Arbeitgeber hinreichende Verdachtsmomente gegen den Arbeitnehmer hat, so dass die Vertrauensbasis für die Fortsetzung des Arbeitsverhältnisses zerstört ist.[44]

Wird die Unschuld des Arbeitnehmers nachträglich erwiesen, kann der Arbeitnehmer von seinem (dann: ehemaligen) Arbeitgeber verlangen, wieder eingestellt zu werden.[45]

4.1.3.5 Mitbestimmung durch den Betriebsrat

Bei jeder Kündigung ist, soweit vorhanden, der Betriebsrat nach Maßgabe des § 102 BetrVG zur Mitbestimmung berechtigt. Dies gilt auch bei der Verdachtskündigung, wobei der Verdacht ein eigener Kündigungsgrund ist, zu dem der Betriebsrat beteiligt werden muss.

---

[37]BAG NZA 2013, 137; NZA 2008, 809.

[38]BAG NZA 2013, 137.

[39]BAG NZA 2013, 137.

[40]BAG NZA-RR 2008, 344, 346.

[41]BAG NZA 2008, 809, 811.

[42]BAG NZA 2015, 741.

[43]BAG NZA-RR 2008, 344, 346.

[44]LAG Köln NZA-RR 1998, 65.

[45]BAG NZA 1997, 1340, 1343.

4.1.4 Aufhebungsvertrag nach Compliance-Verstoß

Für den Aufhebungsvertrag nach einem Compliance-Verstoß, d. h. für die einvernehmliche Beendigung des Arbeitsverhältnisses durch Vereinbarung von Arbeitgeber und Arbeitnehmer, gelten keine Besonderheiten gegenüber Aufhebungsverträgen in sonstigen Situationen.

Hat der Arbeitgeber seine Ermittlungen des Compliance-Verstoßes aber noch nicht abgeschlossen, müssen im Aufhebungsvertrag die nachvertraglichen Mitwirkungspflichten des Arbeitnehmers geregelt werden. Ferner ist zu bedenken, dass auch Schadensersatzansprüche des Arbeitgebers gegen den Arbeitnehmer wegen des Compliance-Verstoßes im Aufhebungsvertrag geregelt (und insbesondere erlassen) werden können.

4.1.5 Sanktionierung wegen unzureichender Mitwirkung bei der Aufklärung

Die Pflichten des Arbeitnehmers, an der Aufklärung eines von einem anderen Mitarbeiter begangenen Rechtsverstoßes mitzuwirken, wurden bereits beleuchtet (Abschn. 3.11.2).

Entsprechende Pflichtverletzungen können unter dengleichen Voraussetzungen Abmahnung und/oder Kündigung rechtfertigen wie der Compliance-Verstoß selbst.

4.2 Schadensersatzansprüche des Arbeitgebers gegen den Arbeitnehmer

Entstehen dem Arbeitgeber durch den Compliance-Verstoß Schäden, kann er den verantwortlichen Arbeitnehmer auf Ersatz in Anspruch nehmen (Überblick Abb. 4.6). Zu den Schäden zählen neben den unfreiwilligen Vermögensverlusten (Verlust von Arbeitgebereigentum, Schadensersatzzahlungen an Dritte) auch Aufwendungen, die der Arbeitgeber machen musste, um dem Arbeitnehmer die Pflichtverletzung nachzuweisen.

Schadensersatzansprüche des Arbeitgebers gegen den Arbeitnehmer finden ihre Grundlage in §§ 280 Abs. 1, 241 Abs. 1, 611a BGB, wenn eine Haupt- oder Nebenleistungspflicht verletzt wurde, d. h. das Interesse des Arbeitgebers an einer vertragsgemäßen Gegenleistung (Äquivalenzinteresse). Hingegen ist §§ 280 Abs. 1, 241 Abs. 2, 611a BGB die Anspruchsgrundlage, wenn eine Nebenpflicht verletzt wurde und damit das Interesse des Arbeitgebers am Schutz seiner Rechte und Rechtsgüter und an der Rücksichtnahme auf diese (Integritätsinteresse).

Der Arbeitsvertrag ist ein Schuldverhältnis i. S. d. § 280 Abs. 1 S. 1 BGB, und die von § 280 Abs. 1 S. 1 BGB vorausgesetzte Pflichtverletzung kann entweder im Compliance-Verstoß selbst liegen oder in der vom Arbeitnehmer pflichtwidrig unterlassenen Mitwirkung bei der Aufklärung des Verstoßes (soeben 4.1.5).

Schadensersatzanspruch des Arbeitgebers gem. §§ 280 Abs. 1, 241 Abs. 1, 2, 611 BGB

I. Vorliegen eines wirksamen Arbeitsvertrages

II. Pflichtverletzung
1. Compliance-Verstoß des Arbeitnehmers oder
2. Pflichtwidrig unterlassene Mitwirkung bei Aufklärung eines Compliance-Verstoßes

III. Vertretenmüssen, §§ 280 Abs. 1 S. 2, 619a BGB
- Vorsatz/ Fahrlässigkeit?
- vom Arbeitgeber nachzuweisen

IV. Schaden
Ersatzfähig: dem Arbeitgeber entstandene
   - Sach- und Vermögensschäden
   - Ermittlungskosten, die nach den Umständen des Falls als erforderlich
    anzusehen sind

Abb. 4.6 Anspruchsvoraussetzungen eines Schadensersatzersatzanspruchs des Arbeitgebers

4.2.1 Vertretenmüssen und Beweislast

Der Arbeitnehmer haftet nur, wenn er gem. § 280 Abs. 1 S. 2 BGB die Pflichtverletzung zu vertreten gehabt, d. h. hier vorsätzlich oder fahrlässig i. S. d. § 276 Abs. 1 BGB gehandelt hat. Im Prozess hat der Arbeitgeber ihm dies, abweichend von § 280 Abs. 1 S. 2 BGB, positiv nachzuweisen (§ 619a BGB).

Bei vorsätzlichem Handeln weiß der Arbeitnehmer, dass er eine Pflicht verletzt, und will dies auch, ebenso wie den Schaden, der dem Arbeitgeber entsteht.[46]

Bei grober Fahrlässigkeit lässt der Arbeitnehmer die im Verkehr erforderliche Sorgfalt in besonders hohem Maße außer Acht – sodass jeder Beobachter sagen würde: „Das darf einfach nicht passieren!" Bei mittlerer Fahrlässigkeit hingegen lautet das Urteil eines objektiven Beobachters: „Das kann passieren."

4.2.2 Ersatzfähiger Schaden

Welche Schäden der Arbeitgeber vom Arbeitnehmer ersetzt verlangen kann, bestimmt § 249 Abs. 1 BGB. Es ist der Zustand herzustellen, der bestünde, wenn die Pflichtverletzung nicht stattgefunden hätte.

Ersatzfähig sind Sach- und Vermögensschäden des Arbeitgebers, die diesem durch den Compliance-Verstoß des Arbeitnehmers entstanden sind. So kann er Ersatz für die

---

[46]BAG NZA 2003, 37.

vom Arbeitnehmer gestohlene Ware oder die Rückzahlung der vom Arbeitnehmer ver-
untreuten Gelder verlangen und auch den Ersatz von Schäden, die er Dritten wegen des
Compliance-Verstoßes ersetzen musste.

Die Ersatzpflicht des Arbeitnehmers erstreckt sich aber nicht nur auf Schäden des
Arbeitgebers, sondern auch auf dessen Aufwendungen zur Aufklärung des Falles, und
zwar auf alle Aufwendungen, soweit diese nach den Umständen des Falles als notwendig
anzusehen sind.

Hat der Arbeitgeber wegen des Compliance-Verstoßes kostenintensive Ermittlungsmaßnahmen ergriffen, etwa eine Videokamera installiert oder ein Detektivbüro mit der
Überwachung des Arbeitnehmers beauftragt, können diese Kosten ersatzfähig sein. Sie
müssen dafür lediglich eigens wegen des Verstoßes angefallen sein, was etwa Ersatz
für die ohnehin laufenden Kosten für Personal und Ausstattung der Compliance-Abteilung oder Innenrevision ausschließt. Insbesondere hat der Arbeitnehmer die durch das
Tätigwerden eines Detektivs entstandenen notwendigen Kosten zu ersetzen, wenn der
Arbeitgeber aufgrund eines konkreten Tatverdachts einem Detektiv die Überwachung
des Arbeitnehmers überträgt und der Arbeitnehmer einer vorsätzlichen Pflichtverletzung
überführt wird.[47]

Ob der Arbeitgeber die Kosten ersetzt verlangen kann, hängt außerdem davon ab,
ob sie erforderlich waren: Der Arbeitgeber hat Erstattungsansprüche nur für die Kosten
solcher Maßnahmen, die ein vernünftiger, wirtschaftlich denkender Arbeitgeber nach
den Umständen des Einzelfalles zur Beseitigung der Störung bzw. zur Schadensverhü-
tung nicht nur als zweckmäßig, sondern auch als erforderlich ergriffen haben würde.[48]
Erforderlich kann eine Ermittlungsmaßnahme insbesondere nur dann sein, wenn sie auch
zulässig war. Der Arbeitnehmer muss nicht die Kosten seiner eigenen rechtswidrigen
Überwachung tragen.

Nicht nur das „Ob", sondern auch die Höhe der zu erstattenden Kosten wird durch
die „Erforderlichkeit" begrenzt. Verursacht eine Maßnahme zu hohe Kosten im Verhältnis zum mit ihr aufgeklärten Compliance-Verstoß, kann dies allerdings auch ein Hinweis
darauf sein, dass bereits die Maßnahme derart aufwendig und eingriffsintensiv ist, dass
sie als unzulässig eingeordnet werden muss.

4.2.3 Innerbetrieblicher Schadensausgleich

Hat der Arbeitnehmer den Schaden bei „betrieblicher Tätigkeit" verursacht, greift allerdings eine arbeitsrechtliche Besonderheit. Aus der Erwägung heraus, dass auch dem
sorgfältigsten Arbeitnehmer in einem langen Arbeitsverhältnis einmal Fehler unterlaufen

---

[47]Zur Höhe der Ersatzansprüche BAG NZA 1998, 1334.
[48]BAG NZA 2014, 301.

| Voraussetzungen | Arbeitnehmer schädigt Arbeitgeber oder Dritten beim Ausführen einer betrieblich veranlassten Tätigkeit |
| Folge | Haftungsprivilegierung des Arbeitnehmers bei Fahrlässigkeit |

Abb. 4.7 Innerbetrieblicher Schadensausgleich

können, zugleich diese Fehler aber oft einen Schaden verursachen, der weit über dem liegt, was der Arbeitnehmer aufgrund seines Einkommens ersetzen könnte, hat die Rechtsprechung den sog. innerbetrieblichen Schadensausgleich entwickelt (Überblick in Abb. 4.7).

Es handelt sich um eine Haftungsprivilegierung des Arbeitnehmers bei Fahrlässigkeit (nicht: bei dem im Bereich der Compliance-Verstöße besonders häufigen Vorsatz!), die sich auch mit dem Gedanken des § 254 BGB rechtfertigen lässt:[49] Nach § 254 Abs. 1 BGB muss sich der Geschädigte sein eigenes Mitverschulden entgegen halten lassen, es mindert seinen Ersatzanspruch. Im Arbeitsverhältnis ist der Arbeitgeber der Geschädigte und zugleich derjenige, der Ort, Inhalt und Zeit der Arbeitsleistung bestimmt. Es liegt also an ihm, etwaige Gefahren zu minimieren, die sich aus der Leistung des Arbeitnehmers für seine Rechtsgüter und die Rechtsgüter Dritter ergeben. Verursacht der Arbeitnehmer einen Schaden, ist davon auszugehen, dass der Arbeitgeber aufgrund einer Organisationsentscheidung hierfür mit verantwortlich ist. Dies rechtfertigt es, den Arbeitnehmer bei der Haftung zu privilegieren.

Die Privilegierung greift aber nur bei betrieblich veranlassten Tätigkeiten. Betrieblich veranlasst ist eine Tätigkeit, wenn sie dem Arbeitnehmer arbeitsvertraglich übertragen worden ist oder er sie im Interesse des Arbeitgebers für den Betrieb übernimmt.[50]

Bei leicht fahrlässigem Fehlverhalten (das im Bereich der Compliance-Verstöße allerdings eher selten ist) kommt es zur völligen Haftungsbefreiung.[51] Bei mittlerer Fahrlässigkeit ist der Schaden zwischen Arbeitgeber und Arbeitnehmer entsprechend dem Verschuldensgrad des Arbeitnehmers aufzuteilen.[52] Bei grober Fahrlässigkeit geht

---

[49]BAG NZA 2007, 1230, 1233; BAGE 109, 279, 282.

[50]BAG NZA 2007, 1230, 1233.

[51]BAG NZA 2007, 1230, 1233; NZA 1995, 565, 566.

[52]BAG NZA 2007, 1230, 1233; NZA 1995, 565, 566.

die Rechtsprechung zwar eigentlich von voller Haftung des Arbeitnehmers aus, nimmt jedoch meist eine Quotelung (im Grundsatz wie bei mittlerer Fahrlässigkeit) vor.[53] Zusätzlich legt sie Haftungshöchstsummen fest, wenn der Arbeitnehmer wirtschaftlich überfordert würde, weil er nicht in der Lage sein wird, den Schaden jemals vollständig zu ersetzen.[54] Die Quotelung richtet sich nach einer Abwägung der Gesamtumstände im Einzelfall. In ihr sind insbesondere zu berücksichtigen:[55]

- Schadensanlass und Schadensfolgen,
- Grad des dem Arbeitnehmer zur Last fallenden Verschuldens,
- Höhe des Schadens,
- ein vom Arbeitgeber einkalkuliertes oder durch Versicherung abdeckbares Risiko der Tätigkeit,
- Fehlerpotential („Gefahrgeneigtheit") der Tätigkeit,
- Stellung des Arbeitnehmers im Betrieb,
- Höhe des Arbeitsentgelts, in dem möglicherweise eine Risikoprämie enthalten ist,
- persönliche Verhältnisse des Arbeitnehmers.

Diese Grundsätze greifen nicht nur bei „einfachen" Arbeitnehmern, sondern auch bei leitenden Angestellten. Der BGH hat zwar einmal für einen leitenden Unternehmensjuristen die Anwendbarkeit des innerbetrieblichen Schadensausgleichs verneint, mit der Begründung, bei der Arbeit des Juristen bestehe typischerweise kein besonders hohes Fehlerpotential (keine „Gefahrgeneigtheit").[56] Einmal abgesehen davon, dass dieses Bild des Juristen etwas zu optimistisch sein dürfte, ist das Kriterium der Gefahrgeneigtheit einer Tätigkeit vom BAG mittlerweile verworfen worden.[57] Und auch die Ausgangssituation ist bei leitenden Angestellten nicht grundsätzlich anders als bei „einfachen" Arbeitnehmern. Sie sind zwar regelmäßig eher dem Arbeitgeberlager zuzurechnen. Ihnen ist es auch selbst zu einem guten Teil überlassen, wie sie ihre Tätigkeit ausführen. Völlig losgelöst von den Vorgaben ihres Arbeitgebers allerdings sind sie nicht, sie können nicht völlig frei Zeit, Ort, Art und Inhalt der zu verrichtenden Tätigkeit bestimmen. Das erfordert, die Grundsätze des innerbetrieblichen Schadensausgleichs auf sie anzuwenden, aber mit etwas strengeren Maßstäben: Ihre größere Eigenständigkeit und damit auch Eigenverantwortung spricht dafür, bei Fehlverhalten eher Vorsatz oder grobe Fahrlässigkeit anzunehmen.

---

[53]BAG NZA 1998, 140, 141.

[54]BAG NZA 1998, 140, 141. Bsp: Reinigungskraft mit Monatseinkommen von 320 € soll Schaden i. H. v. 50.000 € ersetzen, BAG, NZA 2011, 345.

[55]BAG NZA 2007, 1230, 1233.

[56]BGH NJW 1970, 34.

[57]BAG NZA 1994, 1083.

Bei ihnen ist nicht widerspruchsloses Ausführen von Weisungen gefragt, sondern (auch) selbständige Organisation der eigenen Tätigkeit.

Die Grundsätze der Arbeitnehmerhaftung sind einseitig zwingend, d. h. es kann von ihnen nicht durch Vereinbarung zulasten des Arbeitnehmers abgewichen werden.[58]

4.3 Herausgabe von Bestechungsgeld

Gem. § 667 BGB hat der Auftragnehmer, im Arbeitsverhältnis der Arbeitnehmer, all das an den Geschäftsherrn, den Arbeitgeber, herauszugeben, was er aus der Durchführung seines Auftrags erlangt. Gestützt auf diese Norm kann der Arbeitgeber von einem Arbeitnehmer, der sich hat bestechen lassen, die Herausgabe des erlangten Bestechungsgeldes (oder des sonstigen Vorteils, wenn die Bestechung nicht in Geld erfolgte) verlangen.[59]

4.4 Sonderfälle: Folgen unzulässigen Whistleblowings und unzulässiger Ermittlungsmaßnahmen

Dass für den Arbeitnehmer, der den Compliance-Verstoß begeht, arbeitsrechtliche Folgen zu erwägen sind, liegt auf der Hand. Doch auch diejenigen, die den Rechtsverstoß aufklären wollen, können hierbei rechtliche Grenzen überschreiten und dafür Konsequenzen zu tragen haben. Zu unterscheiden sind drei Personengruppen: Der interne Whistleblower, der externe Whistleblower und die Personen, die für den Arbeitgeber die internen Ermittlungen übernommen haben.

4.4.1 Folgen unzutreffenden internen Whistleblowings

Das *interne* Whistleblowing ist hier bereits als eine Chance des Arbeitgebers vorgestellt worden, durch Arbeitnehmer frühzeitig Informationen über Rechtsverstöße im Unternehmen zu erlangen (s. 2.1.2).

Ist aber ein von einem internen Whistleblower gegebener Hinweis unzutreffend, kann dies für den Arbeitgeber erhebliche negative Folgen haben. Er hat unnötig ermittelt, Ressourcen, und damit Zeit und Geld verschwendet, Unruhe in das Unternehmen gebracht und auch noch wertvolle Arbeitnehmer durch unbegründete Verdächtigungen verunsichert oder verärgert und ihnen vermittelt, dass er ihnen einen Rechtsbruch zutraut.

---

[58]BAG NZA 1999, 141, 144.
[59]BAG BB 1970, 883.

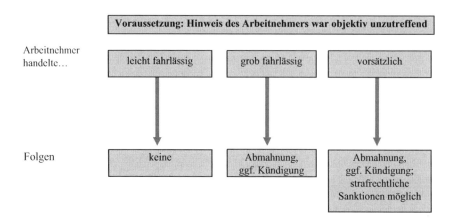

Abb. 4.8 Folgen unzutreffenden internen Whistleblowings

Es liegt nahe, in einem solchen Fall den Whistleblower für etwaige Schäden haftbar zu machen oder seinen Vertrag zu beenden. Beides setzt voraus, dass die Identität des Whistleblowers bekannt ist oder bestimmt werden kann. Hier liegt der wohl wichtigste Grund, nur nicht-anonymes internes Whistleblowing zuzulassen (s. 2.1.2.4).

Selbst wenn die Identität des Whistleblowers ihm aber bekannt ist, kann der Arbeitgeber nur Konsequenzen aus dem unzutreffenden Hinweis ziehen, wenn der Hinweis als Pflichtverletzung des Whistleblowers anzusehen ist. Dies setzt zunächst einmal voraus, dass der Hinweis überhaupt inhaltlich falsch war.

Außerdem müssen weitere Voraussetzungen erfüllt sein (Überblick Abb. 4.8).

4.4.1.1 Privilegierung falscher Hinweise gegenüber Behörden

Hinweise *an Behörden* über Missstände oder rechtswidriges Verhalten Dritter werden vom Gesetz und von der Rechtsprechung privilegiert. Wer sich an die zuständige Instanz wendet, um (vermeintliche) Rechtsverstöße zu melden, macht damit nicht nur von seinen grundrechtlich geschützten Rechten (Art. 17, 2 Abs. 1 GG: Petitionsrecht und allgemeine Handlungsfreiheit) Gebrauch. Er tut oft auch dem Rechtsstaat einen Dienst, indem er dessen Behörden mit Informationen versorgt und sich um die Herstellung rechtmäßiger Verhältnisse bemüht. Dies gilt auch für Zeugen, die gegenüber Behörden aussagen.[60] Der Whistleblower haftet straf- und zivilrechtlich daher nur für grob fahrlässige oder vorsätzlich falsche Vorwürfe. Wer seine gesetzlichen Aussagepflichten erfüllt, darf keine zivilrechtlichen Nachteile erleiden.[61]

---

[60]BVerfG NZA 2001, 888.
[61]BVerfG NZA 2001, 888.

4.4.1.2 Privilegierung falscher Hinweise gegenüber dem Arbeitgeber?

Ob diese Privilegierung des Whistleblowings auszudehnen ist auf Whistleblowing gegenüber dem Arbeitgeber, hatte die Rechtsprechung bisher nicht zu entscheiden. Vieles spricht aber dafür.

4.4.1.2.1 Privilegierung bei leichter/mittlerer Fahrlässigkeit

Der redliche Whistleblower, der nur in leichter oder mittlerer Fahrlässigkeit Fehlinformationen mitteilt, handelt im Interesse des Arbeitgebers. Er ist loyaler Mitarbeiter und will deshalb den Arbeitgeber und dessen Rechtsgüter schützen. Eine leicht oder einfach fahrlässige Verkennung der Tatsachen- und oder Rechtslage kann zudem jedem einmal passieren; oft genug herrscht selbst unter Volljuristen Unsicherheit über die rechtliche Bewertung eines Sachverhalts. Der Arbeitnehmer darf, da er zum Besten des Unternehmens handelt, hier mit dem Fehlerrisiko nicht belastet werden.

Ihn von jeder Haftung freizustellen, ist auch im Interesse des Arbeitgebers, will dieser, dass sein System des internen Whistleblowings funktioniert. Muss der Whistleblower schon für leicht fahrlässig falsche Vorwürfe negative Konsequenzen fürchten, erhöht das die Hemmschwelle, überhaupt Verstöße zu melden. Die Gefahr, dass trotz des Whistleblowingsystems gravierende Rechtsverstöße nicht gemeldet werden, wird über die Maßen groß. Leichte und mittlere Fahrlässigkeit des Whistleblowers muss daher gegenüber der Instanz Arbeitgeber ebenso privilegiert sein wie gegenüber dem Staat.

4.4.1.2.2 Keine Privilegierung bei grober Fahrlässigkeit

Ein Arbeitnehmer, der besonders ungeschickt ist und in grob fahrlässiger Weise den Wahrheitsgehalt seiner Vorwürfe oder deren rechtliche Bewertung verkennt, bemüht sich dennoch um Erfüllung seiner arbeitsvertraglichen Pflichten und den Schutz seines Arbeitgebers, sodass in Erwägung gezogen werden könnte, auch ihn zu privilegieren. Vereinfacht gesagt: Er ist ein „Schussel", aber kein „Schurke".

Jedoch kann der Schaden durch eine grob fahrlässige Fehlinformation beträchtlich sein, und der Hinweisgeber hat eine grundsätzliche Privilegierung nicht verdient: Wer Vorwürfe erhebt, muss sich von ihrer Plausibilität (vorher) überzeugen. Strafrechtlich ist sein Verhalten zwar nicht relevant. Allerdings wäre es unverantwortlich gegenüber zu Unrecht angeschwärzten Arbeitnehmern, müsste der Whistleblower auch zivilrechtlich keine Konsequenzen fürchten. Zumal der Anreiz für zukünftige Whistleblower ein falscher wäre: Es darf niemandem vermittelt werden, er könne ohne Folgen Kollegen „ins Blaue hinein" belasten und den Arbeitgeber zu unnötigem Ermittlungsaufwand veranlassen. Grundsätzlich muss grob fahrlässig falsches Whistleblowing daher Pflichtverletzung sein.

Um zu prüfen, ob das fehlerhafte Whistleblowing bereits grob fahrlässig war, und ggf. um zu prüfen, welche Folgen es nach sich ziehen darf (etwa ob eine Abmahnung genügt oder bereits eine Kündigung gerechtfertigt sein kann), bieten sich folgende Kriterien an:

- Die Höhe und Art des Schadens, der aufgrund der Fehlinformation entstanden ist (finanzieller Schaden und/oder Imageverlust des Arbeitgebers, negative materielle, psychische und physische Folgen für den zu Unrecht belasteten Arbeitnehmer);
- Die Schwierigkeit des zu bewertenden Sachverhaltes und die Art des Fehlers (etwa: Verkennung offenkundiger Tatsachen oder nur Fehler bei der rechtlichen Bewertung? Schwierige Rechtslage?; besonders große Gefahr für Rechtsgüter des Arbeitgebers, wenn der Vorwurf zutreffend gewesen wäre?);
- Die Umstände der Anzeige (Offenlegung eigener Unsicherheiten/nachdrückliche Belastung eines Unschuldigen);
- Motive des Arbeitnehmers („Schusseligkeit" – oder auch der Gedanke, dass es willkommen wäre, wenn der angeschwärzte Kollege „ein wenig Ärger" hat?)

4.4.1.2.3 Vorsätzlich falsche Hinweise
Bei vorsätzlicher Fehlinformation ist eine Privilegierung nicht angebracht. Es liegt ein Grund für eine verhaltensbedingte Kündigung vor. Regelmäßig wird die außerordentliche Kündigung gerechtfertigt sein.

Ebenso folgen aus der Pflichtverletzung Schadensersatzansprüche. Hier greift u. U. auch das Strafrecht (Beleidigung, § 185 StGB; üble Nachrede, § 186 StGB; Verleumdung, § 187 StGB).

4.4.2   Folgen unzulässigen externen Whistleblowings

Beim *externen* Whistleblowing wendet sich der Arbeitnehmer mit seinem Hinweis nicht an den Arbeitgeber, sondern an einen Dritten, an die zuständigen (Strafverfolgungs-, Steuer- oder Aufsichts-) Behörden, an die Presse oder sonst an die Öffentlichkeit. Für interne Ermittlungen ist das externe Whistleblowing regelmäßig ohne größere Bedeutung.

Zulässiges externes Whistleblowing ist stets frei von Sanktionen. Dies ergibt sich etwa aus § 612a BGB, dem Maßregelungsverbot: Wer in zulässiger Weise von seinen Rechten (beim externen Whistleblowing: von seinen Anzeigerechten) Gebrauch macht, darf deswegen nicht gemaßregelt werden, darf keine negativen Konsequenzen erleiden. Kündigungen eines Arbeitnehmers, der zu Recht „Alarm geschlagen" hat, sind dementsprechend unwirksam.

War das Whistleblowing hingegen unzulässig, kann es wie jede andere Verletzung arbeitsvertraglicher Pflichten geahndet werden, etwa mit einer Kündigung.

Wann aber liegt zulässiges Whistleblowing vor? Der Gesetzgeber hat sich hierzu bislang nicht geäußert, sodass die Klärung der Rechtsfrage Rechtsprechung und Literatur überlassen ist.[62]

4.4.2.1 Externes Whistleblowing durch „einfache" Arbeitnehmer

Die Anzeige innerbetrieblicher Missstände bei einem Dritten durch den Arbeitnehmer ist ein Bruch der arbeitsvertraglichen Verschwiegenheitspflicht.[63] Diese findet ihre Grundlage in der Berufsfreiheit des Arbeitgebers gem. Art. 12 GG, die auch sein Interesse schützt, nur mit solchen Arbeitnehmern zusammen zu arbeiten, die die Ziele des Unternehmens fördern und das Unternehmen vor Schäden bewahren.[64]

Externes Whistleblowing ist daher nur zulässig, wenn der Bruch der arbeitsvertraglichen Verschwiegenheitspflicht gerechtfertigt werden kann. Das BAG fragt, ob sich das Whistleblowing als eine unverhältnismäßige Reaktion des Arbeitnehmers auf ein Verhalten des Arbeitgebers oder seiner Repräsentanten darstellt.[65] Es wägt dafür die Berufsfreiheit des Arbeitgebers mit dem Recht des Arbeitnehmers ab, Rechtsverstöße bei Behörden zur Anzeige zu bringen und an ihrer Aufklärung mitzuwirken. Dieses Recht ergibt sich aus Art. 2 Abs. 1 GG i. V. m. Art. 20 Abs. 3 GG: Aus dem Rechtsstaatsprinzip folgt nicht nur ein öffentliches Interesse daran, dass der Bürger mit Behörden kooperiert und ihnen Rechtsverstöße anzeigt, sondern auch ein berechtigtes Interesse des Bürgers, seine staatsbürgerlichen Rechte auszuüben, ohne aufgrund dessen Nachteile zu erleiden.

4.4.2.1.1 Externes Whistleblowing gegenüber Behörden

Die zwischen den hier genannten Rechten anzustellende Abwägung wurde insbesondere vom BAG konkretisiert.

4.4.2.1.1.1 Berechtigung der Vorwürfe

Zentrales Kriterium ist die Berechtigung der Vorwürfe.[66] Ein Vorwurf ist berechtigt, wenn der angezeigte Rechtsverstoß des Arbeitgebers vorliegt.[67] Die Annahme, dass der Verstoß vorliegt, ist allerdings nicht gebunden an eine Verurteilung des Verdächtigten in einem angestrengten Strafverfahren: Verschiedene Gründe abseits der Berechtigung der Vorwürfe können schließlich dazu führen, dass es in einem Strafverfahren nicht zur Verurteilung kommt.

---

[62]Zu den Zulässigkeitsvoraussetzungen des externen Whistleblowings von Arbeitnehmern s. schon *Rudkowski*, CCZ 2013, 204, 204 ff.

[63]Näher zur Verschwiegenheitspflicht etwa *Herbert/Oberrath*, NZA 2005, 193, 194 f.

[64]BAG NZA 2004, 427, 430.

[65]BAG NZA 2004, 427.

[66]BVerfG NZA 2001, 888; BAG NZA 2004, 427; EGMR NZA 2011, 1269.

[67]S. *Rudkowski*, CCZ 2013, 204, 205 f.

Neben diese objektive tritt eine subjektive Komponente der Berechtigung: Ein Vorwurf ist auch dann noch berechtigt, wenn zwar kein Rechtsverstoß des Arbeitgebers vorliegt, der Whistleblower aber die Anzeige nicht wissentlich unwahr oder leichtfertig, d. h. grob fahrlässig, falsch erstattet hat.[68] Die Rechtsordnung kann nicht diejenigen schützen, die vorsätzlich oder grob fahrlässig einen anderen zu Unrecht eines rechtswidrigen Verhaltens bezichtigen. Der sich nur leicht fahrlässig im Irrtum befindende Whistleblower aber muss privilegiert werden, zum eigenen Schutz und im öffentlichen Interesse an der Informationsversorgung der Behörden.[69]

4.4.2.1.1.2 Motivation des Whistleblowers

Das BAG[70] fragt sodann nach der Motivation des Whistleblowers, die Vorwürfe zu erheben. Das Interesse an der Wahrnehmung staatsbürgerlicher Rechte gem. Art. 2 Abs. 1 GG i. V. m. Art. 20 Abs. 3 GG muss zurückstehen, wenn die Rechtsausübung aus rein unlauteren Motiven (Rache, Querulantentum) heraus erfolgt. Dann liegt darin primär eine Illoyalität des Arbeitnehmers gegenüber seinem Arbeitgeber.[71] Die Grenze des Zulässigen ist nach dem BAG aber selbst bei einer begründeten Anzeige, die einen erheblichen Rechtsverstoß zum Gegenstand hat, dann erreicht, wenn einziges Motiv des Arbeitnehmers für die Anzeige ist, den Arbeitgeber „fertig zu machen".[72]

Eine gewisse Übertreibung und Verallgemeinerung der Vorwürfe gegenüber der Behörde kann dabei zwar Indiz für eine verwerfliche Motivation des Whistleblowers sein, schließt aber keineswegs die Zulässigkeit der Anzeige zwingend aus.[73]

4.4.2.1.1.3 Innerbetrieblicher Abhilfeversuch

Das BAG sieht das Fehlen eines innerbetrieblichen Abhilfeversuchs im Einzelfall als Indiz für eine Pflichtverletzung an, ohne den Abhilfeversuch grundsätzlich zu verlangen.[74] Überzeugender meint der EGMR, grundsätzlich sei immer vor dem Hinweis an Außenstehende innerbetriebliche Abhilfe erforderlich.[75] Der Arbeitnehmer hat vor dem Hinweis an die Behörden zu versuchen, den Missstand intern zu beseitigen.[76] Dies muss insbesondere dann gelten, wenn der Arbeitgeber eine besondere unternehmenseigene Stelle zur Entgegennahme von Hinweisen auf Rechtsverstöße des Unternehmens, eine

---

[68]BVerfG NZA 2001, 888; NZA 2004, 427.

[69]S. *Rudkowski*, CCZ 2013, 204, 205 f.

[70]BAG NZA 2004, 427.

[71]Krit. zur Rsprg *Rudkowski*, CCZ 2013, 204, 206.

[72]BAG NZA 2004, 427, 430.

[73]EGMR NZA 2011, 1269.

[74]BAG NZA 2004, 427, 430.

[75]EGMR NZA 2001, 1269.

[76]*Rudkowski*, CCZ 2013, 204, 206.

Whistleblowingstelle (s. oben 2.1.2) eingerichtet und damit seine Bereitschaft zur Selbstkontrolle und zur Beseitigung von Missständen dokumentiert hat. Das BAG hatte diese
spezielle Konstellation noch nicht zu entscheiden.

In jedem Fall entfällt die Notwendigkeit zum Abhilfeversuch, wenn gesetzliche
Pflichten zur sofortigen Anzeige bestehen (z. B. gem. § 138 StGB). Der Abhilfeversuch
muss außerdem dann entbehrlich sein, wenn Abhilfe berechtigterweise nicht zu erwarten ist, etwa weil der Arbeitgeber persönlich am Rechtsverstoß beteiligt ist oder ihm die
Missstände bekannt sind und er sie billigt.[77]

Der Adressat der zur innerbetrieblichen Abhilfe vom Arbeitnehmer mitzuteilenden
Informationen ist von der Rechtsprechung bisher nicht zu bestimmen gewesen. Grund-
sätzlich muss es sich um den Vorgesetzten oder jedenfalls die erste höhere, aus Sicht des
Arbeitnehmers nicht in den Rechtsverstoß involvierte Hierarchieebene handeln.[78]

Den Umfang der Abhilfebemühungen des Arbeitnehmers hatte die Rechtsprechung
bisher ebenfalls nicht festzulegen, ebenso wenig wie die Länge der Zeitspanne, die abzu-
warten ist, um zu verifizieren, ob der Arbeitgeber Abhilfemaßnahmen ergreift. Beides,
Umfang der Abhilfebemühungen und Abhilfefrist für den Arbeitgeber, muss anhand der
Schwere und Art des Rechtsverstoßes bestimmt werden.[79] Steht ein erheblicher Rechtsverstoß im Raum, hat der Arbeitgeber schnell zu reagieren. Tut er dies nicht, ist das Einschalten der Behörden eher gerechtfertigt, als wenn es um Bagatellen geht. Dabei kann
von jedem Arbeitnehmer erwartet werden, dass er seine Einflussmöglichkeiten aus-
schöpft („Jeder tut, was er kann!"). Für den „einfachen" Arbeitnehmer kann sich das in
einer Beschwerde erschöpfen, beim leitenden Angestellten hin zu eigenen aktiven Abhilfebemühungen gehen. Davon zu unterscheiden ist die Frage, ob eine niedrigere hierar-
chische Stellung im Betrieb die Anzeigerechte gegenüber den Behörden einschränkt.
Dies ist zu verneinen, da Anzeigen bei Behörden Ausübung staatsbürgerlicher Rechte
sind. Deren Reichweite aber ist vom Status des Arbeitnehmers im Betrieb unabhängig.[80]

4.4.2.1.1.4 Bagatellgrenze
Grundsätzlich ist jeder Rechtsverstoß zur Anzeige geeignet. Daraus folgt jedoch nicht,
dass jede Bagatelle berechtigterweise angezeigt werden dürfte.[81] Denn die Anforderungen an die Rechtfertigung des Whistleblowings sind regelmäßig niedriger, je offensicht-
licher ein Rechtsverstoß ist und je schwerer das Unrecht der im Raume stehenden Tat
wiegt. Beides verleiht dem Interesse des Arbeitnehmers an der Wahrnehmung seiner
staatsbürgerlichen Rechte Gewicht und verringert zugleich das Interesse des Arbeitgebers

---

[77]*Rudkowski*, CCZ 2013, 204, 206.

[78]*Groneberg*, S. 253; *Rudkowski*, CCZ 2013, 204, 207.

[79]*Rudkowski*, CCZ 2013, 204, 207.

[80]BAG NZA 2007, 502, 504 („schlichter Kraftfahrer").

[81]*Rudkowski*, CCZ 2013, 204, 207.

an Geheimhaltung. Umgekehrt ist das Interesse an der Aufklärung eines Rechtsverstoßes umso geringer, je weniger bedeutsam er ist. Daher ist bei der Anzeige von Bagatellen auch besonderes Augenmerk auf die Motivation des Arbeitnehmers zu legen. Es liegt nahe, dass er seine staatsbürgerlichen Rechte bei der Anzeige von Bagatellen dazu missbrauchen möchte, seinem Arbeitgeber „eins auszuwischen" (Überblick zum externen Whistleblowing gegenüber Behörden Abb. 4.9).

4.4.2.1.2 Externes Whistleblowing gegenüber sonstigen Dritten
Bisher nicht zu entscheiden hatte die Rechtsprechung über Hinweise von Arbeitnehmern gegenüber nicht-staatlichen Stellen, etwa Presse, Nicht-Regierungsorganisationen oder

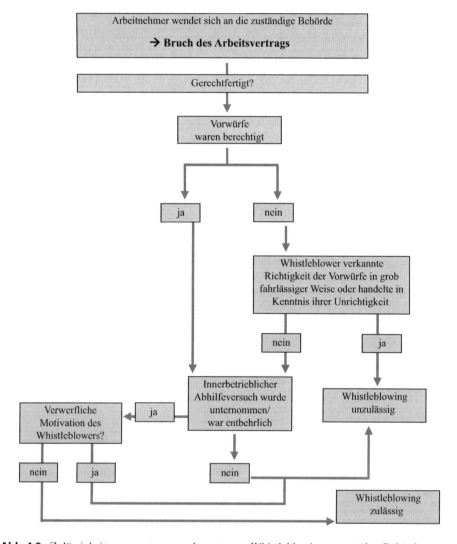

Abb. 4.9 Zulässigkeitsvoraussetzungen des externen Whistleblowings gegenüber Behörden

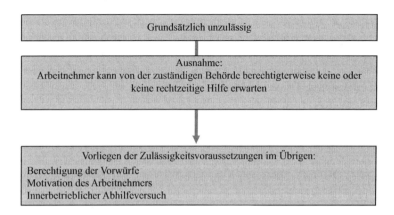

Abb. 4.10 Zulässigkeitsvoraussetzungen des externen Whistleblowings gegenüber sonstigen Dritten

der Öffentlichkeit unmittelbar. Richtigerweise ist auch hier eine Interessenabwägung durchzuführen, da die Verletzung vertraglicher Verschwiegenheitspflichten durch den Arbeitnehmer durch seine entgegenstehenden berechtigten Interessen gerechtfertigt werden können muss (Überblick s. Abb. 4.10).

Im Ergebnis muss die Information der Öffentlichkeit aber im Regelfall unzulässig sein.[82] Die in die Abwägung einzustellenden Interessen des Arbeitnehmers sind beim Whistleblowing gegenüber sonstigen Dritten von weniger starkem Gewicht als beim Hinweis gegenüber Behörden. Zur Ausübung staatsbürgerlicher Rechte gem. Art. 2 Abs. 1 i. V. m. Art. 20 Abs. 3 GG gehört nicht die Einschaltung einer nicht-staatlichen Stelle, auch wenn durch sie vielleicht die Behörden auf den Rechtsverstoß aufmerksam werden und im Ergebnis ein staatliches Verfahren in Gang kommt. Der Arbeitnehmer erkennt mit der Einschaltung sonstiger Dritter das staatliche Gewaltmonopol nicht an. Er nimmt dem Arbeitgeber die Möglichkeit, sich in einem gesetzmäßigen Verfahren zu erklären und entscheidet sich gegen gesetzlich festgelegte Sanktionen. Sein Verhalten ist daher allenfalls durch die Meinungsfreiheit gem. Art. 5 Abs. 1 Satz 1 Fall 1 GG oder die allgemeine Handlungsfreiheit gem. Art. 2 Abs. 1 GG geschützt.

Die Betroffenheit der Rechte und Interessen des Arbeitgebers (Art. 12 Abs. 1 GG) ist dafür umso größer, da durch Einschaltung sonstiger Dritter der tatsächliche oder vermeintliche Rechtsbruch fast zwangsläufig einer breiten Öffentlichkeit bekannt wird. Erweisen sich die Behauptungen aber als falsch, besteht die Gefahr einer erheblichen und vor allem unbegründeten Rufschädigung des Arbeitgebers, die oft irreversibel sein wird.

Vor diesem Hintergrund kann lediglich in Ausnahmefällen die Einschaltung sonstiger Dritter zulässig sein, etwa wenn der Arbeitnehmer berechtigterweise von den zuständigen Behörden keine oder keine rechtzeitige Hilfe erwarten kann. Dies ist in nur wenigen

---

[82]*Rudkowski,* CCZ 2013, 204, 207 f.

Fallkonstellationen denkbar, z. B. wenn bis hin zur Behördenleitung sämtliche Amtsträger bei der zuständigen Behörde in den Verstoß involviert sind oder vor ihm die Augen verschließen.

Erst dann sind die oben unter 4.4.2.1.1 aufgezeigten Kriterien zur Konkretisierung der Interessenabwägung heranzuziehen, ist nach Berechtigung des Vorwurfs, Motivation des Arbeitnehmers und dem Vorliegen eines innerbetrieblichen Abhilfeversuchs zu fragen. Dieser ist hier ausnahmslos erforderlich. Denn erfolgt eine Information der Öffentlichkeit, liegt darin eine gravierende Gefährdung der Interessen des Arbeitgebers, sodass sichergestellt sein muss, dass er gewarnt ist und Gelegenheit hatte, das Vorliegen eines Rechtsverstoßes selbst zu prüfen und ihn ggf. zu beseitigen.[83] Sonderfall: Whistleblowing durch Betriebsratsmitglieder

Eigentlich ein Fall des Whistleblowings durch Arbeitnehmer, verdient das Whistleblowing durch Betriebsratsmitglieder doch eine gesonderte Betrachtung: Betriebsratsmitglieder sind keine „einfachen" Arbeitnehmer, sondern als Mitglieder der gesetzlichen Interessenvertretung mit besonderen Rechten gegenüber dem Arbeitgeber ausgestattet.

Der Ausgangspunkt beim – von der Rechtsprechung bisher nicht behandelten – Whistleblowing durch Betriebsratsmitglieder ist zwar dergleiche wie bei allen anderen Arbeitnehmern auch: Der Bruch der arbeitsvertraglichen Verschwiegenheitspflicht ist zulässig, wenn es sich bei der Offenlegung eines bestimmten Missstands um ein grundrechtlich geschütztes, verhältnismäßiges Verhalten des Betriebsratsmitglieds handelt. Hinweise gegenüber Behörden werden gem. Art. 2 Abs. 1 i. V. m. Art. 20 Abs. 3 GG geschützt, Offenlegung gegenüber sonstigen Dritten wie Presse oder Öffentlichkeit unmittelbar nur durch Art. 2 Abs. 1 GG und ggf. durch die Meinungsfreiheit (Art. 5 Abs. 1 S. 1 Fall 1 GG).

Die Abwägung mit den Interessen des Arbeitgebers (wieder: Art. 12 Abs. 1 GG, Berufsausübungsfreiheit) muss aber zuungunsten des Betriebsrats ausfallen und sein Whistleblowing muss sowohl gegenüber Behörden als auch gegenüber sonstigen Dritten ausgeschlossen sein.

Schon aufgrund ihrer zahlreichen Beteiligungsrechte (und nicht zuletzt auch aufgrund des Informationszugangsanspruchs gem. § 80 Abs. 2 BetrVG) sind Betriebsratsmitglieder meist besser informiert als der durchschnittliche Arbeitnehmer. Rechtsverstöße des Arbeitgebers können ihnen eher auffallen, und sie sind nicht nur berechtigt, sondern verpflichtet, soweit sie in ihren ihnen vom BetrVG auferlegten Aufgaben betroffen sind, auf den Arbeitgeber durch Ausübung ihrer gesetzlichen Rechte Einfluss zu nehmen, seine Rechtsverstöße zu unterbinden.

Um aber diese Rechte durchzusetzen, bietet das BetrVG ausreichende Möglichkeiten.

Ist der Betriebsrat nicht zuständig, stellt ihm das BetrVG zwar keine besonderen Rechte zur Verfügung, sich gegen einen sich rechtswidrig verhaltenden Arbeitgeber

---

[83]*Rudkowski,* CCZ 2013, 204, 207 f.

durchzusetzen. Der Betriebsrat erlangt aber aufgrund seiner Stellung besonders viele Informationen, und es gilt, der Gefahr zu begegnen, dass er sie einsetzt, um „Superkontrollinstanz" für den Arbeitgeber zu werden. § 2 Abs. 1 BetrVG verlangt außerdem eine vertrauensvolle Zusammenarbeit der Betriebsparteien. Diese ist gefährdet, wenn der Arbeitgeber sich stets in der Gefahr wähnen müsste, der Betriebsrat könnte ihm rechtswidriges Verhalten vorwerfen oder gar mit der Offenlegung dieses Verhaltens bei den Behörden drohen.

Die Betriebsratsmitglieder werden mit einem grundsätzlichen Ausschluss des Whistleblowings auch nicht entgegen § 78 S. 2 BetrVG schlechter gestellt als einfache Arbeitnehmer. Sie haben eine Sonderstellung inne, verfügen über die Befugnis, in bestimmten Angelegenheiten auf den Arbeitgeber Einfluss zu nehmen, und befinden sich somit in einer besonderen Vertrauensposition auch im Verhältnis zum Arbeitgeber. Mit dieser Vertrauensposition muss absolute Verschwiegenheit einhergehen.

4.4.3 Sanktionierung ermittelnder Arbeitnehmer

Vor allem im Gefolge der „Datenskandale", die vor einigen Jahren im Fokus der Öffentlichkeit standen,[84] kam die Frage auf, wie Arbeitnehmer sanktioniert werden könnten, die Ermittlungsmaßnahmen in rechtswidriger Weise angeordnet haben. Als Pflichtverletzung eines ermittelnden Arbeitnehmers kommt aber auch in Betracht, dass er die Ermittlungen erschwert oder vereitelt, etwa um einen Rechtsverstoß eines befreundeten Kollegen zu vertuschen. Und schließlich ist es vorgekommen, dass trotz rechtmäßiger Ermittlungsmaßnahmen der Arbeitgeber den ermittelnden Arbeitnehmer sanktionieren wollte (Überblick Abb. 4.11).

4.4.3.1 Sanktionierung wegen rechtswidriger Ermittlungsmaßnahmen
Ordnet ein Arbeitnehmer an, eine bestimmte Ermittlungsmaßnahme zur Aufklärung eines Compliance-Verstoßes zu ergreifen, und erweist sich diese Ermittlungsmaßnahme als rechtswidrig oder der Arbeitnehmer als zur Anordnung nicht zuständig, liegt darin eine Verletzung seiner arbeitsvertraglichen Pflichten.

Abhängig von ihrer Schwere kann sie eine Abmahnung, eine ordentliche oder außerordentliche Kündigung rechtfertigen (s. 4.1). Wurde die Maßnahme in Kenntnis ihrer Rechtswidrigkeit angeordnet oder hätte der Arbeitnehmer die Rechtswidrigkeit der Maßnahme zumindest erkennen müssen, kommen zudem Schadensersatzansprüche des Arbeitgebers in Betracht (s. 4.2).

Praktisch häufigster Fall ist aber nicht, dass der Arbeitnehmer in vollem Bewusstsein der Rechtswidrigkeit oder seiner Unzuständigkeit eine Ermittlungsmaßnahme anordnet.

---

[84]S. etwa die Kontrollen bei Lidl, http://www.spiegel.de/wirtschaft/stasi-methoden-beim-discounter-lidl-liess-mitarbeiter-systematisch-bespitzeln-a-543431.html, Meldung vom 26.3.2008.

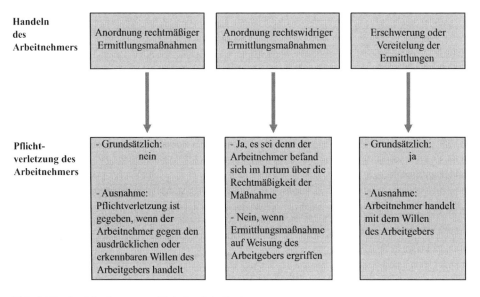

Abb. 4.11 Sanktionierung ermittelnder Arbeitnehmer

Oft hat er sich vor Anordnung durch Einholung rechtskundigen Rats „rückversichert"
und glaubt, die Maßnahme sei rechtmäßig. Mitunter erfolgt die Maßnahme auch im Ein-
vernehmen mit dem Arbeitgeber oder gar auf dessen ausdrücklichen Wunsch hin.

4.4.3.1.1 Rechtsirrtümer
Selbst wenn die ermittelnde Person juristisch vorgebildet ist, lässt sich die Zulässigkeit
einer Ermittlungsmaßnahme häufig nicht sicher beurteilen. Wie in Teil 2 und 3 deutlich
zu sehen, herrscht erhebliche Unklarheit oft schon bei der Frage, welche Rechtsgrundlage überhaupt für die Maßnahme heranzuziehen ist. Zahlreiche unbestimmte Rechtsbegriffe, allen voran das Gebot der Verhältnismäßigkeit, erschweren die Bewertung.

Wenn auch grundsätzlich Rechtsirrtümer zulasten des Irrenden gehen, besteht doch
der zivilrechtliche Grundsatz, dass der Schuldner durch einen Rechtsirrtum entlastet wird,
wenn er die Rechtslage sorgfältig geprüft, soweit nötig Rechtsrat eingeholt und die höchstrichterliche Rechtsprechung beachtet hat.[85] Dies muss so auch im Arbeitsrecht gelten.
Insbesondere setzt eine Pflichtverletzung, die an sich geeignet ist, eine (verhaltensbedingte) Kündigung zu rechtfertigen, voraus, dass das fragliche Verhalten dem Arbeitnehmer auch vorwerfbar ist. Selbst bei einem verschuldeten Rechtsirrtum ist außerdem noch
zu berücksichtigen, dass, wenn der Irrtum erst aufgeklärt ist, die für den Ausspruch einer
Kündigung negative Zukunftsprognose entfällt:[86] Es ist davon auszugehen, dass der nun
informierte Arbeitnehmer sich in Zukunft rechtskonform verhalten wird.

---

[85]BGH NJW 2007, 428; NJW 2006, 3271.
[86]ErfK/*Oetker*, § 1 KSchG Rn. 192.

Ein Schadensersatzanspruch gegen den Arbeitnehmer setzt ebenfalls eine Pflichtverletzung und überdies noch das Vertretenmüssen der Pflichtverletzung voraus (s. 4.2.1). Jedenfalls dass der Arbeitnehmer die Pflichtverletzung zu vertreten hat, kann nur angenommen werden, wenn er sich verschuldet im Rechtsirrtum befand.

Klare Vorgaben, welche Bemühungen der Arbeitnehmer an den Tag zu legen hat, um die Rechtmäßigkeit einer im Raume stehenden Ermittlungsmaßnahme zu überprüfen, gibt es nicht. Anhand einiger Grundsätze lässt sich jedoch bestimmen, ob der Arbeitnehmer das Erforderliche getan hat, einen Irrtum auszuschließen:

Nichtjuristen haben rechtskundigen Rat bei einem dafür zuständigen Volljuristen (Rechtsabteilung des Unternehmens; externe Berater) einzuholen.[87] Diesen Rat muss der Nichtjurist nur einer Plausibilitätskontrolle unterziehen, und dies auch nur, soweit es ihm als Laien überhaupt möglich ist. Im Übrigen kann er sich auf den eingeholten Rechtsrat verlassen bzw. darauf, dass die Maßnahme zusammen mit Volljuristen besprochen und abgestimmt war, diese aber keine Einwände erhoben haben.[88]

Schwieriger ist die Frage, was ein Jurist tun muss, um sich auf einen Rechtsirrtum berufen zu können. Mindestens hat er die einschlägigen Rechtsnormen zu prüfen, die Rechtsfrage zu recherchieren, etwaige dazu vertretene, unterschiedliche Meinungen in Literatur und Rechtsprechung gegeneinander abwägen. Ist zu der Rechtsfrage höchstrichterliche Rechtsprechung ergangen, gilt es, ihr zu folgen, zumindest aber nicht ohne Rücksprache mit dem Vorgesetzten von ihr abzuweichen. Werden zur Zulässigkeit einer Maßnahme verschiedene Auffassungen vertreten, bei denen keine offensichtlich vorzugswürdig ist, ist Rücksprache mit Kollegen und v. a. mit dem Vorgesetzten zu halten.

In jedem Fall ist eine genaue Einzelfallprüfung anzustellen, ob ein vermeidbarer Rechtsirrtum vorlag.

4.4.3.1.2 Rechtswidrige Ermittlungsmaßnahmen auf Weisung des Arbeitgebers

Ganz gleich, ob die Maßnahme offensichtlich rechtswidrig war oder sie der Arbeitnehmer bei zweifelhafter Rechtslage irrtümlich für rechtmäßig hielt – handelt der Arbeitnehmer auf Arbeitgeberweisung, liegt eine Verletzung arbeitsvertraglicher Pflichten nicht vor. Dies gilt selbst dann, wenn die unzulässige Ermittlungsmaßnahme einen Straftatbestand verwirklicht. Ordnet etwa der Arbeitnehmer auf Weisung des Arbeitgebers das Aufzeichnen von Telefongesprächen anderer Arbeitnehmer an, mag er sich damit gem. § 201 StGB strafbar machen und sich in einem Strafverfahren und zivilrechtlich gegenüber den betroffenen Arbeitnehmern zu verantworten haben. Eine zivilrechtliche Verantwortlichkeit gegenüber dem Arbeitgeber aber scheidet aus. Wer eine Weisung erfüllt,

---

[87]I.Erg. ebenso *Bayreuther*, in: FS Säcker, S. 173, 184.

[88]So der Fall ArbG Berlin ArbG Berlin 18.2.2010, 38 Ca 12879/09, juris.de.

erfüllt auch arbeitsvertragliche Pflichten. Eine Weisung, die gesetzlichen Bestimmungen zuwiderläuft, ist zwar unwirksam.[89] Es ist vom (rechtskundigen) Arbeitnehmer auch zu verlangen, dass er seine Bedenken gegen eine Weisung bei seinem Vorgesetzten und ggf. dessen Vorgesetzten äußert. Es widerspräche aber dem Verbot widersprüchlichen Verhaltens, wenn der Arbeitgeber, befolgt der Arbeitnehmer die unwirksame Weisung, hierauf negative Konsequenzen stützen könnte.

Als Sanktion rechtswidrigen, aber zugleich vertragstreuen Verhaltens kommt lediglich die sog. Druckkündigung in Betracht: Wollen aufgrund seines Verhaltens seine Kollegen nicht mehr mit dem rechtsbrüchigen Ermittler zusammen arbeiten, kann dies eine Kündigung rechtfertigen. Auch der Betriebsrat kann u. U. gem. § 104 S. 1 BetrVG die Kündigung verlangen (wenn der Arbeitnehmer den Betriebsfrieden wiederholt ernstlich gestört hat). An die Wirksamkeit einer Druckkündigung sind aber hohe Anforderungen zu stellen.[90]

4.4.3.2 Sanktionierung wegen rechtmäßiger Ermittlungsmaßnahmen

Auch rechtmäßige Ermittlungsmaßnahmen können im Verhältnis zum Arbeitgeber eine Pflichtverletzung darstellen, dies aber nur dann, wenn der Arbeitgeber zum Ausdruck gebracht hat, dass er die Ermittlungen (generell oder eine bestimmte Ermittlungsmaßnahme) nicht wünscht.[91] So etwa, wenn der Arbeitgeber bewusst auf ein Klima gegenseitigen Vertrauens setzt und deshalb die verdeckte Arbeitnehmerüberwachung für sich ablehnt, auch wenn sie nach dem BDSG im konkreten Fall zulässig wäre. Ob eine Maßnahme rechtswidrig ist, ist dann unerheblich, weil sie dem Willen des Arbeitgebers widerspricht.

Dass der Arbeitgeber diesen Willen hat, genügt allerdings nicht, wenn er ihn nicht auch explizit oder konkludent zum Ausdruck gebracht hat. Nur wenn der Arbeitnehmer gewusst hat oder hätte wissen müssen, dass der Arbeitgeber bestimmte (rechtmäßige) Ermittlungsmaßnahmen ablehnt, kann ihm vorgeworfen werden, sich arbeitsvertragswidrig verhalten zu haben. Dies ist etwa der Fall, wenn eine ausdrückliche Weisung für den Einzelfall besteht, nicht zu ermitteln, oder eine allgemeine Unternehmenspolitik, die etwa in „Mission Statements" oder Ethik-Richtlinien dokumentiert ist und unternehmensinterne Ermittlungen ausschließt. Lässt der Arbeitgeber den Arbeitnehmer aber im Unklaren darüber, welche Maßnahmen zur Ermittlung von Compliance-Verstößen ergriffen werden dürfen, muss der für die Ermittlungen zuständige Arbeitnehmer davon ausgehen, alle Maßnahmen, die rechtmäßig sind, auch anordnen zu dürfen.

Im Übrigen ist kein Raum für die Sanktionierung ermittelnder Arbeitnehmer wegen rechtmäßiger Ermittlungsmaßnahmen.

---

[89]ErfK/*Preis*, § 106 GewO Rn. 5.

[90]BAG, NZA 1987, 21.

[91]A.A. (objektive Rechtswidrigkeit der Maßnahme erforderlich) wohl ArbG Berlin 18.2.2010, 38 Ca 12879/09, juris.de.

4.4.3.3 Sanktionierung wegen Erschwerung oder Vereitelung der Ermittlungen

Versucht ein Arbeitnehmer, der eigentlich nach dem Willen des Arbeitgebers den Rechts-verstoß ausermitteln sollte, diesen zu vertuschen, die Ermittlungen zu behindern oder zu vereiteln, etwa, um einen Kollegen zu schützen, und setzt er sich damit in Widerspruch zum Willen des Arbeitgebers, liegt eine Pflichtverletzung vor.

Ermittelt hingegen der Arbeitnehmer den Sachverhalt nur deswegen nicht so, wie er es eigentlich müsste (oder vertuscht er ihn gar), weil der Arbeitgeber ihn entsprechend angewiesen hat, kann dieses Verhalten zwar strafrechtlich relevant werden (§ 258 StGB – Strafvereitelung). Eine arbeitsvertragliche Pflichtverletzung liegt jedoch nicht vor. Die Weisung, Aufklärung zu unterlassen oder gar den Sachverhalt zu vertuschen, mag zwar selbst rechtswidrig und damit unwirksam sein wegen eines Verstoßes gegen § 258 StGB/ gegen gesellschafts- oder aufsichtsrechtliche Pflichten. Befolgt der Arbeitnehmer sie dennoch, kann der Arbeitgeber darauf aber zumindest keine negativen Konsequenzen stützen.

4.5 Anreize zur Aufklärung des Compliance-Verstoßes: Sanktionsverzicht/„Amnestie"

Die Bereitschaft der Arbeitnehmer, an der Aufklärung des Compliance-Verstoßes mitzu-wirken, kann mitunter durch eine sog. „Amnestie" erhöht werden. Hier verpflichtet sich der Arbeitgeber, gegenüber Personen, die sich an der Aufklärung beteiligen, dem rechts-widrigen Verhalten dieser Personen keine Konsequenzen folgen zu lassen. Wer sich an der Aufklärung von Pflichtverstößen (auch) anderer Arbeitnehmer beteiligt, und damit konkret zur Aufklärung beiträgt, wird gleichsam zum „Kronzeugen", und muss negative Folgen für sich selbst nicht mehr fürchten.

Schon die Terminologie macht deutlich, dass der Grundgedanke dem Strafrecht ent-lehnt ist. Die Amnestie lässt sich aber auch mit Mitteln des Arbeitsrechts konstruieren, als Kündigungsverzicht, ggf. ergänzt um weitere Absprachen. Denn eine Pflicht, Vertragsver-letzungen zu ahnden, kennt das Arbeitsrecht nicht. Anders als einer Strafverfolgungs- oder Aufsichtsbehörde, die von Amts wegen zu ermitteln und einen staatlichen Strafanspruch oder jedenfalls die Rechtsbefolgung durchzusetzen hat, steht es dem Arbeitgeber grund-sätzlich frei, ob er aus einem Fehlverhalten des Arbeitnehmers Konsequenzen zieht.

Ob eine Amnestie vorgenommen und wie sie ggf. ausgestaltet werden sollte, ist im Einzelfall sorgsam zu prüfen. Sie geht mit Risiken für diejenige Person einher, die sie veranlasst, insbesondere für die Geschäftsleitung. Aus gesellschaftsrechtlicher Sicht kann sich nämlich eine Pflicht zur Prävention weiterer Compliance-Verstöße durch Sankti-onierung des ersten Verstoßes ergeben.[92] Zu bedenken sind auch versicherungsrechtliche

---

[92]Näher *Mengel*, CCZ 2008, 85, 88.

Folgen, etwa für den Versicherungsschutz der die Amnestie aussprechenden Person in ihrer D&O-Versicherung.

Neben diese rechtlichen Aspekte treten unternehmenspolitische und psychologische Gesichtspunkte: Fährt das Unternehmen offiziell eine „Null Toleranz"-Politik, kann es an Glaubwürdigkeit gegenüber der Öffentlichkeit und gegenüber den eigenen Mitarbeitern verlieren, wenn es Verstöße trotzdem nicht sanktioniert. Arbeitnehmer könnten schließen, dass Rechtsverstöße nicht angemessen bestraft werden – mit der Folge neuer Rechtsverstöße oder zumindest einer Verschlechterung des Betriebsklimas wegen tatsächlicher oder vermeintlicher ungerechtfertigter Besserstellung des in den Verstoß verstrickten Arbeitnehmers.

Vor allem bei sehr komplexen Fällen und solchen, die vermeintlich im Interesse des Unternehmens liegende Rechtsverstöße zum Gegenstand haben (Zahlung von Bestechungsgeldern zur „Kundenakquise") kann es sich aber anbieten, auf die Amnestie zurückzugreifen.[93]

Eine generelle Amnestie, undifferenziert für alle Mitarbeiter und unabhängig von ihren jeweiligen Beiträgen zur Aufklärung, liegt allerdings selten im Unternehmensinteresse: Sie sorgt zwar dafür, dass sich die Lage schnell wieder beruhigt. Allerdings ist die Gefahr bei einer derartigen „Massenamnestie" für die sie aussprechende Person besonders groß. Überdies wird das Risiko, dass der Rechtsverstoß sich wiederholt, umso größer, je mehr Täter „an Bord" bleiben.

Wichtig ist deshalb, die Voraussetzungen klar zu benennen, unter denen ein Arbeitnehmer in den Genuss der Amnestie kommt (in sachlicher, zeitlicher, persönlicher Hinsicht).[94] Auf ihnen baut eine Einzelfallentscheidung für jeden Mitarbeiter auf: Inwieweit kann er Aufklärung leisten? Rechtfertigt sein zu erwartender Beitrag es, auf weitere zivilrechtliche Maßnahmen zu verzichten? Hier ist zwischen dem Aufklärungs- und dem Sanktionsinteresse abzuwägen, wobei die Nachteile durch die Amnestie einerseits und die Dringlichkeit der Unterstützung bei der Aufklärung andererseits zu berücksichtigen sind.[95]

Soll eine Amnestie durchgeführt werden, kann diese rechtstechnisch aus einer oder mehrerer Maßnahmen bestehen (Überblick s. Abb. 4.12).

4.5.1 Kündigungsverzicht

Ein Kündigungsverzicht ist ein besonderer Anreiz für Arbeitnehmer, sich an der Aufklärung des Compliance-Verstoßes zu beteiligen. Der Verzicht kann bereits dann ausgesprochen werden, wenn noch keine konkreten Verdachtsmomente gegen bestimmte Arbeitnehmer bestehen.

---

[93]Zu weiteren Fallgruppen, in denen eine Amnestie sinnvoll sein kann, K/R/T/*Leisner*, § 10 Rn. 20 ff.

[94]Vorschläge zur Ausgestaltung bei K/R/T/*Leisner*, § 10 Rn. 65 ff.

[95]*Göpfert/Merten/Siegrist*, NJW 2008, 1703, 1704.

Abb. 4.12 Amnestie

Kündigungsverzicht

Grenzen
- Gesellschaftsrecht: Ordnungsgemäße Unternehmensführung
- Arbeitnehmerschutz (§ 12 Abs. 3 AGG)
- Kein Verzicht auf außerordentliche Kündigung im Voraus

Haftungsverzicht

Grenzen
- § 276 Abs. 3 BGB – Kein Vorausverzicht auf
  Schadensersatzansprüche aus vorsätzlichen Pflichtverletzungen
- Gesellschaftsrecht: Verpflichtung zum Wohl der Gesellschaft zu
  handeln

Verzicht auf Strafanzeige/ Strafantrag

Übernahme von Rechtsverteidigungskosten

Begrenzt wird seine Zulässigkeit aber dadurch, dass nicht im Voraus darauf verzichtet werden kann, das Arbeitsverhältnis bei Vorliegen eines wichtigen Grundes zu kündigen.[96]

Weitere Grenzen können sich aus den gesellschaftsrechtlichen Anforderungen an die ordnungsgemäße Unternehmensführung ergeben. Leitfrage ist, ob der Schutz des Unternehmensinteresses es erfordert, dass die Pflichtverletzung sich nicht wiederholt.[97] Ist dies der Fall, ist es geboten, den Verursacher des Verstoßes zu entfernen.

Und auch das Arbeitsrecht zieht dem Verzicht einige (weite) Grenzen durch den sog. Gleichbehandlungsgrundsatz: Verzichtet der Arbeitgeber gegenüber bestimmten Arbeitnehmern auf den Ausspruch einer Kündigung, gegenüber anderen nicht, müssen sachliche Gründe diese Differenzierung rechtfertigen – eine gleichheitswidrig ausgesprochene Kündigung ist unwirksam.[98]

Daneben kann sich aus sonstigen gesetzlichen Bestimmungen die Notwendigkeit zur Kündigung ergeben, etwa aus Gründen des Arbeitnehmerschutzes bei Konflikten von Arbeitnehmern untereinander: In Ausnahmefällen kann § 12 Abs. 3 AGG dazu zwingen, denjenigen Arbeitnehmer zu kündigen, der Verursacher einer Belästigung oder Diskriminierung i. S. d. § 3 AGG ist. Dies setzt voraus, dass die Kündigung zur Unterbindung weiterer Verstöße gegen das AGG erforderlich ist. Welche Maßnahmen der Arbeitgeber

---

[96]BAG DB 1972, 489.
[97]K/R/T/*Mengel*, § 14 Rn. 85.
[98]*Benecke/Groß*, BB 2015, 693, 697.

als verhältnismäßig ansehen darf, hängt von den konkreten Umständen des Einzelfalls ab.[99] Oft genügt jedoch bereits eine „Trennung" der betroffenen Arbeitnehmer, damit diese sich im Betrieb nicht mehr begegnen (Versetzung an anderen Standort, Einteilung in andere Schicht). Die Kündigung ist das letzte Mittel.

Zu bedenken ist, dass das Kündigungsrecht nicht nur durch bewussten Verzicht, sondern auch durch Zeitablauf entfallen kann (s. § 626 Abs. 2 BGB). Es erlischt ferner dann, wenn der Arbeitgeber in Kenntnis des Sachverhalts sich auf eine Abmahnung beschränkt, statt eine Kündigung auszusprechen.[100] Nur ein dem Arbeitnehmer deutlich erklärter Verzicht, der gekoppelt ist an die Beteiligung bei der Aufklärung des Compliance-Verstoßes, kann aber einen Anreiz setzen, sich an den Ermittlungen zu beteiligen.

4.5.2 Haftungsverzicht

Der „Haftungsverzicht" lässt sich rechtlich auf verschiedenen Wegen konstruieren: Der Arbeitgeber kann auf Schadensersatzansprüche gegen den Arbeitnehmer verzichten, oder auch nur auf ihre Geltendmachung.[101] In letzterem Fall bleiben die Ansprüche bestehen, der Arbeitgeber verzichtet nicht auf sie. Er verspricht lediglich, sie beim Arbeitnehmer nicht einzufordern, was für den Arbeitgeber der rechtlich günstigere Weg ist.

Ein Haftungsverzicht, gleich wie er rechtlich im Einzelnen konstruiert ist, wiegt für den Arbeitgeber meist weniger schwer als die Erklärung eines Kündigungsverzichts. Die Haftung des Arbeitnehmers gegenüber dem Arbeitgeber ist durch die Grundsätze des innerbetrieblichen Schadensausgleichs (oben 4.2.3) bereits erheblich eingeschränkt, selbst bei vorsätzlichem Fehlverhalten. Daher ist auch die Anreizwirkung des Haftungsverzichts für den Arbeitnehmer, sich an der Aufklärung zu beteiligen, geringer. Dies gilt umso mehr, wenn der Arbeitnehmer als leitender Angestellter sich bereits in einer so herausgehobenen Position befindet, dass er über eine D&O-Versicherung verfügt – hier deckt die Versicherung ohnehin einen wesentlichen Teil des Haftungsrisikos ab. Die Anreizwirkung für den Arbeitnehmer kann außerdem dadurch gemindert werden, dass etwaige Mittäter, die mit dem Arbeitnehmer zusammen dem Arbeitgeber als Gesamtschuldner i. S. d. § 421 BGB haften, gegen den Arbeitnehmer im Innenverhältnis Regress gem. § 426 BGB nehmen können.[102] Der Verzicht muss daher, um volle Anreizwirkung entfalten zu können, gegenüber allen Mittätern/Gesamtschuldnern erklärt werden.

---

[99]BAG NZA 2011, 1342, 1344.

[100]*Dendorfer-Ditges*, in: Moll, § 35 Rn. 270.

[101]Zur rechtlichen Ausgestaltung und Einordnung des Verzichts bereits *Wastl/Pusch*, RdA 2009, 376, 377.

[102]Näher zu den Folgen *Wastl/Pusch*, RdA 2009, 376, 377 f.

Des Weiteren unterliegt auch der Haftungsverzicht gewissen Grenzen: § 276 Abs. 3 BGB verbietet es, im Voraus auf Schadensersatzansprüche aus vorsätzlicher Pflichtverletzung zu verzichten.

Überdies kann die gesellschaftsrechtliche Verpflichtung, zum Wohle des Unternehmens zu handeln, dem Haftungsverzicht entgegenstehen: Die Gesellschaft wird geschädigt, wenn ihre Organe leichtfertig Ersatzansprüche aufgeben.

4.5.3   Übernahme von Rechtsverteidigungskosten

Grundsätzlich zulässig ist es, dem Arbeitnehmer die Übernahme von Kosten anzubieten, die ihm im Zusammenhang mit dem Compliance-Verstoß bzw. seiner Mitwirkung bei der Aufklärung entstehen (könnten). So kann der Arbeitgeber versprechen, für den Fall, dass Dritte den Arbeitnehmer wegen des Compliance-Verstoßes in Anspruch nehmen, die Kosten für seine rechtliche Verteidigung ganz oder teilweise zu übernehmen, ggf. auch für die Zeit nach Beendigung des Arbeitsvertrags.

Eine entsprechende Vereinbarung kann an weitere Voraussetzungen geknüpft werden (Arbeitnehmer hat sich selbst nicht strafbar gemacht; Arbeitnehmer überlässt die Wahl der Verteidigungsstrategie dem Arbeitgeber o. ä.).[103]

4.5.4   Verzicht auf Strafanzeige oder Strafantrag

Ein Verzicht auf eine Anzeige bei den Strafverfolgungsbehörden oder auf einen Strafantrag bei Verdacht auf eine Straftat kommt als „Anreiz" für den Arbeitnehmer, sich an den internen Ermittlungen zu beteiligen, theoretisch ebenfalls in Betracht. Eine Garantie, dass es zu strafrechtlichen Ermittlungen nicht kommt, ist dies für den Arbeitnehmer jedoch nicht. Die Staatsanwaltschaft ermittelt, wenn sie von tatsächlichen Anhaltspunkten für eine Straftat erfährt, von Amts wegen (§ 160 Abs. 1 StPO). Sie muss nicht notwendig durch den Arbeitgeber informiert werden. Bei Unternehmen, die speziellem Aufsichtsrecht unterliegen, kann auch die Aufsichtsbehörde sie vom Rechtsverstoß in Kenntnis setzen (s. z. B. § 84 Abs. 4 S. 1 Nr. 1 VAG). Darüber hinaus ist nicht auszuschließen, dass der Rechtsverstoß ohne Willen des Arbeitgebers etwa durch Whistleblower oder die Medien offenbart wird.

Außerdem kann der Verzicht mit Risiken behaftet sein für denjenigen, der ihn ausspricht. Eine Pflicht, Straftaten anzuzeigen, gibt es zwar in Deutschland grundsätzlich nicht (s. 3.1.1.1); aus strafrechtlicher Sicht darf aber das Verhalten des Verzichtenden über die Nichtanzeige nicht hinausgehen, um sicher zu gehen, dass der Straftatbestand der Strafvereitelung (§ 258 Abs. 1 StGB) nicht verwirklicht wird.

---

[103]K/R/T/*Leisner*, § 10 Rn. 51 ff.

4.5.5   Mitbestimmung des Betriebsrats

Der Sanktionsverzicht durch den Arbeitgeber kann gem. § 87 Abs. 1 Nr. 1 BetrVG mitbestimmungspflichtig sein, allerdings nicht das „Ob" einer solchen Regelung, sondern nur ihre nähere Ausgestaltung,[104] und auch dies nur, wenn es sich um eine kollektive Maßnahme handelt, und nicht um Verzichtserklärungen in ausgewählten Einzelfällen. Über eine über den Einzelfall hinausgehende „Amnestie" ist der Betriebsrat außerdem gem. § 80 Abs. 2 BetrVG zu unterrichten.

4.6   Schadensminderung und „lessons learned" beim Arbeitgeber

Mittel- und langfristig hat der Arbeitgeber aus dem Compliance-Verstoß auch Lehren für die Zukunft zu ziehen (engl. „lessons learned"). Der Vorfall ist nach Abschluss der Ermittlungen zu analysieren und insbesondere darauf zu prüfen, ob er allein auf das Fehlverhalten eines Einzelnen zurückzuführen ist oder durch Schwächen in der Unternehmensorganisation oder der Organisation der Betriebsabläufe begünstigt oder gar ermöglicht wurde. Durch Reorganisationsmaßnahmen oder Erweiterung von Kontrollinstanzen kann dann das Risiko für vergleichbare Vorfälle für die Zukunft minimiert werden.

Literatur

Bayreuther, Frank, Die Haftung des Compliance-Officers, in: Festschrift für Franz Jürgen Säcker zum 70. Geburtstag, herausgegeben von Detlev Joost, Hartmut Oetker, Marian Paschke, München 2011, S. 173–187;

Benecke, Martina/*Groß*, Nadja, Druck von Dritten nach Compliance-Verstößen, BB 2015, 693–698;

Erfurter Kommentar zum Arbeitsrecht, herausgegeben von Rudi Müller-Glöge, Ulrich Preis, Ingrid Schmidt, 18. Auflage, München 2018, zit.: ErfK/*Bearbeiter*;

Göpfert, Burkard/*Merten*, Frank/*Siegrist*, Carolin, Mitarbeiter als Wissensträger, NJW 2008, 1703–1709;

Groneberg, Rut, Whistleblowing, Berlin 2011;

Herbert, Manfred/*Oberrath*, Jörg-Dieter, Schweigen ist Gold?, NZA 2005, 193–199;

Knierim, Thomas C./*Rübenstahl*, Markus/*Tsambikakis*, Michael, Internal Investigations – Ermittlungen im Unternehmen, 2. Auflage, Heidelberg 2016, zit.: K/R/T/*Bearbeiter*;

Mengel, Anja, Compliance und Arbeitsrecht, München 2009;

Dies., Arbeitsrechtliche Besonderheiten der Implementierung von Compliance-Programmen in internationalen Konzernen, CCZ 2008, 85–91;

Moll, Wilhelm (Hrsg.), Münchener Anwaltshandbuch Arbeitsrecht, 4. Auflage, München 2017, zit.: *Bearbeiter*, in: Moll (Hrsg.);

---

[104]Näher *Göpfert/Merten/Siegrist*, NJW 2008, 1703, 1708.

Rudkowski, Lena, Kernprobleme einer gesetzlichen Regelung zum Schutz von Whistleblowern, CCZ 2013, 204–209;

Schaub, Günter (Begr.), Arbeitsrechtshandbuch, 17. Auflage, München 2017, zit.: Schaub/*Bearbeiter*;

Schreiber, Alexander, Implementierung von Compliance-Richtlinien, NZA-RR 2010, 617–623;

Wastl, Ulrich/*Pusch*, Martin, Haftungsrechtliche Konsequenzen einer so genannten Mitarbeiter-Amnestie – dargestellt am Beispiel „Siemens", RdA 2009, 376–380.

Ausblick auf die anstehende Gesetzgebung

5

Wie nur wenige andere Rechtsgebiete ist das Arbeitsrecht und gerade das Recht der Aufklärung von Compliance-Verstößen von einer gewissen Rechtsunsicherheit geprägt: Die gesetzliche Regelung ist eher lückenhaft, und allzu oft muss die Rechtsprechung eingreifen, um sie zu ergänzen oder sie überhaupt erst handhabbar zu machen.

Ihrer Natur gemäß entscheidet die Rechtsprechung jedoch immer nur Einzelfälle und bringt damit, anders als es ein Gesetz könnte, selten sichere Leitlinien für die Vielzahl von Fällen, die sich in der täglichen Unternehmenspraxis ergeben können. Dieses Buch hat daher einige Grundregeln aufgezeigt, Voraussetzungen, unter denen Maßnahmen zur Verhinderung und Aufklärung von Compliance-Verstößen zulässig sind.

Durch Anwendung der EU-DSGVO werden in der Zukunft weniger neue Probleme um die Zulässigkeit einzelner Überwachungsmaßnahmen entstehen, als Abgrenzungsprobleme zwischen der europäischen und der nationalen Regelungsebene: Die unionsrechtliche Öffnungsklausel für den Beschäftigtendatenschutz (Art. 88 EU-DSGVO) ist unbestimmt; inwieweit sie genau den Mitgliedstaaten Abweichungen vom Unionsrecht erlaubt, ist unklar.

Dies kann sich für § 26 BDSG als problematisch erweisen, denn er weicht in mehrfacher Hinsicht von Unionsrecht ab, etwa durch die strenge Handhabung der Einwilligung (§ 26 Abs. 2 BDSG): Anders als das BDSG geht das Unionsrecht davon aus, dass auch Arbeitnehmer grundsätzlich voll einwilligungsfähig sind und dass lediglich in „besonderen Fällen", in Ausnahmesituationen, ihre persönliche Abhängigkeit zur Unwirksamkeit der Einwilligung führt (s. nur Art. 6 Abs. 1 lit. a, Art. 7, ErwGr 43, 155 EU-DSGVO).

Neben der EU-DSGVO werden jedoch auch andere Regelungsprojekte der EU die Arbeitnehmerkontrolle im Betrieb vor weitere Herausforderungen stellen: Mit der ePrivacy-Verordnung ist eine Neuregelung und – soweit derzeit absehbar – eine Einschränkung v. a. der Datenverarbeitung von Nutzern elektronischer Kommunikationsdienste beabsichtigt, etwa eine Beschränkung von Tracking. Es steht zu erwarten, dass die Neuregelung in der

L. Rudkowski und A. Schreiber, *Aufklärung von Compliance-Verstößen*,
https://doi.org/10.1007/978-3-658-21494-4_5

Rechtswissenschaft – zu Unrecht – auch Stimmen laut werden lassen wird, die Zweifel an der Zulässigkeit der Arbeitnehmerkontrolle im Bereich elektronischer Kommunikation äußern.

Insgesamt dürfte die Beantwortung nationaler Rechtsfragen in Zukunft stärker als bisher vom Unionsrecht abhängen. Mit der Verzahnung von Unionsrecht und nationalem Recht wächst die Bedeutung des EuGH, der im Regelfall zu einer arbeitnehmerfreundlichen Rechtsprechung tendiert.

Druck:
Canon Deutschland Business Services GmbH
im Auftrag der KNV-Gruppe
Ferdinand-Jühlke-Str. 7
99095 Erfurt